彭明敏《ほうめいびん》

蔣介石《しょうかいせき》と闘った台湾人

近藤伸二

白水社

彭明敏《ほうめいびん》
——蔣介石《しょうかいせき》と闘った台湾人

プロローグ

蔣介石の虚構を暴く

高台に建つマンション一二階の部屋の窓から、淡水川とその後ろにそびえる観音山がくっきりと浮かび上がって見える。二〇一九年八月、台湾北部・新北市の自宅で、私は元台湾大学教授の彭明敏と向き合っていた。もう発生から半世紀以上たつ、あの事件について長時間にわたって話を聞くのは、三年続けてのことである。

マンションに入ってすぐの部屋に、豪華な蘭の花が飾られていた。「祝彭教授明敏　生日快楽（誕生日おめでとうございます）　立法院長　蘇嘉全《そかぜん》敬賀」と記された大型のカードが添えられている。訪問した日が彭明敏の誕生日から五日後だったため、蘇嘉全・立法院長（国会議長）から贈られた誕生祝いが置かれていたのだ。

この時、彭明敏、九六歳。普通なら、世間から距離を置いてゆったりとした余生を過ごしていていいはずの老人に、与党・民主進歩党（民進党）の要人から贈り物が届く。それは、台湾政界が、今もこの人物にしか演じられない役回りを期待し、本人もそれに応えようとしているからにほかならない。命が燃え尽きるまで、台湾の民主と独立を訴え続ける。これこそが彭明敏の使命であり、それ故に台湾の歴史に刻み込まれるはずだ。

戦前、東京帝国大学で学んだ彭明敏は、日本の敗戦に伴って台湾に戻り、台北帝国大学を引き継いだ台湾大学に編入する。卒業後、同大学で研究者生活をスタートし、カナダとフランスへの留学も経て、若くして国際的に名の知れた法学者となった。そんな本省人（戦前からの台湾住民とその子孫）エリートを、蔣介石総統が率いる中国国民党（国民党）政権は重用した。権力に逆らわなければ、彭明敏は恐らく、李登輝《りとうき》より先に本省人として初の総統になっていただろう。

それなのに、蔣介石の「大陸反攻（中国大陸に攻め入って取り戻す）」という虚構を暴き、独裁体制を厳しく指弾する「台湾人民自救運動宣言（自救宣言）」を作成し、反乱罪容疑で逮捕される。特赦で自宅に戻ってからも軟禁生活が続いたが、緻密な計画の下、厳重な監視の目をかいくぐって海外に脱出した。そして、長く米国で台湾の民主化と独立運動に打ち込んできた。約束された未来を捨て、国民党一党独裁体制に命懸けの戦いを挑んだのである。

正反対の道を歩んだ二人のエリート

「僕はドン・キホーテだった」。

「自救宣言」を台湾各界に配布して社会的な議論を巻き起こし、「蔣介石の神話を打ち崩す」という目的を果たせなかった彭明敏は、そう言って自嘲した。自分は実現できない夢をかなえようとした道化師だった、と。だが、世界の歴史が証明している。「クレージー」とか「反逆者」とか呼ばれる者たちが、はた目には無謀と思える挑戦を繰り返してきたからこそ、世の中は変わってきたのだ。

二〇一七年から始まったインタビューで、彭明敏は五〇年以上前の「自救宣言事件」について、驚くべき記憶力で、微に入り細にわたって証言した。なぜ、輝かしいキャリアを顧みず、自分の信念を貫いたのか。家族や仕事や社会的な地位をなげうってでも、勝ち取らなければならないものは何だったのか——。

インタビューにはネイティブ同然の日本語で応じ、一貫して威厳に満ちた口ぶりだったが、丁寧な説明が必要なところは、学者らしく慎重に言葉を選びながら、努めて正確に答えた。その内容によって、時に昨日のことのように悔しさを表し、時にユーモアを交えながら。

インタビューに答える彭明敏（2019 年 8 月 20 日、新北市の自宅で）

台湾は一九九〇年代になって、戦後四〇年以上続いた権威主義体制に終止符を打ち、民主化を成し遂げた。今では、過去の独裁体制を糾弾しても、現在の政府を非難しても、誰もとがめられることはない。

だが、かつては政権を批判すると、逮捕や処刑を免れなかった。それどころか、「共産党のスパイを摘発する」との名目で、数え切れない人々が無実の罪を着せられた。そんな社会に変革をもたらしたのが、彭明敏のような「ドン・キホーテ」たちなのである。

一方、彭明敏と同じ年に生まれた李登輝も、戦前は京都帝国大学に籍を置くエリートだった。彭明敏とは台湾大学時代からの友人だったが、国民党の懐に飛び込み、内部から改革するやり方を選んだ。ともに日本統治時代の台湾で生を受け、日本の帝国大学に進んだ二人は、最高指導者と海外亡命者という正反対の人生を歩んだのである。

国民党の主流派だった外省人（戦後、国民党政権とともに中国から台湾に移ってきた人々とその子孫）の守旧勢力との闘いに打ち勝ち、台湾に民主化をもたらした李登輝は、国際社会で「台湾民主化の父」「民主先生（ミスター・デモクラシー）」と称賛された。

実際には、李登輝は海外や野党など外部からの圧力を巧みに利用しながら、一歩一歩、政治改革に取り組んできた。李登輝と彭明敏はコインの裏表のように、それとなく意思を通じながら、民主化を進めてきたのである。

台湾民主化の歴史を体現する人生

時は流れて、台湾の民主化は揺るぎないものとなり、指名手配が取り消された彭明敏は一九九二年、二二年ぶりに祖国・台湾の土を踏んだ。まるで凱旋《がいせん》将軍を出迎えるかのように、空港には約二〇〇〇人の支持者が集まった。そして、その四年後、台湾で初めて実施された総統直接選挙で、彭明敏は野党・民進党の公認候補として国民党現職の李登輝と相まみえる。古い友人の二人は初めて同じ政治の舞台に立ち、真っ向から切り結んだのである。

ただし、彭明敏は選挙戦で徹底的に国民党をたたいたが、最後まで李登輝に対する批判は控えた。それは、彭明敏が台湾の民主化推進における李登輝の役割を評価していたからである。李登輝も台湾の民主化に対する彭明敏の貢献を認め、個人攻撃は一切しなかった。

敗れはしたものの、かつての「国家反逆者」がトップリーダーの地位をうかがう戦いに参加したのである。二〇〇〇年の初の政権交代で発足した民進党の陳水扁《ちんすいへん》政権では、総統府資政（総統の上級顧問）の重責も担った。彭明敏の人生は、台湾民主化の歴史を体現している。

李登輝は二〇二〇年七月三〇日、多くの人に惜しまれながら九七年にわたる生涯を終えた。彭明敏は翌日の台湾紙『自由時報』に「李登輝と私」と題した長い追悼文を寄稿し、台湾大学で知り合って以来の関係を振り返り、「台湾が経済、政治、文化、社会など各方面で転換期にあった中、彼はこの重要な時期に政治的な成功を収め、有形無形の大きな功績を残した。台湾史上、永久に偉大な地位を占め続けるだろう」と締めくくった。彭明敏は総統府から、九月一九日に執り行われた告別式と一〇月七日に営まれた埋葬式の葬儀委員三二人の一人に任命された。

七〇年を超える二人の交遊は李登輝の死去によって終焉を迎えたが、台湾の民主化実現に果たしたそれぞれの偉業は、永遠に語り継がれていくだろう。

「自救宣言」の物語には、日本人や在日台湾人も深く関わっている。あまりにもセンシティブな事件だけに、関係者は長年口を閉ざしてきたが、人生の終盤に差しかかった「日本のドン・キホーテ」たちは、私のインタビューに応じて、詳細を語ってくれた。貴重な証言に耳を傾けながら、一つひとつ明らかになる歴史の真実に、私は息をのみ、胸に熱い思いが込み上げるのを抑え切れなかった。

自由と人権を守る、ただそれだけのために、罪に問われたり、仕事を失ったりするかもしれない危険も覚悟して、一人の台湾人と運命をともにした日本人たちがいた。

彼らは彭明敏とともに国民党一党独裁体制打倒のために戦い、側面から台湾の民主化を支援したのである。これこそ真の「日台の絆」であり、日本と台湾の交流史に書き込まれるべき一ページに違いない。

それでは、これから、彭明敏の波瀾万丈の生きざまと、台湾が民主化を手にするまでの苦難の道のりを見ていこう。

彭明敏

目次

プロローグ 003

第一章 独裁政権に挑んだ闘い 015

一．日本で教育を受ける 016

（一）裕福な家庭で育つ／（二）京都・三高から東京帝大へ／（三）過酷な戦争体験

二．将来を嘱望されたエリート 028

（一）台湾大学で学ぶ／（二）研究者として名を上げる／（三）蔣介石の知遇を得る

三．蔣介石の神話を打ち崩す 041

（一）自宅で政治問題を議論／（二）拡大する矛盾／（三）謝聡敏、魏《ぎ》廷朝《ていちょう》との出会い

四．「自救宣言」を作成 054

（一）教え子と一緒に起草／（二）英知を結集した文章／（三）日本人外交官との対話

五．あと一歩のところで逮捕 064

（一）始まった「現実の一戦」／（二）踏み込まれた現場／（三）密告を奨励する制度

第二章　抑圧と絶望に耐えて　077

一．政治犯としての獄中生活　078
（一）厳しい取り調べ／（二）疑われた背後の組織／（三）海外からの圧力
二．軍事法廷での判決　093
（一）国民党による再教育／（二）たった一回のスピード裁判／（三）特赦で釈放
三．明日なき自宅軟禁の日々　104
（一）監視と尾行／（二）アメとムチの手法／（三）司法行政部調査局に担当替え
四．迫る「抹殺」の危機　114
（一）送り込まれたスパイ／（二）本性を現した調査局／（三）拒否された出国申請

第三章　自由への逃避　123
一．命懸けの脱出計画　124
（一）海外逃亡を決意／（二）合法的出国の望みが絶たれる
（三）日本パスポート所持者になりすます
二．日本の支援者たち　136
（一）苦心の末の割印作り／（二）現れた格好の実行役
（三）特務の監視をかいくぐる準備を進める
三．さらば祖国よ　150
（一）家族や友人との別れ／（二）Xデーを迎えて／（三）ついに果たした出国
（四）ようやく届いた「SUCCESS」の知らせ
四．衝撃と余波　166
（一）地に落ちた国民党政権の権威／（二）暴露された宣言の内容
（三）台湾内では広まらず
五．謝聡敏を救った日本人　178
（一）台湾で反国民党政権のビラをまく／（二）警備総司令部の取り調べ
（三）靴下に隠して手紙を持ち帰る

第四章 再び台湾の地で 189

一、独立運動の精神的指導者 190
（一）スウェーデンでの亡命生活／（二）「台湾関係法」制定に貢献
（三）台湾民主化の外堀を埋める

二、二二年ぶりの帰国 201
（一）英雄の凱旋／（二）民進党の総統候補に／（三）総統選挙で二位につける

三、李登輝との友情と生き方の違い 212
（一）台湾大学時代からの親友／（二）米国から支援／（三）二人が歩んだ対照的な人生
（四）しがらみを乗り越えて

四、見果てぬ夢 226
（一）初の政権交代／（二）蔡英文政権との距離／（三）台湾独立への思い

あとがき 239
出典・注 247
参考文献 257
台湾人民自救運動宣言（日本語訳） 260
台湾人民自救運動宣言（中国語） 273
彭明敏略年表 282

東シナ海
福州
馬祖島
福建省
台湾海峡
台北市
泉州
廈門
(アモイ)
金門島
澎湖諸島
松山空港
淡水
基隆市
台北市
九份
桃園国際空港
汐止
桃園市
新北市
烏來
新竹市
宜蘭
羅東
新竹県
宜蘭県
苗栗
台湾高速鉄道
苗栗県
大甲
清水
新幹線
東勢
梨山
梧棲
豊原
台中市
彰化
鹿港
彰化県
霧社
花蓮港
埔里
員林
北斗
花蓮県
集集
水里
西螺
南投県
雲林県
虎尾
澎湖島
嘉義市
朴子
嘉義県
塩水
佳里
台南市
台東県
旗山
岡山
台東
九塊
屏東
緑島
高雄市
鳳山
屏東県
潮州
東港
N
蘭嶼
恒春
0
50km
墾丁
鵝鑾鼻

凡例

・出典および注は、本文中の該当箇所に章ごとに（1）（2）と番号を振り、巻末にまとめた。
・引用文および発言の中の補足は［　］で示した。
・本書に掲載した写真のうち、クレジットがないものはすべて著者自身が撮影したものである。

第一章 独裁政権に挑んだ闘い

一．日本で教育を受ける

(一)裕福な家庭で育つ

過ごしてきた「三つの世界」

彭明敏は自伝で、「自分は三つの世界を過ごしてきた」[1]と語っている。民族的に継承してきた華人世界と二〇歳過ぎまで育った日本世界、もう一つは思想や知識の面で影響が大きかった欧米世界である。

日本統治時代の台湾に生まれた知識人は多かれ少なかれ、この三つの世界に関わってきた。生活習慣や文化、言語、宗教などは祖先の地である中国福建省や広東省の様式を色濃く受け継ぎ、学校では日本語を使用して日本式の教育を受けた。そして、研究やビジネスなどの専門分野では、欧米と深いつながりを持ってきたのである。

一九二三年生まれで彭明敏と同い年の李登輝も、「台湾人の心を持ち、日本人の思考方法と欧米の価値観を持つ。同時に中国的な社会、文化背景の中で生きている」[2]と言われた。台湾の家庭で成長し、日本の京都帝国大学で学び、米国留学も経験した李登輝もまさに、この三つの世界を股にかけてきたと言っていい。

ただ、彭明敏が置かれた環境が特殊だったのは、小さい頃から外国人宣教師と身近に接してきたことだろう。彭家は明敏の曾祖父の代から、台湾で布教を始めた英国長老教会に出入りし、曾祖父は台湾でいち早くキリスト教に改宗した一人だった。祖父も一九四五年に亡くなるまで、長老教会で信徒の代表である「長老」として牧師とともに祭祀を取り仕切ってきた。

母陳金英《ちんきんえい》の父母もキリスト教を信仰しており、自然と彭明敏の両親は敬虔《けいけん》なクリスチャンになった。長老教会の指導者として慈善活動や教育活動に協力し、外国人牧師らと緊密な交流があった。後に、彭明敏が「自救宣言事件」で海外脱出する際、長老教会の関係者が全面的に協力するのだが、その布石となったのが彭家と長老教会の縁なのである。

台湾キリスト長老教会は一九七一年に「国是声明」、一九七七年にも「人権宣言」を発表して台湾住民の自決権を求めるなど、台湾の民主化を支援してきた。国民党政権は英国や米国などの批判を恐れて長老教会の弾圧を控えてきたが、一九八〇年になって、政治犯を匿ったとして牧師ら一〇人を逮捕し、軍事裁判にかけた。

もっとも、彭明敏自身は生まれた時に長老教会の洗礼を受けたものの、「恥ずかしいことですが、私はあまり教会には行きません(3)」と告白している。

医者の一家に生まれる

彭明敏は一九二三年八月一五日、兄二人・姉一人の末っ子として、台湾中部の台中県大甲鎮(現台中市)で生まれた。当時の台湾では、教会が医療活動に従事するケースが多く、長老教会と深い交流があった彭家は医者の一家となった。彭明敏の父彭清靠《ほうせいこう》もキリスト教系の病院で二年間実習した後、大甲で診療所を開いた。医者としての稼ぎに加え、周辺の土地や水田を購入して所有していた地主としての収入もあり、暮らしぶりは豊かだった。

彭清葦は馬が好きで、自宅で同時に四頭飼っていた時期もある。ある日、猛り狂った水牛に追いかけられながら、馬に乗ってものすごいスピードで家に逃げ帰る父の姿を、彭明敏は今も鮮明に覚えている。父はそれ以外にも、中国拳法やバイオリンを習ったり、水墨画を描いたり、菊や蘭の花を育てたりするなど多趣味だった。

父は小作人には優しく、自宅にやって来た農民たちと、次の収穫期にどれだけ納めるか相談に応じて決めていた。規定の量が納付できない者の頼みを聞いてやることもあった。

診療所でも、患者が治療費を払わなくても意に介せず、無料で診察を行うことも珍しくなかった。地元では「赤ひげ先生」のような存在だったのだろう。彭明敏は大きくなるにつれ、なぜ父が大甲の人々から広く敬愛されていたかがわかるようになった。

彭明敏が育ったのはそのように恵まれた家庭だったが、一度、家の中でもめ事が起こったことがあった。当時、台湾では、裕福な一家は「養女」をもらう風習があった。「養女」と言っても実態は奉公人で、五、六歳で奉公に出され、結婚するまで働く報酬を、奉公先が少女の家族に先払いする制度である。少女は奉公先によって、良い待遇を受けることもあれば、虐待されることもあった。大人になって、娼妓などになるケースも多かったと言われる。

彭家にも奉公人がおり、ある時、兄たちが両親に向かって、「自分たちのことをクリスチャンだと言っているが、彼女を奴隷にしているじゃないか」(4)と激しく責め立てた。両親は困り果て、我が家では彼女を大切にしていると弁明したが、その後も兄たちのわだかまりは消えなかった。

貧困を背景にした「養女」制度は戦後、社会問題化し、台湾省政府(台湾省は一九九八年に事実上廃止)は一九五一年、「保護養女運動委員会」を組織して対策に乗り出し、一九五六年には「養女」への虐待を禁じたり、自由意思による結婚を援助したりする支援法も公布した。

この一件では、彭明敏はまだ小さかったためか、兄とともに両親に抗議したわけではないが、キリスト教を介して西洋的な価値観の影響を受けた彭家の子供たちは、台湾の旧習をおかしいと感じる感性が身に着いたのだろう。そして、それに異議申し立てをためらわない正義感の強さも彭家の血筋だったようだ。

台北で名門小学校に通う

彭清靠は子供たちが就学年齢になると、台北に日本式の家を借り、母と一緒に住まわせた。教育レベルの高い台北で、我が子に少しでも良い教育を受けさせたいという親心だったのだろう。自らは大甲の診療所で働きながら、時間をやりくりしては台北の妻子宅を訪れ、一家団欒《だんらん》の時を過ごすようにした。

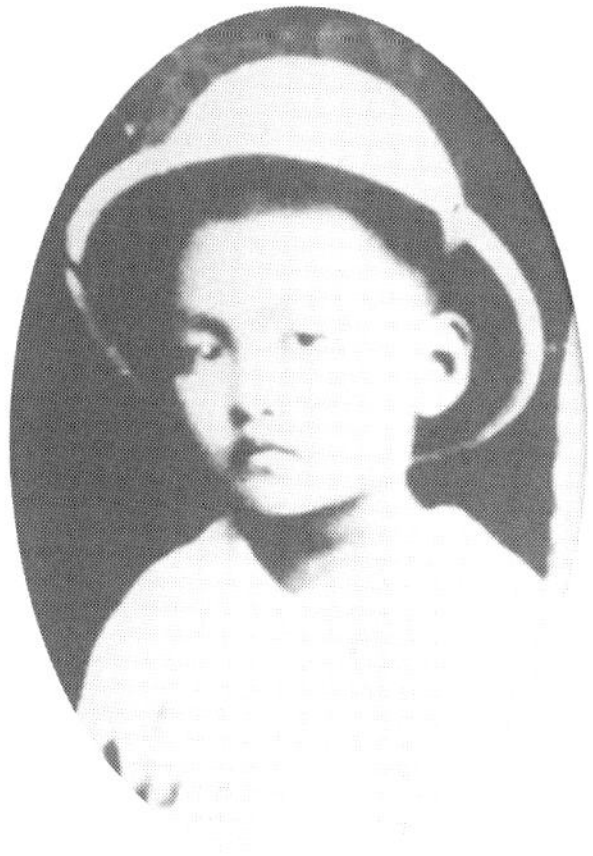
幼稚園時代の彭明敏（本人提供）

子供たちは台北で、植民地の現実に直面することになる。日本統治下の台湾の初等教育は、一九四一年に国民学校として統合されるまで、基本的に日本人は小学校、台湾人は公学校に通うことになっていた。学校の設備や教師の質は、押しなべて小学校の方が高かった。台湾人も小学校に入学できたが、その数は少なく、厳しい入学試験を勝ち抜かなければならなかった。挑戦できるのは、経済力がある家庭で日本語も不自由なく使いこなせる一部の児童に限られていた。

そんな狭い門をくぐり抜けて、彭明敏の兄や姉は、日本人の名家の子弟らが多く通う建成小学校に入学した。同校の卒業生によると、台湾人は一クラスに数人しかいなかったという[5]。同校の校舎は戦後長らく台北市政府（市役所）として使用され、現在はモダンアートを展示する芸術館になっている。

彭明敏は一九二八年、台北の自宅に近い大正幼稚園に入園したが、台湾人の園児は彭明敏と他にもう一人だけだった。翌一九二九年、彭明敏も建成小学校の入学試験に合格し、兄や姉と一緒に通い始めたが、二年生になった時、母は彭明敏一人を連れて大甲に戻った。兄や姉は祖母に面倒をみてもらい、建成小学校卒業後も台北にとどまって名門の中高や女学校に進んだ。彭明敏は大甲でも小学校に入学したが、約二〇〇人の生徒のうち、台湾人は彭明敏一人だった。

大甲の小学校では、成績が優秀だった彭明敏を日本人の校長がことのほかかわいがり、他の生徒が答えられない問題は、いつも彭明敏に振って答えさせ、生徒代表にも推薦した。

その小学校に一年間通った後、一九三一年になって、父が診療所を一時閉めて日本の病院で研修を受けることになり、彭明敏も一緒に行くことになった。大甲を離れる日、校長が全校生徒を引率して駅まで見送りに来てくれた。初めての体験に、彭明敏は感激した。

一般の台湾人少年に比べ、日本人と接触する機会が多かった彭明敏は、台湾人が「二等国民」として差別される実態を肌で感じていた。それだけに、日本による台湾の植民地統治には必ずしも肯定的ではないのだが、大甲での経験もあって「私は成長するにつれ、きちんとした考えを持って政府の差別政策に反対する日本人が多くいることを知った。偏見を持たず、台湾人を対等に扱い、日本人と台湾人の間の溝を埋めようとする教師や知識人も少なくなかったのだ[6]」と回想している。

彭明敏は東京・蒲田区（現大田区）にある北蒲小学校に入学した。一九三五年に台湾に戻ったが、日本での生活で最も思い出に残っているのは、「野球の神様」と呼ばれた米大リーグのスター選手、ベーブ・ルースが来日した際、手紙を送り、返事代わりにサイン入りカードをもらったことだった。記録を調べると、ベーブ・ルースは全米選抜チームの一員として一九三四年一一月二日から一二月一日まで日本に滞在し、各地で全日本軍を中心に計一六試合行っているので、滞在先のどこかに手紙を出したのだろう。あこがれの選手に手紙を書き、宛先を調べて郵送すること自体、当時一一歳の小学生にしては破格の行動力である。熱烈な野球ファンだった彭明敏にとって、ベーブ・ルースのサインは一生の宝物だったが、「自救宣言事件」で海外脱出する前、身辺整理のため焼却した。

（二）京都・三高から東京帝大へ

高雄中学に入学

台湾に戻った父は、南部の高雄に新しい病院を建てた。父は卵巣腫瘍の専門医として評判になり、叔父が小児科を担当し、病院は患者でにぎわった。彭明敏は地元の小学校に転入し、野球に熱を入れた。ベーブ・ルースのサインを持っていたことで、少年野球仲間には一目置かれた。チームが市内の大会で優勝したこともある。

だが、この頃から、彭明敏は自分が台湾人であることに複雑な感情を抱くようになる。教室で名前を日本語読みで「ほう」と呼ばれ、皆に笑われると屈辱感を覚えたり、学校行事の際、母が伝統的な台湾の服装で姿を見せると、日本人の母親との格好の違いに恥ずかしさを感じるようになったりした。同じクラスメートでも自分は日本人とは違うのだという意識が強まっていった。

卒業後は高雄中学に進学した。同校ではクラスの四分の一ほどが台湾人だった。彭明敏の入学直後に校長が代わり、新しい校長は前任者と違って、校庭に花壇をつくり、人糞を肥料として運ばせたり、草むしりをさせたりするなど力仕事で生徒を鍛えようとした。服装や生活面での校則も厳しく、彭明敏は高圧的な校長のやり方に強い反感を抱いた。

中学の修学年限は五年だったが、規則では四年生の終わりに、校長の同意があれば高校の入試を受けることができた。父は日本の学校を受験することを希望していたので、彭明敏は校長に同意と受験手続きに必要な成績証明を求めたが、にべもなく断られた。校長は他の生徒にも四年生での受験を許可しなかった。

父が学校へ行って校長と直談判すると、売り言葉に買い言葉となり、父は彭明敏を退学させて日本に渡らせることにした。彭明敏は台湾人の実業家と結婚して東京にいた姉彭淑媛《ほうしゅくえん》の家でやっかいになりながら、仙台の第二高等学校の入試に挑んだが、不合格だった。兵庫県にある関西学院中学部が最終学年でも転入できることがわかり、一年間通った後、京都の名門、第三高等学校に合格した。

三高ではフランス語やフランス文学に熱中し、東京帝大の仏文科をめざそうとしたが、両親は医学部進学を強く希望した。妥協案として、仏文専攻を諦める代わりに、法学部に進んで弁護士か官僚になると言って両親を説得した。

このように、彭明敏は多感な一〇代の多くを日本で過ごした。台湾で日本統治時代を経験した人々は「日本語世代」と呼ばれ、日本語が達者なお年寄りが多いが、こうした経緯により、彭明敏の日本語のレベルは同世代の台湾人の中でも突出して高いのである。

権威主義への反抗心

学生時代の彭明敏には、日本の中国侵略が暗い影を投げかけていた。彭明敏が通った学校はいずれも教師、生徒ともほとんどが日本人だったので、校内は愛国主義一色だったが、家では両親から日本に抵抗する勇敢な中国人の話を聞かされていた。

高雄中学では、校長や軍事教官らが中国人を「遅れた臆病者」と蔑むので、「台湾人の生徒は辛く、いたたまれない境地に追い込まれた[7]」と明かしている。彭明敏は現在、自らを「台湾人」と認識し、「中国人」と明確に区別しているが、当時は民族的な意味で「中国人」に同胞意識を持っていたことがうかがえる。

日本と中国の板挟み状態になっていた彭明敏にとって、どちらともしがらみのない欧米は別世界に思えた。彭明敏は中学一年生から始まった英語の授業が楽しみだったが、その理由について「英語の習得が西洋世界に通じる道だと信じていたからだ[8]」と説明している。

権威主義に対する反抗心も人一倍だった。自伝では再三にわたって、威張り散らす日本人の教師や軍事教官への嫌悪感に言及している。彭明敏が学んだ関西学院や三高は自由な学風だったので、そうした傾向が強まった面もあったのかもしれない。彭明敏は二〇〇六年、関西学院大学から名誉博士号を贈られ、「台湾民主化に指導的役割を果たされました[9]」と紹介されている。

そんな中、一つの「事件」が起こる。三高の心理学の教授がある日の授業で、クラスの各自が切実に感じている問題について、思ったまま書くように命じた。教授は、文章は秘密にすると保証したので、彭明敏は日本の中国侵略を取り上げることにした。

書き始めると止まらなくなり、一〇ページ以上にわたって日本人が中国人と台湾人を蔑視していることに対する非難を書き連ねた。もし、この内容が外部に知れると、思想犯を取り締まる特別高等警察（特高）に逮捕される危険があることはわかっていたが、それでも提出した。

数日後、教授から部屋に来るよう呼び出された。自身も体制に批判的だった教授は声を潜め、この文章は誰にも見せないと約束したうえで、「自分の考えは胸にしまって、他人に話してはいけないよ[10]」と注意した。

二十数年後に起こす「自救宣言事件」の原型のようなエピソードである。理不尽なこと、納得のいかないことには損得を考えず、おかしいものはおかしいと指摘せずにはいられない性格は、若い頃から養われていたことが見て取れる。

台湾を植民地支配する日本に対する反感も隠していない。彭明敏は一九九六年の台湾総統選挙戦で、「独立派を親日派と批判する勢力があるが、戦前の学生時代、我々は反日だった[11]」と訴えている。

兵役志願を拒否

彭明敏は一九四二年、難関を突破し、最高学府の東京帝大法学部に入学した。だが、戦争の影響は学生生活にも及んでいた。文系の学生の徴兵免除が廃止され、同級生が次々と兵役に就くようになったのである。この年から、台湾人を対象にした志願兵制度が施行され、彭明敏には兵役義務はなかったものの、「志願する権利」は与えられていた。

日本に留学している台湾人学生は、学内の軍事教官の部屋に呼びつけられ、兵役志願申込書に署名するよう求められた。彭明敏を含め、まだ志願していない学生の名前が学内に張り出された。

兵役に対して、彭明敏は「自分が日本の軍隊に服役することなど、想像もつかなかった[12]」というほど拒否感が強かった。とうとう、志願していないのは彭明敏ただ一人になった。不安が募り、大学にも行かなくなった。

東京での暮らしは日用品が不足し、配給も十分ではなくなっていた。それもあって、いとこがいた長野県の松本に移ることにした。この松本行きについて、彭明敏は「志願させられることがわかったので、逃げたんです[13]」と証言している。ただ、独学で勉強は続け、大学の試験は受けるつもりであり、卒業を諦めたわけではなかった。

京都帝大で学んでいた李登輝は志願に応じ、千葉県の陸軍高射砲部隊などで兵役生活を送っている。この頃から、彭明敏と李登輝は体制に順応するかどうか、対象的な反応を示している。

(三)過酷な戦争体験

敵機襲撃で左腕を失う

松本での暮らしは半年ほど続いたが、郵便事情の悪化で両親からの仕送りが途絶え、貯金も底を突いてきた。生活が苦しくなってきたため、長崎市中心部から三〇キロほど離れた為石村(現長崎市)にいる長兄彭明哲《ほうめいてつ》の家に身を寄せることにした。彭明哲は長崎医科大学を卒業し、為石村で公営の診療所を任されていた。

一九四五年四月下旬の夕方、松本からはるばる列車を乗り継いで長崎に到着した。一泊して翌朝、渡船に乗り込んだ。人生を変える事件が起きたのは、その直後だった。上空から降下してきた飛行機が急上昇に転じた瞬間、衝撃音がして甲板にたたきつけられ、意識を失った。彭明敏は「あれは米軍の［機銃］掃射だったと思う[14]」と振り返った。
意識が戻ると、船上では地獄絵が繰り広げられていた。そこら中に死体や肉片が転がり、叫び声やうめき声が渦巻いていた。立ち上がろうとした時、ぎょっとして自分の目を疑った。左腕が肩の付け根からちぎれかけ、筋と皮一枚でぶら下がっていたのである。彭明敏は「もう終わりだ。自分がここで死ぬことは、誰も知らないだろう[15]」と絶望の底に突き落とされた。

それでも生き延びようとする本能は強かった。ぶら下がった左腕を右手でつかむと、とても重く、冷たかったが、感覚はなかった。左のこめかみもけがをしており、生温かい血が目の中に入り、頬を伝わって落ちた。体のバランスがうまく取れなかったが、何とか立ち上がり、血でぬるぬるしている甲板を横切って埠頭に下りた。

よろめきながら通りに出ると、叫び回る群衆の中で極度の孤独感に襲われたが、何度も自分に「早く病院に行くんだ！　早く医者に診てもらうんだ！[16]」と言い聞かせた。地理がわからなかったので、道行く人に尋ねようとすると、何人かは左腕がちぎれかけて血まみれの彭明敏を見て、顔を背けて去って行った。

それから、とても長い時間が経ったように思えたが、ほんの一時だったかもしれない。誰かが埠頭のそばの小さな診療所に連れて行ってくれた。再び意識を失い、また目を覚ますと、応急処置に当たっていた医師の一人が、偶然にも彭明哲の同級生で親友でもあり、彭明敏も会ったことのある台湾人眼科医、楊友香《ようゆうか》であることがわかり、「楊先生！　楊先生！　彭です[17]」と大声で叫ぼうとした。だが、実際にはつぶやくような声しか出せず、楊友香は彭明敏のそばを三、四回行き来した後、ようやく気づき、「どうしたんだ！　ここにいたのか！[18]」と驚きの声を上げた。

混乱の中で、左腕を切断する手術を受けた。楊友香が兄に連絡をとってくれ、義理の姉が駆けつけた。その後も、敗血症にかかって生死の境をさまよったが、窮状を知った長崎医科大学の台湾人留学生四人が献血に応じてくれ、輸血で命を取り留めた。そのうち一人が台湾先住民のパイワン族だったことを彭明敏は今も覚えており、「栄養不良の時代に、血液を提供するのは大変なことだったんですよ」(19)と感謝の念を口にした。

原爆投下にも遭遇

状態が安定したのを見計らって、彭明哲の自宅に移り、静養に専念した。食料事情も比較的よく、健康を取り戻しつつあった。

そんな最中の八月九日朝のことである。家で新聞に目を通していると、飛行機が飛ぶ音が聞こえ、突然、部屋の中が閃光に包まれた。金属製の大音響とともに、家が激しく揺れた。続いて、長崎方面の上空で黒雲の上にキノコ雲が立ち上るのが見えた。晴れていたにもかかわらず、小雨が降ってきた。彭明敏は「何が起こったのか、まったくわからなかった」(20)と今でもその瞬間の驚きを語る。

兄は非常招集を受け、長崎に救援に出向いた。夜遅く帰ってきた兄はひどいショック状態で、絞り出すように「長崎は全滅した」(21)と見たままを話した。献血で命を救ってくれた台湾人留学生四人も犠牲になった。彭明敏は「彼らの貴重な命が奪われ、私が生き残るとは、何という悲劇の運命だろう」(22)と述懐している。

彭明敏は敵機による襲撃で片腕をなくし、原爆投下にも遭遇した。戦争という苦難の体験を日本人と共有したのである。被害に対する日本政府の対応について、彭明敏は「左腕をなくした時は慰問金を支給されましたが、原爆では何も措置は受けていません[23]」と証言する。

二．将来を嘱望されたエリート

(一)台湾大学で学ぶ

七年ぶりの帰郷

長崎原爆投下から六日後、彭明敏は義理の姉と為石村の街頭で天皇の玉音放送を聞いた。ラジオ放送は聞き取りにくかったが、日本が無条件降伏を受け入れたことはわかった。もし、そのまま東京帝大で学業を続けたいのなら、日本にとどまるという選択肢もあった。だが、兄一家とともに台湾に戻ることにした。

一二月下旬、台湾に帰還できるとの通知が届いた。長崎駅から列車で佐世保港に向かい、貨物船に乗り込んだ。その時の心境を、彭明敏は「我々台湾人は劇的な人生の転換点に立っていた。新しい時代が幕を開けたのだ。我々はもはや二等国民ではなかった。だが、これからどうなるかは未知数だった[24]」と表現している。

一週間の船旅の後、一九四六年一月二日、台湾北部の基隆港に到着した。彭明敏にとっては、高校受験のため一九三九年に台湾を離れて以来、七年ぶりの帰郷である。基隆にいる父の友人の医師宅で一晩泊めてもらい、翌日、列車で高雄の自宅に帰り着いた。彭明敏を見た両親は驚いた。空襲に遭って死んだと思い込んでいたからである。父は涙を流しながら、片腕を失った息子を慰めた。

久々の家族再会で積もる話の中、父は「台湾はひどい状況にある」[25]と何度も繰り返した。中国からやって来た役人や軍人の横領や略奪が日常化し、行政がまともに機能しない現状を嘆いたのである。台湾は蔣介石が率いる国民党政権の管理下に入り、彭明敏が知る日本統治時代とは様変わりしていた。

一九四六年夏、日本の帝大で学んでいた台湾人学生は、無試験で台湾大学に編入できるという通達が公布された。高雄での生活に退屈していた彭明敏は、すぐに台北に向かった。台湾大学には、三〇人ほどの資格者が集まった。彭明敏はこの時、農学部に転入してきた李登輝と知り合う。

だが、前身の台北帝大は農学や医学が中心で、台湾大学も物理学や農学などに重点が置かれていたため、人文科学や社会科学系の教員は不足していた。学長や学部長も理工系が専門で、文系の学生の対応に困っていた。

そこで、帝大で法律、政治、経済などを専攻した学生が大学側と打ち合わせ、自分たちで帝大卒の台湾人の弁護士や経済学者らを探し出しては教員に推した。学長や学部長も学生たちの熱意に動かされ、中国で文系の教員を募集した。

適当な教員が見つかると開講し、カリキュラムを編成するという教育の根幹に関わる作業を、学生自らが非公式に担当したのである。新しい教員が講義を行う際は、ガリ版刷りのプリントを作って受講生に配布するなど、授業の手伝いもした。そうして、教育部（教育省）で決められた卒業に必要な単位を二年間で取得した。

「二・二八事件」で父が捕らえられる

彭明敏が学生生活を送っていた一九四七年二月二八日、その日付から名づけられた「二・二八事件」が発生する。事件は前日に台北で起こった闇たばこ売りの女性への取り締まりをめぐるトラブルをきっかけに、国民党政権に対する住民の日ごろの不満が爆発して全島を巻き込む暴動に発展した。

国民党政権は当初、各地で処理委員会を結成して住民の要望を聞くふりをしながら、中国から大規模な軍隊を呼び寄せ、次々と住民を虐殺していった。とくに、医者や弁護士、メディア関係者など社会のリーダー層の知識人をねらい撃ちした。

行政院（内閣）の報告書では犠牲者数を一万八〇〇〇～二万八〇〇〇人と推定しているが、闇で処刑されたケースなどを加えると、その数ははるかに多いとも言われる。台北をはじめ全土で、公開銃殺などの残虐な光景が繰り広げられた。

医師であり、高雄市参議会（現市議会）初代議長を務めるなど地元の名士でもあった父彭清靠も、高雄の事件処理委員会の委員長を任されていたため捕らえられ、処刑を待つ身となった。仲間は銃殺されたが、高雄要塞司令の彭孟緝《ほうもうしゅう》が彭清靠をよく知っていたため解放され、命拾いした。彭孟緝は軍を出動させて市民を虐殺したとして、その責任を問う声が強いが、後に参謀総長に昇格し、一九六九年から日台が断交した一九七二年まで駐日大使を務めた。

彭清靠は憔悴《しょうすい》し切って自宅に戻り、二日ほど食事も喉を通らず、「自分が華人の血統であることが恥ずかしい。子孫は外国人と結婚し、華人でなくなってほしい[26]」とまで言うようになった。

「二・二八事件」発生当初は、台湾大学でも学生が集まって話し合ったが、組織的な動きにはならなかった。彭明敏は台北郊外の祖母の家にこもり、台北で見聞した惨劇への怒りをつづった手紙を何通か高雄の父に送った。ある日、高雄の警察署長が父に、息子にこのような手紙を書かせないようにと内々に警告した。父への手紙は検閲されていたのだ。

事態が落ち着くと、台湾大学にも学生が戻ってきた。当局の内通者がクラスに潜り込んでいることが判明したので、学生たちは集会などは開かず、学内を二、三人で連れ立って歩く時に憤懣《ふんまん》を語り合うにとどめた。

世の不条理には黙ってはいられないたちの彭明敏も、さすがにこの時は慎重に行動した。だが、この事件によって、彭明敏の心には、国民党に対する生涯消えることのない憎悪と不信感が植えつけられた。

事件は長らく語ることさえタブーとされてきたが、一九九五年に国民党の李登輝総統が初めて当局の責任を認めて公式に謝罪した。民進党の陳水扁政権下の二〇〇六年には、「事件の最大の責任者は蔣介石」と結論づけた研究報告書が公表された。

(二)研究者として名を上げる

国際航空法を専攻

一九四八年夏、二年間の短縮学生生活を終え、彭明敏は優秀な成績で台湾大学を卒業した。大学からは法学部の助教として残るよう勧められ、父の旧友がトップを務めていた大手の銀行からも誘われた。銀行は大学助教の三倍の高給だった。迷った末、銀行を選んだ。

だが、銀行の仕事には興味が湧かず、一カ月で辞めて台湾大学助教に転身した。もともと、会社勤めより、研究者の方が性に合っていたのだ。翌年、地主の娘だった李純《りじゅん》と結婚し、一九五〇年に長男旼《びん》が誕生する。

大学では国際公法、中でも、当時はまだ研究が進んでいなかった国際航空法を専攻した。その理由について、彭明敏は「長崎での負傷体験によって、飛行機、とりわけ戦時の飛行体制に関心が向くようになったからかもしれない」(27)と述べている。

国際航空法に関する文献を読み込み、何本も論文を書いた。この分野では、初めての中国語の論文だった。論文は大学の刊行物や学外の出版物に次々と掲載され、彭明敏は頭角を現した。順風満帆の研究者生活のスタートだった。

そんな彭明敏に、飛躍のチャンスが巡ってくる。海外留学を援助する米国の奨学金を受ける学内選考に応募したところ、対象者に選ばれたのだ。なぜ若い本省人を特別扱いするのかと抗議する先輩教員もいたが、銭思亮《せんしりょう》学長は「これは正しい選択であり、[彭明敏は]必ずや皆を満足させる成果を上げるだろう」(28)と動じなかった。

国際航空法の大家で、以前から手紙をやり取りしていた米プリンストン大学のジョン・コブ・クーパー教授に相談すると、ちょうどカナダ・モントリオールにあるマックギル大学が設立準備を進めている国際航空法研究所の初代所長に招聘《しょうへい》されていたところで、彭明敏にも入学するよう勧めた。

一九五一年、彭明敏はマックギル大学国際航空法研究所の修士課程に入った。最初に書いた論文は、宇宙空間の法的位置づけについて検討したものだった。この問題を取り扱った論文としては世界初で、カナダやフランスの著名誌に掲載された。論文はこの分野で、古典的な文献の一つとなっている。

二本目は、第二次世界大戦終結まで相次いだ空爆を法的観点から分析したものだった。このテーマを選んだのも、長崎での体験がきっかけだった。三本目の宇宙に関する論文も東大の雑誌に掲載され、注目を集めた。論文は三本ともフランス語で執筆し、いずれも高い評価を得た。これによって彭明敏は修士号を取得し、国際航空法の分野では世界的に名が知られるようになる。

奨学金は一年限りだったが、両親や関係者の計らいで、二年目はフランスに移り、パリ大学の博士課程に入学した。パリでの二年間、研究は順調に進み、博士号を取得して一九五四年、三年ぶりに台湾に戻った。

最年少で教授に昇進

国際的な名声を得て台湾大学法学部に復帰した彭明敏は、助教から副教授に昇進した。大学では通常、助教から講師を経て副教授になる。二段飛びの昇進は、彭明敏が本省人で、三一歳の若さでもあったことから、二重の意味で年配の外省人教授の反発を招いた。

教授会で薩孟武《さつもうぶ》学部長が報告すると、同じ国際法を専門としていた教授が突然立ち上がって部屋から出て行った。この時の様子について、彭明敏は「会議で文句が出たが、博士号を持っていれば副教授になれるという学内規定があり、学部長が説明したんです。やっぱり、皆嫉妬するんですね[29]」と振り返っている。

大学当局に批判的な者は、彭明敏のスピード昇進を格好の材料として、大学運営をやり玉に挙げた。この問題は、国立である台湾大学の予算承認権を持つ立法院（国会）でも取り上げられた。

そうした状況はしばらく続いたが、彭明敏が傑出した学術成果を上げ続けたことで、そのうち誰もとやかく言わなくなった。研究者として、実力でその存在を認めさせたのである。一九五七年には、三四歳で教授に昇進した。戦後の台湾大学史上、最年少の教授である。この年には長女曄《よう》も生まれ、公私ともに充実した生活を送った。

彭明敏の講義は、学内でも評判だった。「自救宣言事件」で彭明敏と行動をともにした謝聡敏《しゃそうびん》は、「大学三年生の時、彭明敏先生の国際法の授業を取った。先生は法学部でいちばん人気があった。先生の授業がある時は、早く教室に行って、席を確保したものだ」(30)と語っている。

各教員は普通、ゼミ形式で一〇人程度を個別指導するが、彭明敏の指導を希望する学生は一〇〇人近くにも上り、自宅にまで押しかけてくるほどだった。

もう一人、当時の台湾大学で学んだ人物の話に耳を傾けてみよう。日本で長年、台湾独立運動に打ち込み、民進党の陳水扁政権で駐日大使に相当する台北駐日経済文化代表処代表になった許世楷《きょせいかい》である。台湾大学法学部の学生として彭明敏の授業を受けたことがある許世楷は、こんな回顧談を披露してくれた。

「授業は北京語（標準中国語）でやらなければならないのだけれど、中高年の本省人の教員は、北京語がうまくなくてね。台湾語や日本語が交じったりもして、何を言っているのか、よくわからないんですよ。彭明敏さんら次の世代は、外省人のように流暢《りゅうちょう》ではないけど、少なくとも自分の専門分野は北京語で講義ができた。僕ら学生が聞いて、理解できたんです」(31)

使用言語が日本語から北京語に切り替わるなど教育環境が激変する転換期に、彭明敏らの若い世代が時代に適応し、主役の座を奪っていった状況が浮かび上がる。

キッシンジャーとの交遊

彭明敏の豊富な海外人脈の中でも、目を引くのはヘンリー・キッシンジャーとの交遊だろう。キッシンジャーは米リチャード・ニクソン政権で国家安全保障問題担当の大統領補佐官として、米中関係改善に大きな役割を果たしたことで知られる。

キッシンジャーはハーヴァード大学で教鞭《きょうべん》を執っていた一九五〇年代から一九六〇年代にかけ、世界各国・各界の有望な若手を招いて国際情勢について討論するセミナーの世話役を任されていた。彭明敏は一九五六年、キッシンジャーから招待を受け、ハーヴァード大学で行われた国際問題研究セミナーに参加した。一九六〇年にも、キッシンジャーが議長を務め、東京で開かれた会議に招かれ出席した。

だが、「自救宣言事件」後は、キッシンジャーとの関係は苦いものになっていく。自宅軟禁状態から逃れようと、大統領補佐官として米国外交を取り仕切っていたキッシンジャーに支援を求めたところ、素っ気ない返事が返ってきただけだった。当時、キッシンジャーはすでに対中接近戦略を描いており、台湾独立派と目された彭明敏からの接触は迷惑だったのだ。

米中国交正常化への第一歩となった一九七一年七月の中華人民共和国（中国）首相、周恩来《しゅうおんらい》との会談で、前年の彭明敏の海外脱出が話題に上ると、キッシンジャーは「彭明敏が十五年前、私の学生であったことはご存じかもしれませんね。でも彼のやっていることが私に関わりがあるとはお考えにならないでください(32)」と突き放した言い方をしている。

(三)蔣介石の知遇を得る

士林官邸で初対面

国際的に活躍する彭明敏を国民党政権も重用し、一九六〇年に米シアトルのワシントン大学で開かれた「中米文化協力会議」の代表の一人に指名した。米国の財団から資金を引き出すことを目的とした重要な会議で、中央研究院長などを歴任した台湾を代表する知識人である胡適《こせき》が団長を務めた。蔣介石と妻宋美齢《そうびれい》は代表団員四十数人を夫婦の住まいだった士林官邸に招いて、壮行会を開いた。彭明敏は最も若いメンバーであり、二人しかいない本省人の一人だった。

その場で、彭明敏は初めて蔣介石と対面した。胡適が彭明敏を蔣介石に紹介したのだが、蔣介石は「家族は元気か?」「子供は何人いる?」「何か困ったことはないか?」「何か力になれることはないか?」[33]などと紋切り型の質問をするばかりで、彭明敏が答えたり、胡適が何か話したりすると、「好《ハオ》(結構)!好!」[34]と遮り、まともな会話にはならなかった。

彭明敏は蔣介石の対応について、「まるで皇帝が「民衆に」情けをかけるかのようだった」[35]と感想を述べている。

国連代表団顧問として訪米

翌一九六一年は彭明敏にとって、さらに上昇気流に乗る年となった。八月に法学部政治学科主任に就任し、九月から始まる新学期の準備に追われるさなか、秋に米ニューヨークで開催される国際連合(国連)総会の国民党政権代表団の顧問に任命された。

これにより、沈昌煥《ちんしょうかん》外交部長（外相）や陳誠《ちんせい》副総統との面会が設定されるなど、彭明敏は国民党政権の中枢に取り入ることになった。訪米前、国民党の唐縦《とうじゅう》秘書長（幹事長）に呼ばれ、単刀直入に、米国で台湾独立運動家と会って、活動をやめるよう説得してほしいと頼まれた。彭明敏の名声を利用して、独立運動に圧力をかけようというねらいだった。彭明敏は自分にはそんな影響力はないと慎重に断ったが、心は重かった。

当時、国連では、中国共産党（共産党）が政権を担う中華人民共和国の加盟をめぐる米ソ両陣営の駆け引きが激しさを増していた。そうした中、モンゴルの国連加盟問題が持ち上がったが、国民党政権はモンゴルを「ソ連の傀儡《かいらい》」だとして独立国とは認めていなかった。中華民国（国民党政権）は国連安全保障理事会の常任理事国の一角を占め、拒否権を行使できる立場にあった。ソ連は国民党政権がモンゴル加盟に反対するなら、同時に提案されていた北アフリカのモーリタニアの加盟承認を阻止する構えを見せた。

国民党政権がモンゴル加盟を認めず、その結果、モーリタニアの加盟も見送られることになれば、アフリカ諸国を敵に回すことになる。そうなれば、「中国」を代表するのは中華民国か中華人民共和国かという中国代表権問題での支持取りつけも難しくなる。米国は国民党政権を説得し、代表団も台北の外交当局に国連の実情を伝え、最後は蔣介石も折れた。国民党政権はモンゴル加盟問題で譲歩を余儀なくされたが、国連の議席は維持することができた。

彭明敏は国連総会で中国代表権問題に触れた各国の演説をすべて的確に分析するなど、目覚ましい働きを見せた。だが、本省人である彭明敏がなぜ国民党政権代表団の一員になることに応じたのか、疑念を抱く者もいた。彭明敏がニューヨーク滞在中、在米の台湾独立運動家が訪ねてきて、国連での演説の中で突如、台湾独立の主張を持ち出し、国連で採決してもらってはどうかと提案した。同時に、彭明敏は米国政府に政治的保護を求めるという計画だった。

その計画が実現するなら、確かに台湾が直面する問題を国際社会に訴える効果はあるかもしれない。だが、現実に、彭明敏には国連で発言する機会はなかったし、そんな演出をするのに必要な準備も心構えもできていなかった。

国民党政権代表団顧問として活躍したことで、彭明敏は台湾における国際法の権威としての地位を不動のものにした。また、本省人でも国家の運命を左右するような重要任務を成し遂げることができることを示した。彭明敏は帰国後、いろいろな団体からひっきりなしに講演を依頼されたり、助言を求められたりするようになり、社会に影響力を持つ売れっ子教授として、絶頂期を迎えた。

「皇帝」との謁見

こうした彭明敏の活躍は蔣介石にも伝わり、一九六二年一月、蔣介石から面会の招待状が届いた。総統府に赴くと、応接室に通され、いつどのようにおじぎをしなければならないとか、席を勧められるまで座ってはならないなど、謁見時の作法について細かく説明を受けた。

左腕のない彭明敏は普段、義手を付けて長袖の上着を着用し、左袖をポケットに突っ込んでいたのだが、この時は外に出した。ポケットに入れていると、左腕がないことを知らない警護の者に武器を隠し持っているのではないかと疑われ、銃撃される危険性があったからだ。彭明敏は、ある軍校の卒業式で、蔣介石から卒業証書を受け取った学生が緊張のあまり額に汗をかき、ハンカチを取り出そうとしてポケットに手を入れた瞬間、その場で射殺されたという話を聞いたことがあった。

一対一の面会でも、胡適と一緒だった初対面の時と中身は同じだった。蔣介石は「家族はどうか？」「子供は元気か？」「何か困ったことはないか？　何か問題があれば、私を訪ねてくれ[36]」など型どおりの質問をし、彭明敏が答えようとすると「好！　好！[37]」と割って入り、一〇分余りで面会は終了した。彭明敏は「親しみや温かみは全然感じなかった[38]」と回想している。

当時の台湾では、蔣介石に目をかけられたことは、将来を約束されたも同然だった。蔣介石との面会から間もなく、国民党の高官が彭明敏の自宅を訪ね、国民党に入党するよう勧めた。高官は、入党すれば、高いポストを用意するとほのめかした。

このやり取りについて、彭明敏は「具体的なポストまでは言われなかった[39]」と証言するが、この頃、国民党政権は本省人の若手エリート抜擢政策を進めており、将来の指導者層につながるレールが敷かれていたはずだ。

国民党独裁政権を率いた蔣介石。法学者として国際的に活躍する彭明敏を重用した。（AP/アフロ）

李登輝も同じように国民党政権に抜擢されるのだが、一九六〇年代は農業専門の研究者や技師にすぎなかった。台湾の農業問題について報告を行い、行政院副院長（副首相）だった蔣経国《しょうけいこく》の目に留まったことがきっかけとなって、国民党に入党したのは一九七一年のことである。

二人を比較しても、本省人エリートの中で彭明敏がトップを走っていた様子がうかがえる。それにもかかわらず、彭明敏は「国民党入党など、まったく考えもしませんでした。高官の勧めはお断りしました[40]」と迷ったそぶりもない。

蔣経国の招待を断る

彭明敏は一九六三年には、国際青年会議所が各界の有望な若手を表彰する「十大傑出青年」に選ばれた。普通は大変名誉なことなのだが、彭明敏は「あの時、僕はもう四〇歳近くだったんです。それで『青年』と言われてもね[41]」とちゃかしながら、当局からお墨付きをもらうのはありがた迷惑であったことを強調した。

問題はその後に起こる。一〇人は表彰式から数日して、青年への思想工作を担当する政治組織である中国青年反共救国団（現中国青年救国団）の主任を務めていた蔣経国のティーパーティーに招待された。

蔣介石の長男である蔣経国は特務機関を一手に掌握しており、いずれ蔣介石を継いで最高権力者の座に上り詰めるとみられていた。ティーパーティーでは、蔣経国と出席者が記念写真を撮影するのが決まりになっていた。

その写真が救国団の宣伝に利用されるのはわかり切っていたので、彭明敏は先約があることを理由に、ティーパーティーを欠席した。新聞に掲載された記念写真に彭明敏が写っていなかったため、さまざまな憶測が飛び交った。絶対的な権力者に刃向かうという点で、「自救宣言事件」の前触れとも言える出来事である。

これについて、彭明敏は「人々が恐れる特務のボスと公の場で一緒にいるところを、学生に見せるわけにはいかなかった」[42]と真情を吐露している。

蔣経国はせっかくの招待を断られたことを根に持っていたようで、彭明敏は「僕が逮捕された後、蔣経国と初めて面会した時、『どうして、あの時来なかったんだ』と問い詰められた」[43]と明かしている。そして、この時欠席したことが、「自救宣言事件」後、彭明敏が「反政府的」だとする証拠の一つに挙げられた。

三．蔣介石の神話を打ち崩す

(一)自宅で政治問題を議論

国民党政権がたどった歴史

彭明敏の知名度が高まるにつれ、学術界の枠を超えて多くの人が自宅を訪ね、台湾が抱える問題について意見を交わすようになった。彭明敏は台湾大学に近い宿舎に住んでおり、家はいつも台湾大学やその他の大学の学生であふれていた。台北市議会議員ら政治家が顔を出し、議論の輪に加わることもあった。

サロンのようになった自宅では、政治的なテーマでも本音で語り合った。皆の関心が集まったのは、台湾の現状と将来についてだった。当時の台湾が置かれた状況を理解するため、国民党政権がたどった歴史を振り返ってみよう。

一九四五年八月に日本の敗戦によって日中戦争が終結した後、中国では蔣介石が率いる国民党と毛沢東《もうたくとう》をリーダーとする共産党による国共内戦が勃発した。当初の劣勢を挽回して勝利した共産党は中国大陸全土を支配下に収め、一九四九年一〇月、中華人民共和国を設立した。

一方、国民党は同年一二月、政府機関ごと台湾に撤退し、台湾島と周辺の諸島を統治するだけの政権になった。しかし、「中華民国」の看板は下ろさず、「中華民国は大陸も含む全中国を代表する」との建前も捨てなかった。

国共両政権は、ともに自分たちこそが「すべての中国人民を代表する唯一の合法政府」だとして譲らなかった。蔣介石は軍事力を行使して中国大陸を取り戻す「大陸反攻」の方針を掲げ、毛沢東も武力による「台湾解放」をめざした。だが、国民党政権の後ろ盾となっていた米国は、中国の「台湾解放」を許さない代わりに、台湾の「大陸反攻」も認めず、東西冷戦構造の中で、台湾海峡を挟んで中台が対峙する状態が固定化された。

彭明敏宅に集う人たちの中に、「大陸反攻」が可能だと信じている者は誰もいなかった。国民党政権は国連の議席を保っていたが、国際社会では中国の存在感が増していた。参加者の間では、「中華民国は大陸も含む全中国を代表する正統政府」というのは現実離れした主張であり、国民党政権がその虚構を貫けば、やがて国連を追われることになるだろうとの認識で一致していた。表立って台湾独立を持ち出す者はいなかったものの、実態に合わせて政府を改革・再編しなければならないという考えは共有されていた。

虚構維持のための強権体制

さらに、彭明敏宅の議論で話題が集中したのが、国民党政権が虚構を維持するために講じていたさまざまな方策についてだった。国民党政権は、台湾内部から噴出する異議を封じ込めるのに強権体制を敷く必要があった。

このため、国民党政権はまだ中国大陸にあった一九四七年一二月に憲法を施行していたが、総動員体制で「反乱団体」である共産党政権を鎮圧・平定するとの名目で、一九四八年五月に「動員戡乱《かんらん》時期臨時条款」を施行し、それを台湾にも持ち込んだ。

この法律は、総統に憲法を超越して思うままに振る舞える「緊急処分権」を与え、憲法を棚上げするものだった。本来は二年間の時限立法だったが、「反乱」の平定が実現していないとして延長され、一九九一年まで四三年間にわたって継続された。

一九四九年には、「動員戡乱時期臨時条款」を補強する戒厳令と懲治反乱条例が施行され、独裁体制が強化された。

戒厳令は当局が集会や結社、デモなどを取り締まったり、郵便や電報の開封閲覧や没収などを行ったりする根拠となり、住民の基本的人権を大幅に制限した。一九八七年になって三八年ぶりに解除されたが、戒厳令としては世界最長だった。

懲治反乱条例は「反徒」を摘発するためとして制定されたが、対象となる行為が幅広いうえに条文が曖昧で、当局が恣意的に運用できる余地が大きく、「政治犯製造法規」と言われた。(44) こちらは一九九一年に廃止された。

特権を享受する「万年議員」

虚構を支えるための「つじつま合わせ」も欠かせなかった。その象徴が「万年議員」の存在である。憲法では、総統・副総統の選出と憲法改正を担う最高権力機関である「国民大会」と法案や予算を審議する「立法院」の二つの国会を設置するよう定められ、国民大会代表と立法委員という二種類の国会議員がいた。

国民党政権は、「動員戡乱時期臨時条款」に基づき、一九四九年に政府機関とともに台湾に渡ってきた国民大会代表（任期六年、一九九二年から四年に短縮）と立法委員（任期三年、二〇〇八年から四年に延長）の任期が終わっても改選せずに終身議員化させ、選挙の洗礼を受けない「万年議員」となった。

国民大会代表は一九四七年、立法委員は一九四八年に、中国各地の国民党支配地域で選挙によって選出されていたので、曲がりなりにも「全中国を代表する」と言えた。だが、もはや中国各地で選挙を実施することはできず、台湾だけで投票を行っても、当選した議員は「台湾の代表」にすぎないので、新たな選挙を停止したのである。

本省人の民意をまったく反映しないのに、生涯にわたって高給と特権を享受する「万年議員」は、住民の怨嗟《えんさ》の的になっていた。台湾が民主化する中で、高齢化していた「万年議員」は一九九一年末にすべて引退し、一九九六年から台湾総統直接選挙が実施されて存在意義を失った国民大会は二〇〇五年に廃止された。

国民党政権の統治範囲は、実際にはほぼ台湾だけなのにもかかわらず、「中央政府」と「台湾省政府」を設けたのも、「中華民国は全中国を代表しており、台湾はその一省にすぎない」という建前に合わせたものだった。両政府の機能は重複する部分が多く、非効率な二重行政で無駄なコストがかかった。一九九八年になって台湾省政府の機能は凍結され、わずかに残されていた予算や職員も二〇〇一八年に廃止された。

また、国民党政権は中国福建省の沖合にある金門島と馬祖島という二つの離島を実効支配し、金門島は「福建省金門県」に、馬祖島は「福建省連江県」に属するとして、金門島に「福建省政府」を置いた。

金門島は周辺の付属島嶼を含めて面積一五〇平方キロ、馬祖島も諸島を合わせて約三〇平方キロと小さいが、国民党の統治が台湾省以外にも及んでいるという宣伝効果は大きかった。

こうした国民党政権の体制や手法について、彭明敏宅の議論では、人権や民主、自由などの観点、あるいは法的、社会的な視点から厳しい批判が相次いだ。

(二) 拡大する矛盾

日本人も訪問

その頃の彭明敏宅の訪問客には日本人もいた。「チャイナスクール」と呼ばれる外務省の中国専門家で、駐上海総領事や駐ブルネイ大使、駐ネパール大使などを務め、一九九六年に退職した吉田重信もその一人だ。「彭明敏宅サロン」の様子を聞くため、私は二〇一八年九月、横浜市の自宅に吉田を訪ねた。

八二歳になっていた吉田は少し足が不自由そうだったが、杖を突きながら、最寄りの駅まで私を迎えに来てくれた。吉田は後述するように、台北の駐台湾日本大使館勤務時代、反体制派と接触する役割を担い、特務からマークされるようになる。

その後の北京の駐中国大使館勤務時代には、一九七六年に死去した周恩来の追悼をきっかけに起こった民主化要求運動（第一次天安門事件）に遭遇し、天安門広場に集う民衆の中に人民服を着て紛れ込み、張り出された壁新聞を読み、暗記して別の場所で記録して回った。壁新聞の中には、毛沢東や側近を批判する内容もあった。わざわざ別の場所で記録したのは、もし外国人が壁新聞を書き写していることがわかると、興奮した群衆から袋だたきにされる恐れがあったためだ。

インタビューに答える吉田重信（2018 年 9 月 8 日、横浜市の自宅で）

そんな修羅場をくぐった元外交官らしく、吉田は私の取材の意図を確認しながら、質問にそつなく答えてくれた。冷静沈着なタイプだったからこそ、赴任する先々で危険と隣り合わせの任務を与えられたのだろう。

一九六一年に外務省に入省した吉田重信は、その年の九月から台湾大学で北京語の研修を始めた。当時、日本は中国とは国交がなく、北京語研修者は台湾に派遣されていたのである。一九六三年までの二年間、台北に滞在し、その間、外務省の一年先輩で語学研修二年目に入っていた谷野作太郎（一九六〇年入省、後の駐中国大使）や留学生仲間数人と連れ立って、何度か彭明敏の自宅を訪れた。そこでは意見交換というより、著名な若手学者だった彭明敏の高説を拝聴するといった雰囲気だった。

その時の状況について、吉田は「いつも夜中に、ご自宅にお邪魔していました。我々がいる部屋は明かりをつけていたんですが、他の部屋は全部暗くしていました。特務が見ているんじゃないかって、心配してね[45]」と証言する。

彭明敏が「自救宣言事件」を起こすのは一九六四年なので、吉田がいた時に特務が監視していたとは考えにくい。だが、自宅で交わされていた会話は、もし特務に知られると、逮捕は免れないような内容も含まれていた。彭明敏は絶対に外部に漏れないよう、念には念を入れて用心していたのだろう。

深まる苦悩

彭明敏は自らの社会的な地位や評価が高まれば高まるほど、矛盾に満ちた国民党政権に目をかけられた「蔣介石の手先」というイメージを世間で持たれることに、苦悩が深まっていった。

だが、国民党政権に従っていれば、輝かしい将来が約束されていたのである。何とか自分の中で折り合いをつけ、安定した人生を歩むという選択はなかったのだろうか。

「僕は政治学者として、当時の台湾の状況にはとても耐えられなかった。国民党政権が台湾に移って一五年もたつのに、まだこの政府は中国の政府であり、また中国に帰ると言っている。誰も信じてないんだよ。そう言っている者さえもね。米国も許さない。『大陸反攻』が実現する可能性はゼロなんだ。なのに、それを口実に戒厳令を敷き、憲法は停止して、永久に台湾を統治しようとしている。国会議員も終身議員。そういう状態は、政治学者として耐えられなかった[46]」。

その時の思いについて、彭明敏は「誰も信じてないんだよ」「可能性はゼロなんだ」と断言する場面では珍しく語気を荒げ、吐き捨てるように言った。

「政治学者として」という彭明敏の前置きは、「法学者として」と言い換えてもいいだろう。彭明敏は国際法学者であると同時に、法学部政治学科主任として政治を研究する政治学者でもあった。

彭明敏は国際法学者として、台湾の帰属問題について、「〔一九五一年締結の〕サンフランシスコ講和条約で日本は台湾と澎湖島の主権を放棄したが、国民党政権も共産党政権も講和会議には参加しておらず、その主権が中国に委譲されたわけではない。国民党政権は一九五二年に日本との条約〔日華平和条約のこと〕に調印したが、台湾と澎湖島に対する中国の主権は規定されておらず、法的に言えば、台湾とその人民の国際的地位は確定していない(47)」との見解を示している。

つまり、彭明敏からすれば、国民党政権の主張は法的にも現実政治の面でも破綻を来たしており、さらにそれを独裁体制の延命に利用しようとしている。そんな国民党政権に重用される自分は、一体何なのか――。彭明敏は自己嫌悪に陥り、学者としての良心の呵責《かしゃく》にさいなまれた。

時折噴き出す本心

このような日々を過ごす中で、彭明敏はもはや現実の政治に対して傍観者の立場ではいられなくなっていた。本心はできるだけ外部に悟られないようにしていたが、時折、噴き出してしまうことがあった。

外交部(外務省)からの依頼で、アフリカについての特別研究報告書をまとめた時のことだ。国連での中国代表権に対する支持取りつけをねらって、国民党政権と中国がアフリカへの援助を競い始めた時期である。報告書は、アフリカのアイデンティティーや独立闘争、植民地支配を受けた国の人々が自己の運命の決定権を取り戻そうともがく姿を詳細に論述していた。

報告書を掲載した雑誌の編集者が「これを読むと、同様の例が頭に浮かび、胸を揺さぶられる」と台湾に重ねたコメントを寄せたため、物議を醸した。彭明敏としては学術的論及に徹したつもりだったが、やはり知らず知らずのうちに台湾の歴史や現状という視点が滲み出ていたのだろう。

一九六二年初め、長老教会系の台南神学院の学生を相手にした講演で、いつもの北京語ではなく、台湾語を使ったことがあった。この神学院は台湾で唯一、すべての授業を台湾語で行っていたからだ。台湾語は多くの本省人が日常的に話す言葉だが、北京語とはまったく違う。すると、北京語の講演では見られなかった大胆さで台湾の自決問題について話していた。

（三）謝聡敏、魏廷朝《ぎていちょう》との出会い

サロンの常連

彭明敏の自宅で繰り広げられたサロンの常連の一人に謝聡敏がいた。中部の彰化県二林鎮で生まれ、台中の高校を卒業後、一九五四年に台湾大学法学部に入学した。

前述したように、彭明敏の授業を受けたことがある教え子だが、彭明敏の同僚副教授である劉慶瑞《りゅうけいずい》が指導教官だった関係で、彭明敏と懇意になった。劉慶瑞は彭明敏と同じく三高、東京帝大出身で、彭明敏のいとこと結婚するなど縁が深く、二人は大の親友だった。

謝聡敏は台湾大学卒業後、台北の政治大学政治研究所で修士号を取得した。その後、高雄にある陸軍軍官学校の教員となったが、辞めて台北へ戻った。

ちょうどその頃、国民党副秘書長（副幹事長）の徐慶鐘《じょけいしょう》が日本語の月刊誌『今日の中国』を刊行する準備を進めていた。台湾の農業を日本人に紹介する雑誌で、編集部は中国語と日本語に通じた人材を探していた。彭明敏は徐慶鐘と知り合いで、人選について相談を受けたので、日本語もできる謝聡敏を紹介した。

それで、謝聡敏は台北市の官庁街にあった国民党本部ビル三階に入居する雑誌社で働くようになったが、「農業問題には興味がなかったので、あまり原稿は書かなかった。主に『自救宣言』を執筆する準備をしていた(48)」と振り返っている。敵の本丸に入り込んで牙を研いでいたわけで、なかなか大胆な面があったようだ。

彭明敏の自宅サロンの仲間に、謝聡敏の友人の魏廷朝もいた。謝聡敏と台湾大学法学部の同級生で、同じく劉慶瑞の指導を受けた。

三人をつなぐキーパーソンの劉慶瑞は憲法を専門とし、台湾がいつか独立する時のためにひそかに憲法草案を準備するなど、独立志向が強かった。だが、そんな思いは表には出さなかった。謝聡敏は「劉先生はストレートに台湾独立を主張していたわけではないが、［そうした話題についても］学生には自由に議論させ、押さえつけたり、干渉したりすることはなかった(49)」と回想している。

同級生の二人が彭明敏とともに「自救宣言事件」に突き進むことになったのも、劉慶瑞の影響があったとみて間違いない。だが、劉慶瑞は一九六一年に鼻腔がんで、三八歳の若さで早世する。彭明敏は国連総会の国民党政権代表団顧問として渡米する前に劉慶瑞を見舞い、最後のお別れをした。彭明敏がニューヨークに着いて一〇日後、劉慶瑞の訃報が届いた。彭明敏は大きな悲しみと喪失感に襲われた。

筋金入りの反国民党派

魏廷朝は北部の桃園県八徳市（現桃園市）出身で、漢族でも客家《ハッカ》人と呼ばれる族群（エスニック・グループ）に属する。客家は黄河流域の中原から戦火を避けて南下して広東省などにたどり着いたとの伝説があり、客家語を話し、台湾の漢族で最も多い福佬《ホーロー》人とは異なる文化・習慣を持つ。

小学生五年生だった一九四七年、小学校教師だった父魏維崇《ぎいすう》が「二・二八事件」で連行され、二カ月間拘束される事件が起こった。尊敬していた中学の教師二人がスパイ容疑で逮捕され銃殺された事件もあって、魏廷朝は少年時代から国民党政権に対する反感を募らせていた。

中学時代には、蔣介石をたたえる歌を歌うのを拒んで「問題児」のレッテルを張られたことがある。台北の高校では全校で唯一人、蔣経国が主任を務める中国青年反共救国団に入るのを拒否し、校長から転校するよう迫られたため退学するなど、筋金入りの反国民党派だった。

当時、台湾では高校で二年間学んでいたら、大学を受験することができたので、魏廷朝は一年間独学で勉強し、台湾大学法学部に合格した。卒業後は中学校の教師や国防部（国防省）作戦情報研究室の研究員をしたりしていたが、一九六三年に中央研究院近代史研究所の助手になった。「自救宣言事件」で彭明敏、謝聡敏と波乱の運命をともにするが、一九九九年暮れ、心筋梗塞《こうそく》で急死する。六四年の生涯だった。

文章を作成して指導層に配布

血気盛んな年ごろの謝聡敏と魏廷朝は、彭明敏宅で国民党政権の思想統制や不正選挙、軍事偏重予算などを批判する熱弁を振るった。それに彭明敏が論評やアドバイスを加えていくことで、問題点が明確になっていった。

サロンの中核を担っていた三人は、同じ問題意識を持つ仲間が集まって長い間検討を重ねながら、何ら解決策を見いだせない現状に焦燥感を覚えていた。こうした話し合いにもっと多くの人たちを呼び込むため、何か行動を起こせないかとの思いは強まる一方だった。

彭明敏は国民党の堅固な支配体制を熟知していただけに、言論の力だけで政権を打倒することができないことはわかっていた。だが、知識人として、言論の力で世論を喚起すれば、政権を揺さぶることは可能だと信じていた。

その時の心境について、彭明敏は「自宅で交わされる会話の論点を公にすれば、社会的な議論を巻き起こすことができるのではないか。それで国民党政権を倒せることはないにしても、蒋介石の神話を打ち崩せると思ったんです[50]」と語る。

三人が台湾の在るべき姿について議論を重ねた結果、方向性が固まってきた。「中華民国は全中国を代表する正統政府」という虚構を崩し、台湾が抱える問題を解決するには、政府を全面的に改革し、権力から排除されている本省人をあらゆる階層の意思決定機関に参加させなければならないとの結論に至った。

機は熟した。三人は台湾が置かれた状況や直面する問題点を整理・分析して概要をまとめた文章を作成し、社会の指導層に配ることを決めた。

配布対象には、外省人も含めることにした。一般的に言えば、国民党政権の中枢を担う外省人は「敵」なのだが、外省人といっても特権にあずかれない層も多く、国民党独裁体制に不満を持ち、将来に不安を感じている外省人も多いとの感触を得ていたからだ。

文章を作成するに当たって、三人は台湾が抱える問題について、以下の一五点に整理した。

一、国民党政権が「中国」を代表しているというのは荒唐無稽《むけい》の作り話である。

二、国民党政権はこの虚構に基づき、「中央政府」と「台湾省政府」の二重構造を維持している。「中央政府」は外省人に権限が集中し、「台湾省政府」も部分的にしか本省人に開放されていない。

三、国民党政権は対外的に、「中央政府」は選挙によって選ばれる立法院を備えた立憲民主制だと宣伝している。だが、立法委員は憲法が規定した任期を無視して、一九四八年に中国大陸で選出された後、改選されていない。

四、権力を握る外省人たちは、本省人は五〇年にわたる日本統治によって遅れた人種だという差別意識を持っている。

五、本省人は台湾の人口の八五パーセント以上なのに、立法院など選挙で選出される議員のうち三パーセントを占めているにすぎない。

六、国民党政権は金門島、馬祖島で軍事行動を展開することで、「戦争状態」を理由に戒厳令を敷き、憲法を停止している。

七、国家予算の八〇パーセント以上が秘密警察や特務も含む軍事関連に費やされており、台湾の経済規模では負担が大き過ぎる。

八、野党の結成は禁じられており、国民党は野党から論争を挑まれるのを避けている。

九、国民党、政府、軍において汚職と腐敗が蔓延《まんえん》している。

一〇、幼稚園から大学に至るまで政治思想がたたき込まれ、児童・生徒や学生の精神がゆがめられ、国民党やそのリーダーを盲目的に支持させている。
一一、中国反共青年救国団は国民党の準軍事組織で、学生は加入を強制されている。
一二、伝統にそぐわない行為や批判的な思想、独立精神は制限され、処罰をも受ける。
一三、実質的な労働組合の設立は認められていない。
一四、農民は農作物と肥料の交換を強制され、重税も加わって政府に搾取されている。
一五、住民は国民党への忠誠心を強要され、中でも愛国心を測る唯一の基準は蔣介石に対する忠誠心とされている。

四.「自救宣言」を作成

(一)教え子と一緒に起草

ついに完成した宣言文

一九六四年に入ってから、彭明敏、謝聡敏、魏廷朝の三人はいよいよ具体的な文章の作成に取りかかることにした。

初稿は謝聡敏が執筆した。以前から、率先して大量の資料を集めるなど、意欲的に準備していたからだ。六月に書き上げ、彭明敏宅に持ち込んだのは、約五万字にのぼる大作だった。漢字だけの中国語を日本語に訳すと、字数は一・五倍程度に増える。中国語で五万字といえば、相当の分量である。

表現も硬く、注釈を付けて出典を示すなど、まるで学術論文のようだった。

彭明敏は、もっと短くして注釈はやめ、読みやすい宣言文のように改めるよう求めた。文才に長けていた魏廷朝がサポートし、練り上げていった。さらに、彭明敏は「民主」「自由」を強調し、「台湾独立」の文言や共産党との関係を連想させる表現は入れないよう指示した。実際、文章には「台湾独立」という言葉は一言も出てこない。共産党については「共産党の統治を望まず」などという文脈で言及しているだけである。彭明敏は宣言を「台湾が抱える問題を総括し、それに対する我々の見解を述べたもの」[51]と位置づけており、「共産党の回し者」というレッテルを張られるのを避けるためだった。

三人は慎重に推敲《すいこう》を重ねながら、作業を進めていった。最終的に彭明敏も二〇〇〜三〇〇字を加筆し、八月末、宣言文と言うにふさわしい躍動感あふれる六〇〇〇字超の文章が完成した（巻末資料参照、日本語訳もあり）。

ただし、勢い余って筆が滑った部分もある。「我々の組織は急速に拡大し、運動が力強く展開されている」というくだりである。これによって、逮捕後、「組織」について特務から厳しく追及されることになるのだが、「国民党に対する心理作戦に過ぎず、我々の支持者がいたことは事実だが、組織と呼べるようなものはなかった」[52]というのが真相だった。

このような宣言文作成の経緯について聞こうと、私は二〇一七年八月、新北市の自宅マンションに謝聡敏を訪ねた。謝聡敏は当時八三歳で、少し前に足の骨を折ったと言って、歩行するのに補助器具を使っていた。それ以外は元気そうで、途中で何度も果物や飲み物を勧めるなど、温かくもてなしてくれた。逮捕後のつらい体験についても、笑顔を絶やさず話してくれた姿が印象に残る。

インタビューに答える謝聡敏（2017 年 8 月 8 日、新北市の自宅で）

私は、謝聡敏は長らく日本語を使っていないだろうと思い、北京語でインタビューするつもりだったが、謝聡敏が日本語で話し出したので、インタビューは日本語で行った。謝聡敏は時折、自身の聞き取り記録をまとめた九〇〇ページ近い大著『台灣自救宣言』の記述を確認しながら、一時間以上にわたるインタビューに丁寧に答えてくれた

謝聡敏は「台湾独立」の文言を入れなかったことについて、「反体制派の中には、民主化は支持するが、台湾独立には反対する勢力もあったから」[53]と解説した。

政治犯として二回逮捕され、入獄した経験がある謝聡敏は出所後、世界各地を回って政治犯に関する資料を集めた。インタビューではそれらを展示する図書館を開設する夢を語っていた。

「第三の道」を見つけ出す

三人は完成した文章を「台湾人民自救運動宣言」と命名した。前文にも「それは、共産党の統治を望まず、蒋介石によって破滅へと導かれることも拒否する台湾島の住民一二〇〇万人による自救運動である」とうたっている。

台湾の本省人は運命に翻弄《ほんろう》され、自分たちの意思とは無関係に国共の争いに巻き込まれて、「国民党による統治か共産党による統治か」という二者択一を迫られた。「自救宣言」には、そのどちらでもなく、台湾住民が自らを救う「第三の道」を見つけ出したいという思いが込められており、まさに三人がこの文章で訴えたいことだった。

もっとも、この宣言を初めて一般に伝えた日本の台湾青年独立連盟の機関誌『台湾青年第62号』（一九六六年一月二五日号）では、タイトルは中国語原文、日本語訳とも「台湾独立宣言」となっている。彭明敏の指示で、あえて宣言には「台湾独立」という文言を入れなかったにもかかわらず、である。

どうしてこういうことが起こったのかと言えば、宣言を市中の印刷所で印刷する際、怪しまれないようタイトルは入れず、刷り上がった後にスタンプを押すことにしていたからだ。宣言は印刷した直後に押収されたため、タイトルが入っていなかった。編集部が独自に標題をつけたのであるが、宣言の入手経路については第三章で詳述する。

宣言は先に見たように三人の合作であり、『台湾青年第62号』には三人の筆者名が書かれている。だが、その後の劇的な海外脱出もあって「自救宣言事件」は「彭明敏事件」とも呼ばれるなど、どうしても彭明敏にスポットライトが当たってしまう。この点について、魏廷朝は「私と謝聡敏は名もない彭明敏先生の学生にすぎなかった。彭先生が国際的にも知名度が高かったので、あれだけ注目を集めたのだ。我々二人で事件を起こしていたら、まったく世間の関心を引いていなかっただろう」(54)と理解を示している。

（二）英知を結集した文章

「一つの中国、一つの台湾」を打ち出す

初稿に比べると随分短くなったとはいえ、宣言はかなりの長文で、内容も多岐にわたる。中でも、この宣言を特徴づけているのが、「『一つの中国、一つの台湾』はすでに確固たる事実となっている」と明確に言い切っているところである。これは、現在、民進党が基本理念とする「一中一台」論の基礎となっている。

共産党は「台湾は中国の領土の不可分の一部」という「一つの中国」原則を掲げている。国民党も「一つの中国」原則は受け入れているが、その「中国」とは「中華人民共和国」ではなく、「中華民国」との立場を取っている。共産党と国民党の主張は異なるのだが、少なくとも「一つの中国」という点では一致しており、それを根拠にして両党は交流を続けているのである。

これに対し、民進党は「台湾と中国は別々の存在」だとして、「一つの中国」原則は認めていない。台湾は中国の一部ではなく、中国に統治もされていない主権独立国家なので、あえて独立を宣言する必要もない。そうした理論的主柱として、宣言は今も生き続けているのである。

さらに、宣言は蔣介石が唱える「大陸反攻」は絶対に不可能だと切り捨て、「大陸反攻」が戒厳令を継続し、国民党独裁政権を延命する口実に使われていると指弾する。そのうえで、国民党政権は中国大陸の住民も台湾の住民も代表しておらず、新憲法を制定して、基本的人権と民主体制が保障された新たな国家をつくるよう呼びかけている。そして、その国家は普通選挙で国家元首を選出し、野党の結成を認め、新たに国連に加盟するべきだと訴えている。

「自救宣言」30 周年記念活動に参加した（左から）魏廷朝、彭明敏、謝聡敏（1994 年 8 月 25 日、玉山社出版事業提供）

宣言は、今読んでも、半世紀以上の時の流れを感じさせないほど新鮮でインパクトがある。総統直接選挙や野党の結成などすでに実現しているテーマもある。言論の自由がなかった時代に、これだけ正確な現状認識と先見性を備えた文章を書くのは、一級の知識人が英知を結集してこそ可能だった作業である。彭明敏は「宣言の内容は、今でも有効なんですよ」[55]と胸を張る。

民主化運動の闘士として鳴らし、民進党の陳水扁政権で行政院副院長など要職を歴任した葉《よう》菊蘭《きくらん》・総統府資政に台北市内の事務所でインタビューすると、宣言について「現在も我々が進むべき道を示している。まだ実現できていないことも多く、今もなお台湾の『自救』宣言と言える」[56]と高く評価した。

外省人との共生を打ち出す

社会の改革に向け、「一二〇〇万人の力を結集して、省籍を問わず、誠意をもって協力し」

インタビューに答える葉菊蘭（2018年8月17日、台北市で）

と、外省人との共生を打ち出した点も画期的だった。「二・二八事件」以来、台湾では本省人の外省人に対する感情は報復や排斥が基調になっていた。そんな状況を逆手に取って、国民党政権は「本省人が権力を握れば、外省人は迫害される」というデマを流し、本省人と外省人の対立を煽っていた。

外省人でも無理やり国民党軍の兵士にされ、台湾に連れて行かれた者も少なくない。そうした人たちは、台湾に来てからも困窮生活を送り、中国に戻れるという希望もなくなって政府に不満を抱いていた。国民党政権は、数のうえで多数を占めるそのような基層の外省人と本省人が手を組んで政権打倒に動くことを最も恐れていたのだ。

そうした時代背景の中で、外省人との協力を呼びかけたのである。彭明敏は「台湾独立は、本省人が外省人を皆殺しにする運動だと言われていたので、そうではなく、我々本省人は外省人と運命をともにしており、一緒にやっていかなければならないんだと、独立運動家として初めて言ったんです」[57]と胸を張った。

一方で、今からすると、時代を感じさせる部分もある。台湾の人口激増を憂慮している点である。一九四六年に六〇九万人だった台湾の人口は、一九六四年には一二二五万人と倍増しており、一平方キロ当たりの人口密度は四一六人で、シンガポールに次いで世界で二番目に高かった（一九七一年末）[58]。そうした人口急増がさまざまな面で社会環境に悪影響を及ぼし、「人口の膨張は教育、就職、住宅、保健衛生などあらゆる社会問題の根源となり、（中略）折角《せっかく》の経済発展の効果をも減殺している」[59]という状況だった。

とくに「自救宣言」は、「彼らは産児制限を主張する者は敗北主義者であるとけなし、生まれてくる赤ん坊に希望を託している。二〇年後には、この世代が武器を手に取って、『大陸反攻』を実現してくれると期待しているのだろう」と、国民党政権が軍事的理由で産児制限を事実上禁じていることを批判している。これについて、彭明敏は「あの頃、国民党政権は兵士を増やすため、子供を産むことを奨励していた」[60]と説明する。

ただ、台湾の人口は二〇一八年で約二三五七万人[61]と一九六四年からさらに倍増しているものの、合計特殊出生率（一人の女性が一生で産む子供の平均数）は一・一七で、日本の一・四四（ともに二〇一六年）より低い[62]。現在では、日本以上に少子化が社会問題になっているのだが、この当時は将来、そんな時代が来るとは一般には予想できなかった。

（三）日本人外交官との対話

「チャイナスクール」との意見交換

このような豊富な内容の宣言の初稿を、謝聡敏はどんな資料を集めて書き上げたのだろうか。

参考文献はアメリカ独立宣言やフランス人権宣言をはじめ、米国の国際政治学者サミュエル・ハンティントン、英国の歴史学者アーノルド・J・トインビー、日本の政治学者・丸山眞男ら多くの研究者の著書のほか、米上院外交委員会の要請で民間調査機関がアジア政策をまとめた「コンロン報告」など幅広い。「コンロン報告」は、米国政府が中国の国連加盟を支持する一方で、台湾が独立国として国連に加盟するよう促すことを勧告している。

さまざまな人々との意見交換も役立った。その中には、日本の若手外交官も含まれており、謝聡敏は前述した吉田重信(一九六一年外務省入省)、池田維《ただし》(一九六二年入省)、浅井基文(一九六三年入省)の三人の名前を挙げている(63)。

三人はいずれも外務省の「チャイナスクール」で、台北で語学研修を受けている。吉田は先述したように駐上海総領事などを歴任し、池田は二〇〇五年から二〇〇八年まで、駐台湾大使に相当する公益財団法人交流協会(現日本台湾交流協会)台北事務所代表として日台交流の最前線に立った。浅井は外務省でアジア局中国課長などを務めた後、東大教授などを経て広島市立大学広島平和研究所長に就任している。

謝聡敏は私のインタビューでも「台湾にいる日本の若い外交官の民衆運動に対する意見も入れた。一人は吉田さんと言った。もう一人は後で大使として台湾に帰ってきた(64)」と述べている。「後で大使として帰ってきた」のは池田のことを指している。

池田は外交官として駆け出しと仕上げの時期を台湾で送ったわけだ。回顧録で「戒厳令下の当時の台湾と民主化が定着した今日の台湾と両方の時期に――四〇年の間隔を経て(中略)二度にわたる勤務を通じ、その間の台湾社会の政治的、経済的、社会的変化をいわば皮膚感覚で理解できるようになった気がしましたね(65)」と述べているが、まったく別世界と言っていい二つの台湾を体験したことになる。

それにしても、日本の外交官の見解が「自救宣言」に反映されたのだとしたら興味深い。正直に言うと、私は吉田のインタビューで、日本の外交官が「自救宣言」作成に影響を与えたという確証を得たいとの思いがあった。もし、それが確認できれば、彭明敏の海外脱出とともに、「自救宣言事件」に日本人が大きく関わったことになり、「日台の絆」という根っこが太くなるからだ。

だが、吉田はインタビューで、語学研修時代に謝聡敏と会ったことはあるだろうとしながらも、あまり印象に残っていない様子だった。「台湾の国際的な地位などに関する話をしたことはなかったと思います。彭明敏さんの自宅でも、謝聡敏さんが同席していたことはありませんでした[66]」と話し、謝聡敏に何らかの影響を与えたという自覚は持っていなかった。外交官といっても、研修生の身である。大所高所から意見具申するといったようなことはなかっただろう。

「巨大なフィクション」との認識

ただ、同時期に台北で語学研修を受けていた谷野作太郎は、回想録に「立法院（国会）では、中華民国台湾省の代表とともに浙江省、広東省など中国各省の代表議員が議席を占めるという巨大なフィクションでした。（中略）フィクションと言えば、台湾はあくまで『中華民国』の一省という位置づけ。したがって当時は中華民国総統（蔣介石）とは別に台湾省主席の役職を持った人もおりました[67]」と記述している。

「中華民国は大陸も含む全中国を代表する正統政府」という国民党政権の立場は虚構というのが、その頃の日本人外交官の一般的な認識だったことがうかがえる。

日本人外交官にすれば周知の話でも、謝聡敏にはヒントになったり、再確認したりしたようなことがあったのかもしれない。謝聡敏は「自救宣言事件」で逮捕された後、特務から「お前は日本に行ったことがないのに、なぜ日本の外交官研修生と知り合ったのか[68]」と追及され、「特務は、事件は日本人の陰謀ではないかと疑っていた[69]」と明かしている。

その後、吉田重信は一九七〇年に駐台湾日本大使館に書記官として赴任し、職務として謝聡敏ら反体制派と接触するようになる。その時のことについて、吉田は「私の行動は特務に常時監視されるようになったが、その様子が別の特務筋から教えられた。当局としては私の行動をけん制したかったのかもしれない[70]」と証言している。外交の裏舞台が垣間見えるエピソードである。

また、当時は外務省内でも台湾の国際的地位がどうなるか盛んに議論していた時期で、大使館は「台湾は国際的に一時孤立することがあっても、予想される困難に耐えて存続していくことが十分可能である[71]」と分析していた。

しかし、外務省全体では「国民党政権がこのまま存続するとは考えられない。そうすると、国際的に孤立して、いずれ［中国に］吸収されてしまうというのが圧倒的な意見でしたね[72]」と吉田は回想する。それから間もない一九七一年一〇月、中国の加盟に伴って台湾（中華民国）は国連を脱退し、国際社会で孤立していく。ただし、現在に至るまで、中国に吸収されてはいない。

五．あと一歩のところで逮捕

（一）始まった「現実の一戦」

旅館で不審に思われる

何年にもわたる討論と数カ月を費やした執筆・推敲の末に会心の宣言を完成させた三人は、危険な道に足を踏み入れつつあると自覚しながらも、充実感と達成感に包まれていた。彭明敏は「まるで命に新しい意味が与えられたようだった[73]」と、当時の高揚した気分を表現している。

計画どおり社会の幅広い指導者層に宣言を届けることができれば、「国民党政権と特務はすべての宣言を回収することは不可能だし、宣言を送られた人は何も知らずに受け取っただけなので、逮捕することもできない。我々の主張が広がっていくのを阻止することはできず、国民党は大混乱に陥るに違いない[74]」。三人はそう信じていた。

だが、ここまでは、単なる知的作業にすぎなかった。三人にとっては、得意とする研究や論文作成の延長線上にあった。これから先は、特務機関が社会の隅々にまで張り巡らせた監視と密告の網をかいくぐり、宣言を印刷して配布するという困難な任務が待ち受けていた。「現実の一戦」が始まったのである。

彭明敏らは、宣言はすぐ捨てられるチラシのような安っぽいものではなく、上質な紙を使ったパンフレットか小冊子のような作りにしようと考えていた。それは、ガリ版刷りでは間に合わない。印刷機を購入する手もあったが、三人には操作する技術はなかったし、自宅に大きな印刷機を隠すのは危険だった。

謝聡敏が友人から印刷所の経営者を紹介してもらい、話を聞くと、大きな印刷所は同業組合に加入していて監視の目が厳しいが、従業員が二、三人程度の零細な印刷所ならひそかに印刷することは可能だとわかった。

そのような印刷所は、台北市西部の歓楽街、万華地区に多かった。当時、台湾の中小印刷所では、活版製作と印刷の工程を分けて行うのが普通だった。九月中旬、謝聡敏は小さな印刷所を探し出し、植字工に原稿を渡して、活版を組み上げてもらった。

原稿は「国民党」を「共産党」に、「蔣介石」を「毛沢東」に差し替えていた。これなら、その頃の台湾でよくあった「反共ビラ」にすぎない。後で元に戻すため、謝聡敏は必要な活字を手に入れた。

数日後、男性の同性愛者が集うことで知られる万華地区の安い旅館に部屋を取り、謝聡敏が運搬用の三輪車を借りて活版を運び入れた。鉛でできた活版は、かなりの重さになる。彭明敏と魏廷朝が旅館に着くと、水道管修理を口実に、旅館の主人が突然、部屋に入ってきた。謝聡敏が重そうな物を抱えて入室するのを見て、不審に思ったようだ。

活版は箱に入れてベッドの下に隠しておいたので見つからずに済み、主人はきまり悪そうに出て行った。その後、部屋で活版の活字を入れ替え、本来の宣言文に戻した。

主人が突然断る

謝聡敏と魏廷朝は、万華地区で見つけ出していた潜りの印刷所に活版を持ち込んだ。この業者は内緒でポルノ小説を印刷するなど脛に傷を持つ身なので、三人の行動が怪しいと感じても、口外することはないだろうと判断した。上質の用紙は別の店で調達し、魏廷朝が受け取りに行った。

ここで想定外の事態が起こる。謝聡敏は活版を印刷機に取り付け、主人とともに用紙が到着するのを待っていたが、いくら待っても来ないのだ。痺れを切らした謝聡敏が印刷所を出て、表通りまで探しに行ったところで、二台の三輪車で用紙を運ぶ魏廷朝と出会った。

二人が紙の束を印刷所に搬入し、いよいよ印刷という段になって、主人が突然、印刷は断ると言い出した。仰天した二人は主人に予定どおり印刷するよう迫ったが、応じないので用紙を元の店に戻し、活版も持ち帰った。

探りを入れるよう頼んでいた友人から、印刷所周辺で、共産主義者が国民党と蔣介石を攻撃する印刷物を刷ろうとしたという噂が流れていると報告があった。それで、主人がドタキャンした理由がわかった。謝聡敏が魏廷朝を探しに印刷所を離れた数分の間に、主人はこっそり一枚印刷し、内容を知ってひるんだのだ。

本来は、ここで計画を再検討すべきだった。だが、三人は人を介して、もし当局に通報すればやっかいなことになると、やんわり主人に警告した。主人は三人の素性を知らないし、免許を持たず、隠れて違法な印刷をしているような業者なので、少し脅せば通報することはないだろうと高をくくっていたのだ。

(二) 踏み込まれた現場

一万部を印刷

間もなく、印刷を引き受けてもいいという小さな印刷所が見つかった。その印刷所は当時の台北市政府庁舎のそばの赤峰街にあり、偶然だったが、近くには彭明敏がその月末に人権問題について講演する予定だった長老教会があった。次の日曜日の九月二〇日に印刷することで主人と話がついた。

謝聡敏と魏廷朝は前日に用紙を印刷所に運び込み、当日朝、活版を持ち込んだ。二人は軍服を着て、北京語だけで話をした。軍事学校の教官になりすまし、外部に漏れないよう試験問題を印刷しているように見せかけたのである。その頃の台湾では珍しいことではなく、主人も疑っているようには見えなかった。主人は字が読めないので、内容を知られる心配がなく、三人には好都合だった。

宣言は一万部刷ることにしていた。休日なので従業員は出勤せず、高齢の主人が一人で旧式の機械を動かしたため、印刷には時間がかかった。午前九時ごろから始めて、すべてを刷り終えた時は午後三時ごろになっていた。謝聡敏は家の用事で中座したが、魏廷朝がずっと作業を見守った。最初の数枚は印刷の状態がよくなかったので取り除いてボツにし、最終的にぴったり一万部印刷した。

二人は二台の三輪車に一万部を積んで予約していた近くの旅館に入り、待機していた彭明敏と合流した。彭明敏と魏廷朝は謝聡敏を休ませ、用意していた二つの大きなトランクに宣言を詰め込み、再び三輪車に積んで彭明敏の友人の家に行った。友人は中身を尋ねることもなく、トランクを物置に保管してくれた。

私は二〇一八年八月、舞台となった赤峰街周辺を歩いて回った。印刷所はもうなかったが、狭い路地が入り組み、零細業者が軒を構える光景は変わっていなかった。一角に、長老教会もあった。撮った写真を彭明敏に見てもらったが、「まだ、ある? 狭い道の……。最近は行ったことがないので[75]「よくわからない」」との答えが返ってきた。無理もない。五四年も前のことなのだから。

印刷と並行して、三人は宣言を発送する準備を進めた。当時、各界の名簿は機密扱いになっており、送付先を調べるにも裏技が必要だった。だが、この点は問題なかった。内政部長（内政相）だった連震東《れんしんとう》の秘書が彭明敏の親戚だったので、その秘書を通じて、議員や公務員、軍人、医師、教師、ビジネス界など各種団体の名簿を入手していたからだ。連震東は、国民党政権で行政院長（首相）や

「自救宣言」を印刷した印刷所があった台北市赤峰街付近（2018 年 8 月 19 日）

「自救宣言」を印刷した印刷所の近くにあった長老教会。彭明敏が講演をする予定だった。（2018 年 8 月 19 日、台北市赤峰街）

副総統などを務め、その後、国民党主席にもなった連戦《れんせん》の父であり、連戦は台湾大学法学部で彭明敏の教え子だった。

名簿の中から宣言を送る対象者を選び出し、送付先リストを作成した。それに従って、謝聰敏が勤めていた雑誌社で、雑誌を郵送するのに必要だからと偽って、宛名ラベルをタイプ打ちしてもらっていた。彭明敏は「あの時は、〔送付先の〕リストを作るのが難しかったんですよ。同窓会の名簿ですら、全部秘密ですからね。僕は内政部に親戚がいて、こっそり名簿をもらっていたので、リストもできていたんですよ(76)」と証言する。

また、彭明敏は各種機関の名前や住所などが印刷された公用封筒を集めて回った。公用封筒だと、投函する時に怪しまれないだろうと考えたからだ。すべての宛名ラベルが出来上がれば、宣言を発送する手はずになっていた。

捜査員が室内に突入

運命の時がやって来た。宣言を印刷した九月二〇日は、ちょうど旧暦八月一五日の中秋節に当たっていた。台湾では、中秋の名月をめでながら月餅やザボンを味わう日である。彭明敏らは宣言を友人宅で預かってもらった後、旅館で休息していた。部屋で印刷不良の宣言文数枚を燃やし、灰をトイレに流した。彭明敏は知人と会食する約束があったので、旅館を出ようとしていたところだった。

午後六時ごろ、ドアを激しくたたく音がした。ドアを開ける間もなく、七、八人の私服の捜査員が室内に突入してきて、回転銃をかざしながら、「手を上げろ」と叫んだ。ベッドから起き上がった謝聰敏は、一撃を食らった。捜査員は三人を立たせ、室内を徹底的に捜索した。

その時、彭明敏は捜査員の一人がポケットからしわくちゃの宣言文を取り出すのを見た。それは上質紙のものではなかった。最初の印刷所で、謝聡敏が魏廷朝を探しに出た際、主人がこっそりと印刷したものだった。

しばらくして、三人で話す機会があり、「一切の事情を知られているようなので、我々のやったことについてはすべて話そう(77)」と打ち合わせた。後は会話を禁じられ、従わざるを得なかった。

(三) 密告を奨励する制度

相次いだ通報

捜索が終わり、三人が旅館から連れ出されようとしてロビーに差しかかった時、顔を手で覆った三〇歳前後の痩せた女性従業員がいるのが見えた。彭明敏は、この女性従業員が、大きなトランクを持って旅館を出入りする不審な客がいる、と警察に通報したのだと直感した。

この事件では、警察への密告が相次いでいる。最初の印刷所の主人は彭明敏らの警告にもかかわらず、警察に通報し、印刷した宣言を提出していた。それを受け、「反政府ビラ」を印刷しようとしている者がいるとして、台湾全土の警察と特務に監視と警戒を強めるよう指令が下っていた。

宣言一万部を刷った印刷所の主人も、謝聡敏と魏廷朝が去った後、警察に通報していた。魏廷朝は「自分がトイレに行った隙に、宣言を盗み取ったようだ(78)」と疑い、謝聡敏も「こっそり一枚抜き取り、後で中学生に見せたところ、『文章には蔣介石と書いてあるけど、なぜ蔣中正《しょうちゅうせい》ではないの?』と言ったので、警察に通報した(79)」と述べている。台湾では、字《あざな》の「介石」ではなく、名の「中正」と表記するのが一般的だったので、中学生は疑問に感じたのだ。三人は、主人は字が読めないと安心していたが、主人は怪しい客に対する警戒は怠っていなかった。

後日わかったことだが、最初の印刷所の主人と二軒目の印刷所の主人、旅館の女性従業員はいずれも多額の報奨金を得ていた。旅館への突入隊を指揮して三人を逮捕した捜査員は二階級特進し、警察署長に任じられた。他にも、三人の逮捕に関係した多くの人が報奨金を受け取った。彭明敏のような超大物を捕らえるのに貢献したご褒美《ほうび》として、大盤振る舞いされたのだろう。

民間人からの通報が頻繁に行われたのは、この事件に限ったことではなかった。当時の台湾には、住民に密告を義務づけ、怠った者は厳しく罰する法律があったのである。

国民党政権が一九四九年一二月に台湾に移転した後も、共産党のスパイは国民党や政権の内部に潜入していた。そうした状態を放っておけば、早晩、政権崩壊を招くとの危機感は強く、国民党政権は一九五〇年六月、共産党のスパイ取り締まり強化を目的とした「戡乱時期検粛匪諜《ひちょう》条例」を公布した(一九九一年に廃止)。

この条例は第四条で「匪諜［スパイ］あるいはその疑いのある者を見つけたら、いかなる者であっても必ず当地の政府か治安機関に密告し、摘発しなければならない。主管機関は密告・摘発者に対しては、その秘密を守らなければならない(80)」と、住民に密告と摘発を強制している。

一方、第九条では「匪諜であることを知りながら、密告・摘発しない者は一年以上、七年以下の刑に処する(81)」と、罰則規定を設けていた。スパイ行為を知りながら通報しないことは「知情不報」と呼ばれた。

多額の報奨金を与える

この条例は罰則だけでなく、報奨金（賞金）というインセンティブも備えていた。第一四条で「没収した匪諜の財産の三〇％を、密告・摘発した者の賞金として引き出し、三五％を、請負い、尽力した人員の賞金および捜査費用として引き出す事を得、その他を国庫に納入する。没収する財産のない匪諜案件は、当該治安機関が行政院に報告し、斟酌の上賞金を給付するか、またはその他の方法でこれを奨励する」[82]と定め、金銭・財産的利益を与えることで、密告を促進しようとしていたのである。

これは、報奨金目当ての誣告《ぶこく》（虚偽告発）を誘発し、冤罪《えんざい》を生む危険性を高めた。誣告については、第一〇条で「故意に他人を誣告した者は、誣告の罪に処する。証人や鑑定人が意図的に被告に匪諜の嫌疑をかけたり、虚偽の陳述や報告をしたりした場合も同様である」[83]と取り締まり規定を設けているものの、同条には「誣告や虚偽の陳述をした者は、裁判で判決が確定する前に自白をすれば、その罪は軽減される」[84]との減刑条項もある。たとえ無実の者が陥れられようとも、一人でも多くのスパイを捕まえることを優先していたのだ。

第一四条は一九五四年になって、「没収した匪諜の財産は一律国庫に納める。解決した匪諜案件は、密告・摘発者及び直接引き受け、尽力した者には報奨金を与えなければならない。これは国庫から支払われるが、その方法は行政院が定める」[85]と修正され、没収した財産の三〇パーセントの報奨金という「うまみ」はなくなった。これは同年に「米華相互防衛条約」が締結され、米国の台湾防衛が制度化されたことで、中国の脅威が和らいだという事情が背景にある。ただし、案件ごとに相応の報奨金を与える仕組みは維持された。

各特務機関はそれぞれ、社会各層に「通信員」や「線民」と呼ばれる民間協力者を配置しており、協力者には「一般配置」、「重点配置」、「捜査配置」の三種類があった。
「一般配置」には年に三回ほどの簡単な贈り物をして、重要な情報提供があった時には報酬を与えた。「重点配置」は特殊団体や政治組織、あるいはメディア内に置かれ、月給を与えて情報提供させた。「捜査配置」は、重大な犯罪組織などを摘発する場合であり、協力者には高給を与えて情報提供をさせた。[86]
このような特務機関による共産党スパイ摘発を名目にした取り締まりは「白色テロ」と呼ばれた。戒厳令が解除された一九八七年までに逮捕された政治犯は二万九四〇七人にのぼり、そのうち一五パーセント程度の四五〇〇人前後が処刑されたとみられるという。[87] 逮捕者の多くが冤罪だったと言われる。
こうした社会制度の下、「恐怖」と「相互不信」が人々の日常生活の基調となり、後の民主化運動では、内なる「戒厳文化」「一人一人の心の中の警備総司令部」の克服が呼びかけられた。[88]

研究者故の限界

また、台湾では一九五〇年代半ばから、官庁や企業、学校などに「安全室」が設けられ、玄関の正面で人の動きを監視するようになった。「安全室」は職員や従業員の個人カードを作成し、三人組制度を設け、連帯責任によって相互監視と報告を義務づけた。国民党の「民衆服務所」や警察の「民防指揮所」などの末端組織も特務とつながりがあると言われていた。[89]
そのように特務の目が光る監視社会で、印刷業者は変わった注文があれば、旅館関係者は疑わしい人物や行為を見れば、必ず警察に通報するよう命じられていた。彭明敏は悔しそうに振り返る。

「あの頃は、共産党関係者とされる者を摘発すれば、通報者は報奨金がもらえたんです。旅館の従業員、食堂や理髪店の店員、こういう人たちは皆、おかしな客がいれば通報するよう義務づけられていたんです。タクシー運転手は乗客の会話に注意し、怪しい話を聞いたら、そのまま警察に連れてくるよう言われていましてね。どこにも特務とその協力者がいるのは覚悟していましたけど、我々が想像する以上に徹底していたんです[90]」。

一般社会から切り離されていた大学や研究所に勤務していた彭明敏らには、当時、こうした実態がよく理解できていなかったのである。

この事件を振り返ると、「自救宣言」の論理の緻密さに比べ、印刷から配布への作業計画は甘かったと言わざるを得ない。これに対しては、「優秀な学究の頭で宣言にまとめただけだったから、大衆運動を仕掛けるような意図も組織ももとよりあったわけではなく、だからこれほどのんきに構えていられたのであろう[91]」との厳しい指摘もある。

仮に印刷直後の逮捕は免れていたとしても、何千部という大量の印刷物を郵送する段階で、足がついていた可能性も高かったように思われる。実行グループに運動家が加わっていたなら、もっと慎重にことを運んでいたのではないか。

この点は、彭明敏も「我々は大学の知識人にすぎず、これほど多くの台湾人が国民党に手を貸すほど腐敗していたことを理解していなかった[92]」と白状している。「国民党が中国大陸から台湾に持ち込んだ組織で、唯一有能なのが特務機関だった[93]」「皮肉なことに、我々は宣言で特務体制に抗議しながら、特務機関について認識不足で過小評価していたため、その特務機関に逮捕される羽目に陥った[94]」と自嘲気味に語っているが、「現実の一戦」を勝ち抜くには、やはり研究者故の限界があったのである。

第二章

抑圧と絶望に耐えて

一、政治犯としての獄中生活

(一)厳しい取り調べ

警察署に連行

空に中秋の満月が浮かぶ中、彭明敏と謝聡敏、魏廷朝の三人は旅館に近い警察署に連行された。三人は別々の部屋に収容され、彭明敏は三階の会議室のような大部屋に入れられた。右手を手錠で机の脚につながれ、若い警官が横に座って監視した。しばらくして、年配の警官が入って来て、「一〇年前なら銃殺されていたところだが、今はそんなことはないだろう(1)」と言って、すぐ出て行った。

一、二時間ほどして、別の警官がやって来て、特別捜査班の班長だと名乗った。話の内容から、その前に謝聡敏を取り調べていることがわかった。「自救宣言」の中身にはあまり関心がない様子で、「君らのやり方はきわめて専門的だ。これ以上賢いやり方はないくらいにな(2)」と、印刷などの作業をどう進めたかを知りたがった。

班長は彭明敏がまだ夕食をとっていないことを知って、近くの屋台に買いに行かせたが、彭明敏はほとんど手をつけなかった。次に、比較的高い階級と思われる大柄な男が姿を現し、「これは政治案件だ。心配するな。それほど重大ではない。一人ひとり異なった政治的意見を持つことは当たり前のことで、犯罪にはならないだろう。批判があってこそ進歩がある(3)」と言葉をかけ、安心させようとした。

未明に、軍用車に乗せられ、市街地を走り抜け、台北市北部の特務訓練施設に連れて行かれた。コンクリートがむき出しの部屋に入れられ、取り調べが始まった。尋問は四時間以上続き、終わった時には、外はすっかり明るくなっていた。

警備総司令部に移送

夕方になって、再び軍用車に乗せられて台北市街を走行しながら、見覚えのある街並みを眺めていると、家族や友人、大学の授業、予定していた講演や海外での会議のことなどが次々と頭をよぎった。台北駅を通り過ぎたあたりで、この街で最も恐れられている場所、国防部の特務機関である警備総司令部に向かっていることがわかった。

警備総司令部には各種の施設があり、彭明敏が連れて行かれた台北市中華路に位置する第二処の巨大な建物は、日本統治時代は「西本願寺」と呼ばれた仏教寺院だった。地下室は納骨堂として使われていたが、遺骨は運び出され、尋問室と留置場に改造されていた。地下室の物音は外部には聞こえず、そこで多くの人が拷問にかけられた。だから、人々は警備総司令部と聞くと、拷問を連想した。周囲を高い壁で囲まれ、敷地内には何棟かの軍関連施設もあった。それまでの取り調べは前座にすぎなかった。彭明敏は、自分の運命はここで決められるのだと覚悟した。

建物に入ると、制服を着た軍官が「魏《ぎ》参謀です」と自己紹介した。賓客に接するかのように「彭教授」と呼び、「わざわざこんなところに来てもらいながら、十分なもてなしもできず申し訳ありません」(4)と謝るので、あまりの場違いさに笑い出しそうになった。魏は福建なまりの丁寧な口調で話した。

円卓や椅子、ベッドにクーラーまで備わった部屋に連れて行かれ、これからここが彭明敏専用の部屋になると告げられた。魏は「これは政治問題であり、大したことではありません。取調官に正直に話しさえすれば、問題は解決します。何か用事があれば、守衛に私を呼ぶようにおっしゃってください[5]」と言い残して出て行った。

入れ替わりに、一人の兵士が入って来て、靴ひもとベルトを外させて持ち去った。自殺防止のための恒例の措置なのだが、ひものない靴を引きずり、ベルトなしのズボンをずり落ちないよう上げていると、人間としての自信と尊厳はいやでも失われていった。

夕食を済ませ、シャワーを浴びた後、五人の男が部屋に入って来た。五人は身分を明かさず、そのうちの一人が「一切合切話してもらいたい。ここは、毛沢東でもすべてを白状するような所だ。いかなることも隠したり、ごまかしたりしてはならない[6]」と口火を切った。その言葉には、必要なら、どんなことをしてでも口を割らせるという脅しが込められていた。いよいよ本格的な尋問が始まったのだ。

取り調べは、三日間ぶっ通しで行われた。目の前で記録は取られていなかったが、天井に録音機が取り付けられているか、別室でモニターされているであろうことはすぐにわかった。

ほぼ二時間ごとに、取調班は交代した。背の低い男が一人ずっと同席していたが、一言もしゃべらなかった。この男は警備総司令部政治作戦部の王《おう》参謀で、他の取調官を監視する任務を負っていた。王は後に、妻が台湾大学で彭明敏の教え子だったと打ち明けた。

一段落すると、医者が入って来て、血圧を測り、心臓を聴診した。医者が終了の合図をすると、尋問が再開された。食事の時は一時間休憩できたが、あまり食欲はなく、その時間を利用して、できるだけ眠るようにした。

（二）疑われた背後の組織

大規模な計画の一部分

休みなく続く取り調べの中で、取調官が抱いている疑惑の構図が次第に明らかになってきた。取調官は、彭明敏らがやろうとしたことは大規模な計画の一部分で、バックに強力な支援組織があるに違いないと思い込んでいたのである。

「これはお前らの計画の第一歩にすぎないはずだ。次は何をしようとしていたんだ？」「背後には誰がいるんだ？　外国組織が援助しているんだろう？　どんな外国組織なんだ？　その後ろには米国政府がついているんだろう？」「米国は気に入らない政府を倒すため、特殊な組織を暗躍させることを、我々は知っている。［韓国の］李承晩《イスンマン》、［ベトナム共和国の］ゴ・ジン・ジェムに続いて、今度は蔣介石か？」(7)

三人が逮捕されたのは九月二〇日だったが、取調官は中華民国の国慶日に当たる一〇月一〇日の「双十節」（辛亥革命記念日）式典で、彭明敏らの組織が一斉蜂起して政府転覆を図るか、そこまでいかなくても抗議デモを行い、招待された海外の来賓に反政府活動を見せつけるつもりだったのではないかと疑っていた。

確かに、宣言は支援組織の存在をにおわせていたが、国民党政権との駆け引きで盛り込んだはったりにすぎなかった。取調官がそれを真に受けたのは、当時、国民党政権は実際にそのような動きがあってもおかしくはないと神経過敏になっていたからだろう。警備総司令部は大事件に発展した場合を想定し、何百人もの逮捕者が出ても対応できるよう、留置場の空き室を確保していたことが、後に明らかになっている。

外省人の関与を追及

もう一つ、しつこく追及されたのが、外省人の関与についてである。本省人の三人だけでこんなに立派な文章を書けるはずがないとして、ともに彭明敏の友人だった台湾大学教授の殷海光《いんかいこう》と作家の李敖《りごう》が手伝ったのではないかと、厳しく問い詰められた。

哲学者である殷海光は戦前、中国で反共自由主義の論客として知られたが、一九四九年に国民党とともに台湾に移ってからは、雑誌『自由中国』などに国民党の権威主義体制の問題点を指摘する論評を発表するようになる。

『自由中国』は、元は国民党高官でありながら、独裁体制の改革を求めるようになった外省人の雷震《らいしん》が主宰していた。雷震は野党の結成を準備していた一九六〇年九月、共産党のスパイを隠匿したという容疑で逮捕され、懲役一〇年の刑を受ける。『自由中国』は廃刊となり、主な執筆者の一人だった殷海光は逮捕こそ免れたものの、自宅が特務の監視対象となり、一九六九年に四九歳で逝去した。殷海光の自宅は当時の彭明敏宅のすぐ近くにあり、現在は記念館として保存・開放されている。

もう一人、手助けしたのではないかとみられていた李敖は、編集長を務める雑誌『文星』で社会の全面的近代西洋化を迫るなど国民党に批判的な論調を展開し、逮捕歴もある。台湾が民主化された後は、政治評論家やテレビ番組司会者としても活躍し、二〇〇〇年の総統選挙では、親中派政党・新党の候補者として出馬するなど曲折した経歴をたどり、二〇一八年に八二歳で亡くなった。死去に際し、蔡英文《さいえいぶん》総統は自身のフェイスブックに「体制に勇敢に立ち向かい、権威に対抗した作家だった」(8)

かつての彭明敏宅近くに残る殷海光の故居の入り口。現在は記念館として保存・開放されている。
(2018年8月16日、台北市温州街18巷16弄)

と追悼の言葉を書き込んでいる。

殷海光と李敖は「自救宣言事件」とは無関係だったが、大きな組織が彭明敏らを支援していると信じていた当局は、二人のような外省人の知識人も加わっていたとの疑いを強めていた。

雷震や殷海光らは、国民党批判というタブーに挑んだ点では、彭明敏らの先駆者と言える。だが、元は国民党側だった外省人インテリは所詮、本省人の庶民から遠く離れた理想主義者にすぎず、彭明敏ほどの影響力は残していない。

肉体的・精神的に追い詰められる

取調官は、ここは世間では拷問で悪名高い所だと、繰り返し強調した。それは、完全な自白を得るまで、必要があれば、ためらわずに拷問を行うとの暗示だった。

彭明敏は拷問を受けることも覚悟していたが、それはなかった。取調官が供述に納得したからではなく、彭明敏が著名人で、実行しにくかったためだろう。また、後に述べるように、国民党は彭明敏を再教育して利用しようとしたので、あえて暴力的な行為は避けたようだ。

しかし、不眠不休の取り調べで延々と同じ質問が繰り返されると、肉体的にも精神的にも追い詰められていく。彭明敏は「このような尋問が二、三日続けば、本格的な拷問など必要なくなる。心身ともに疲れ切った被疑者は軽い体罰でもすぐに音を上げて、『お願いだから休ませてくれ。眠らせてくれ。しゃべってほしいことは何でも話す。どんな文書にも署名するし、どんな反省もする。だから、これ以上構わないでくれ！』と叫ぶだろう(9)」と振り返っている。

一方、無名の若手研究者にすぎない謝聡敏と魏廷朝には、手荒な扱いが待ち受けていた。二人は台北市西寧南路にある警備総司令部の保安処に収容され、やはり三日間ぶっ続けで取り調べを受けた。ここは「西本願寺」に近く、日本統治時代は「東本願寺」と呼ばれた仏教寺院で、被疑者が拷問を受ける「閻魔殿《えんま》」として恐れられていた。

謝聡敏と魏廷朝の尋問の内容は彭明敏とほぼ同じだったが、二人は殴られたり、電気ショックを与えられたり、冷水を浴びせられたりした。魏廷朝は顔を殴られ、歯が二本抜け落ちた(10)。謝聡敏は私のインタビューを受けた際、終始にこやかな表情で応じていたが、話題が拷問に及ぶと「両腕を後ろにねじ上げられて回され、腕が動かなくなった。後で検査して、脱臼していたことがわかった。今も肩や腕が痛い(11)」と、身ぶり手ぶりを交えて話しながら顔をしかめた。

私は二〇一八年夏、警備総司令部の関連施設跡を見て回った。「西本願寺」跡は寺院の一部や日本統治時代の建物が残り、市民が集う広場になっている。「東本願寺」跡には百貨店などが入居する商業ビルが建てられ、買い物客でにぎわっていた。

警備総司令部第二処があった場所。日本統治時代の「西本願寺」跡で、現在は市民向けの広場になっている。(2018 年 8 月 19 日、台北市中華路)

警備総司令部保安処があった場所。日本統治時代の「東本願寺」跡で、現在は商業ビルが建っている。(2018 年 8 月 19 日、台北市西寧南路)

驚いたのは、こうした拷問の代名詞のような施設が、総統府などが建つ官庁街の一角にあったことだ。特務制度に支えられた独裁体制の下では、人々の恐怖を煽る建物が、臆することなく市の中心部に陣取っていたのである。

激怒した蔣介石

三日間の集中的な尋問の後は、取り調べのペースは落ち、休みの間隔も長くなった。約一週間にわたった取り調べの最後に、私服の高級将官が現れ、彭明敏の供述を横で聞いた。高級将官は「君はまだ何か隠している。この事件は君が言うほど単純なものじゃない[12]」と吐き捨て、まだ背後の組織の存在を疑っていた。そして、軽蔑を含んだ口調で「政治とは、この世で一番汚いものなんだぞ[13]」と言い残して出て行った。

台湾では毎年九月下旬に、恩師に感謝する「教師の日」があり、蔣介石が優れた大学教授らを招いて会食するのが恒例になっていた。彭明敏が逮捕された数日後、自宅に招待状が届いたが、勾留中の身で参加することはできない。

だが、彭明敏の逮捕はすぐには蔣介石には伝えられていなかった。彭明敏と再会できると思っていた蔣介石は、会場で見当たらないので、出席していた台湾大学の銭思亮学長に「彭明敏はどこにいる？[14]」と尋ねた。銭思亮は彭明敏が逮捕されたことを知らされていたが、自分がそれを最初に蔣介石に言うわけにはいかないと思い、しどろもどろの言い訳をしたので、気まずい雰囲気になった。

後になって、彭明敏逮捕とその容疑を知らされた蔣介石は激怒した。当然だろう。単独で面会するなど破格の待遇で将来に期待をかけていた彭明敏が、自分と国民党政権を徹底的に批判する文章を作成して社会に広めようとしたのだから。蔣介石にすれば、飼い犬に手を噛まれた心境だったに違いない。

(三)海外からの圧力

一カ月後に逮捕を発表

警備総司令部は当初、三人の逮捕を伏せていた。だが、彭明敏は新学期が始まったのに大学に行かず、参加予定だった韓国での学会やタイでの国際会議にも姿を見せないなど、異変は隠しようがなかった。彭明敏を知る人は誰も、彼のような立場の者が突然、失踪するとは考えられず、逮捕されたのではないかとの噂が広がっていった。

九月二〇日朝に家を出て行ったきり戻らず、その夜には自宅を捜索されたので、もちろん家族は彭明敏が逮捕されたことを知っていた。

噂を聞きつけた米紙『ニューヨーク・タイムズ』の通信員が警備総司令部に確認を求めたが、「そんな人物は勾留していない[15]」とにべもなかった。通信員は再度問い合わせ、改めて否定されると、こちらは彭明敏逮捕の事実をつかんでいるので、もし公表しないのなら、独自に書くと通告した。

これを受け、警備総司令部は逮捕から約一カ月後の一〇月二三日、彭明敏ら三人が破壊活動を行って逮捕されたという簡単な声明を出した。

当時、台湾のメディアは、完全に国民党政権の統制下にあった。英字紙『チャイナ・ポスト』は一〇月二四日付の中面で「教授一人と学生二人を反乱罪で逮捕」の見出しとともに、「彭明敏、謝聡敏、魏廷朝の三人が先月、台北で破壊活動を行い、反乱罪で逮捕され、軍事法廷で裁かれる」[16]などと目立たない扱いで伝えた。中国語の各紙は警備総司令部から提供されたさらに短い記事をそのまま載せただけで、それ以上踏み込んだ報道や論評はなかった。

事件が公になると、国民党は、「自救宣言」の内容を歪曲《わいきょく》して宣伝する活動を繰り広げた。例えば、宣言では外省人と本省人の協力を呼びかけているにもかかわらず、彭明敏らは外省人を皆殺しにするか海に投げ捨てるか、あるいは人体実験の材料にするべきだと主張している――というように、正反対の中身に仕立て上げた。

そのような内容に基づき、軍や学校、その他の機関の党組織で事件についての糾弾会を行い、彭明敏らに「国家に背いた犯罪者」のレッテルを張って回った。

台湾大学の同僚や教え子の中にも、こうしたプロパガンダを信じ、彭明敏を非難する者もいた。しかし、多くの人々は「そんなことはあり得ないはずだ」と疑い、むしろ彭明敏らは「受難の英雄」として扱われた。

共産党との情報戦でしのぎを削り、宣伝工作には手慣れていたはずの国民党だったが、この件ではあまりにも原文とかけ離れた内容に改竄《かいざん》したため、かえって信用されず、彭明敏らを貶めるというもくろみは外れた。

外国で釈放要求が高まる

当時は、「白色テロ」が横行しており、司法行政部（司法行政省、現法務省）調査局は一九六四年七月から一九六五年六月までの一年間で、一三〇件にのぼる反乱罪事件を摘発したと発表している。[17]ほぼ三日に一件のペースである。

「自救宣言事件」もその一つにすぎなかったのだが、他と違っていたのは、彭明敏が欧米を中心に海外で知名度が高く、外国人の知り合いが多かったことである。民主国家では、彭明敏らの行為は言論の自由の範囲内で、犯罪にはならない。海外で相次いで、彭明敏らの釈放を求める声が上がった。

著名な歴史学者であるハーヴァード大学東アジア研究センター所長、ジョン・キング・フェアバンク教授は『ニューヨーク・タイムズ』に寄稿し、懸念を表明した。同じハーヴァード大学のキッシンジャーやカナダ・マックギル大学、フランス・パリ大学の教授など彭明敏の知人や友人らは、それぞれの国にある中華民国大使館に抗議したり、憂慮を伝えたりした。

台湾人留学生たちも行動を起こした。米国では、留学生たちが集まって、ワシントンの駐米中華民国大使館前でデモ行進した。日本では、台湾大学出身者でつくる校友会が、蔣経国宛の要望書を送った。

こうした状況は、国民党政権にとって、非常に頭が痛いことだった。東西冷戦の真っただ中、国連の中国代表権問題を抱え、西側陣営の支持が何より必要な時期である。中でも、米国の経済的・軍事的援助がなければ、国民党政権は立ちいかないのが実情だった。

西側諸国の支援は、「共産中国」に対抗する「自由中国」を守るという大義名分に基づいていた。その「自由中国」の内実が「共産中国」と変わらない人権抑圧体質なのであれば、国民党政権を支える意味はなくなってしまう。彭明敏らの処遇は、国民党政権の行方にも関わる重大案件になったのである。

海外からの圧力を受ける最前線と言えば、やはりワシントンにあった駐米中華民国大使館だろう。

当時、大使館はどのように状況判断し、本国にどんな報告をしていたのだろうか。

それを探るため、私は二〇一九年八月、台北市中心部の総統府近くにある国史館の台北館を訪ねた。国史館は総統府直属の歴史研究機関で、台北市に隣接する新北市にも新店館がある。台北館では、アーカイブとして公開され、データベース化された公文書をパソコンで閲覧することができる。

ここには、彭明敏に関する資料がいくつかのフォルダーごとにまとめて収容されているが、そのうち総統府の「彭明敏等在美活動（彭明敏らの米国での活動）」と題するフォルダーだけで二四九ページもある。その中に、一九六四年一〇月三〇日付で、蔣廷黻《しょうていふつ》・駐米大使が台北の外交部に送った公電があった。一〇月三〇日と言えば、警備総司令部が彭明敏らの逮捕を発表してから一週間後である。公電には、こう記されている。

「ニューヨーク・タイムズが二四日に彭明敏や魏廷朝らの逮捕を報じ、米国学術界の注意を引いている。本大使館は彭や魏らが釈放され、別の方法で監視されるのが比較的、妥当だと考える。もし監禁が続けば、好ましくない反応が拡大する恐れがある(18)」。

後述するように、彭明敏は軍事法廷で懲役八年の判決を受け、一九六五年一一月に特赦で釈放される。しかし、海外脱出するまでの四年余り、特務機関による厳しい監視が続き、事実上の自宅軟禁状態に置かれた。駐米中華民国大使がかなり早い時期に「釈放して監視」の措置を進言していたことになるが、国民党政権は米国の反応を気にしていただけに、その決定に一定の影響を与えたのかもしれない。

学生政治犯との出会いと別れ

一九六四年の晩秋のある日、彭明敏は台北市南東部の留置施設に移された。そこで、呉俊輝《ごしゅんき》という台中にある東海大学の学生と同房になった。呉俊輝は、東京で「台湾共和国臨時政府」を組織して自ら大統領を名乗っていた廖文毅《りょうぶんき》を支援したとして、約二〇〇人余りが一斉に逮捕された事件の容疑者の一人だった。逮捕されてから、もう二年も裁判も受けず、あちこちの施設をたらい回しにされている「忘れられた政治犯」だったが、彭明敏の名声を知っており、同房になれたことをとても喜んだ。

二人はすぐに打ち解け、家庭や社会、歴史、台湾の将来などさまざまな話題を語り合った。収容者は自分で衣服を洗濯しなければならなかったが、呉俊輝はぜひにと言って、彭明敏の分も洗った。呉俊輝は台湾語を中国文化の象徴である漢字と切り離すため、独自にローマ字表記する研究をしてい

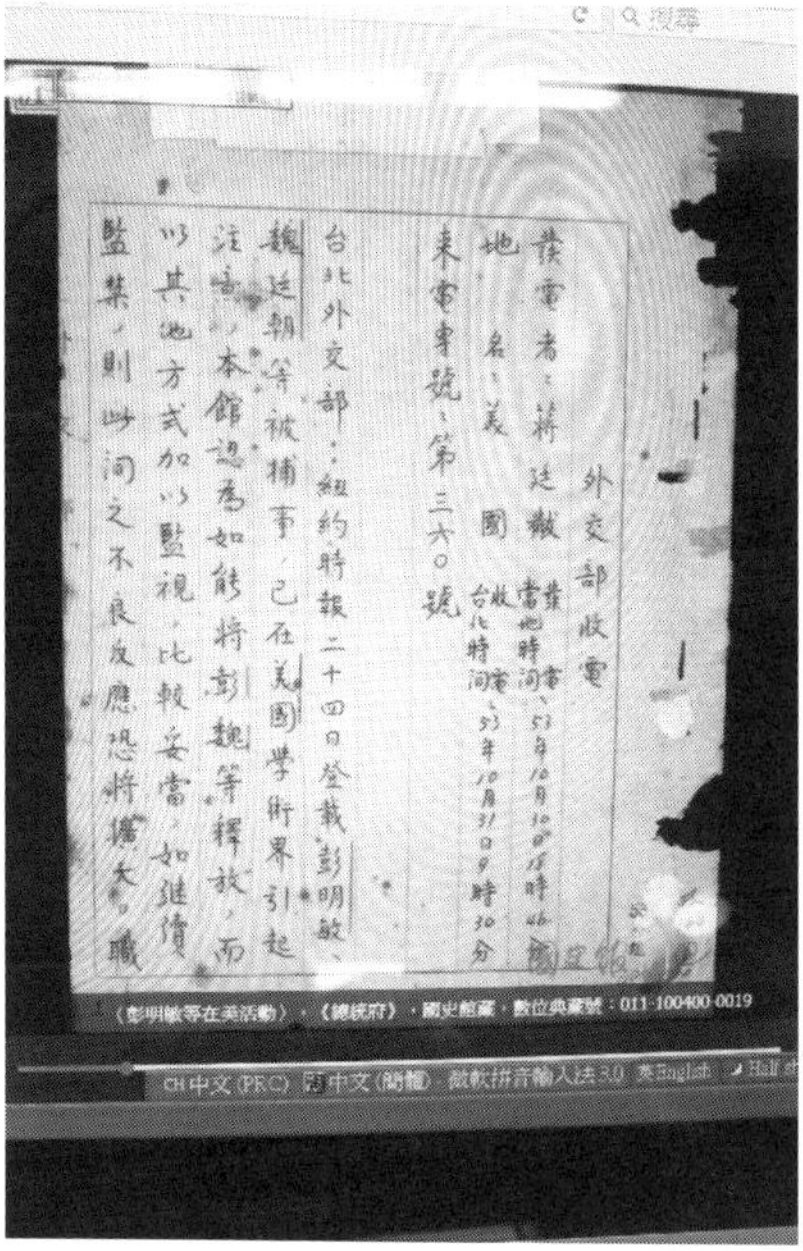
外交部收電
發電者：蔣廷黻　發電時間：53年10月30日15時46分
地名：美國　收電台北時間：53年10月31日9時30分
來電字號：第三六〇號
台北外交部：紐約時報二十四日登載彭明敏、魏廷朝等被捕事，已在美國學術界引起注意，本館認為如能將彭魏等釋放，而以其他方式加以監視，比較妥當，如繼續監禁，則此間之不良反應恐將擴大。職
〈彭明敏等在美活動〉，《總統府》，國史館藏，數位典藏號：011-100400-0019

彭明敏を釈放して監視するよう進言した蔣廷黻・駐米中華民国大使の公電（国史館資料）

た。彭明敏が会った人物の中でいちばんの理想主義者で、蔣介石を激しく憎んでいた。一緒に逮捕された仲間の何人かはすでに銃殺されており、自身も銃殺刑を覚悟していた。

二人を同房にしたのは、会話をさせて、録音した内容について追及するのがねらいだった。室内には二つベッドがあったが、壁には「二人が同じベッドの上に座ってはならない」という奇妙な張り紙がしてあった。無視して、一つのベッドに二人並んで座ってひそひそ話をすると、すぐに看守が飛んで来て叱責した。小声だとマイクが拾えないからだ。彭明敏は後の検察官の取り調べで、会話に出てきた人物などについて、詳しい説明を求められた。

この施設には、謝聡敏と魏廷朝も収容されていることがわかったので、ある時、彭明敏は大声で歌を歌った。すると、遠くからそれに応える声が聞こえた。彭明敏は日本語で「頑張れ！」と叫んだ。物音を聞き、看守四、五人に施設長まで駆けつけ、罵倒した。彭明敏が「壁に張っている規定では、歌を歌うことは禁じていない」(19)と反論すると、施設長は「騒いではいけないと、はっきり書いてある。お前は誰かと連絡をとろうとしたな」(20)と難詰した。

呉俊輝との同房生活が二週間ほどになった頃、兵士が来て、また別の場所に移送すると告げられた。短い間とはいえ、絶望続きの獄中で初めて心を許し、励まし合った呉俊輝との別れはつらかった。二人は別れ際、「また会いましょう」「その時までお元気で」とあいさつを交わしたが、そんな日が来ないであろうことはお互いにわかっていた。

記録を調べると、呉俊輝は一九六四年に懲役一〇年の判決を受け、二〇一九年五月になって、蔡英文政権下で国民党一党独裁時代の人権侵害の真相究明と名誉回復をめざす「移行期の正義促進委員会」によって有罪判定が取り消され、事実上の無罪認定がなされている。(21)だが、他の多くの政治犯と同様、二度と戻らない若き日々を奪われ、失ったものはあまりにも大きい。

二、軍事法廷での判決

(一)国民党による再教育

転向させて利用

彭明敏は「西本願寺」の元の部屋に戻された。検察官の取り調べが行われたが、しばらくしてそれも終わり、何もすることがない退屈な日々が続いた。中庭を眺めていると、見覚えのある台湾大学の職員が出入りしているのが見えた。この職員は国民党から派遣され、教職員や学生の情報を提供していることは誰もが知っていた。

一一月下旬になって、魏がやって来て、「今日は大事な人に会うので、散髪してください[22]」と言われた。女性の理髪師が髪を刈り、ひげを剃ってくれ、ベルトと靴ひもも返された。夕方、正装した魏に総統府近くの建物に連れて行かれ、警備総司令部政治作戦部主任の寧俊興《ねいしゅんこう》将軍と面会した。

寧俊興は礼儀正しい人物だった。「絶望してはいけない。君は傑出した経歴を持っており、皆、君のことを大切に思っている[23]」と父親のような口調で諭し、何人かの重要人物に会ってほしいと言った。

それは、国防部・警備総司令部が、彭明敏を再教育して利用する方針を固めたことを意味していた。再教育は、大物政治犯に対する国防部の常套手段だった。翌一九六五年には、前述した廖文毅が特務の説得に応じて台湾に戻り、台湾独立運動を放棄すると宣言した。廖文毅は筋金入りの独立運動家と見られていただけに、衝撃は大きかった。

彭明敏について言えば、処刑したり長期刑に処したりすると、「受難の英雄」として独立運動のシンボルになるという懸念や海外からの圧力に加え、彼のような超大物を転向させることができれば、独立運動に大きな打撃を与えられるという計算が働いていた。

数日後、今度は寧俊興が、彭明敏が収容されている部屋を訪れた。食事などの待遇について尋ね、「政府はいつかまた君を必要とするようになるだろう」(24)と言い残して帰って行った。

さらに何日かして、彭明敏は軍用施設で開かれた会議に参加させられた。一〇人ほどが机を囲んで座り、寧俊興が進行役を務めた。台湾大学の薩孟武法学部長や国防部の代表、軍事学校の教授らのほか、国防部総政治作戦部主任の王昇《おうしょう》もいた。

王昇は蔣経国の側近中の側近として知られ、絶大な権勢を誇っていた。だが、その後、あまりに勢力を拡大したため蔣経国の疑念を呼び、一九八三年に南米の駐パラグアイ大使として事実上、海外放逐されている。王昇は校長を務めていた軍事学校に彭明敏を講師として招いたことがあり、二人は顔見知りだった。

彭明敏の再教育を目的としたこの会議に集まっていたのは、国防部の中では開明的とされるメンバーだった。彼らは事前に「自救宣言」を読んでおり、一人ひとり反論や意見を述べた。それで彭明敏を説き伏せ、思想改造するのがねらいだったが、どれも苦しい弁解にしか聞こえず、かえって宣言が国民党政権の急所を突いていることが浮き彫りになった。

例えば、国民党政権が本省人を差別している問題について、参加者の一人は「確かに、政府に台湾人は少ない。だが、ポストは限られており、我々(外省人)の間でさえ競争しなければならないのだ。台湾人を登用するのなら、職を失う外省人をどう処遇するつもりなんだ？[25]」と、的外れな弁明に終始した。宣言では軍の無能さもやり玉に挙げていたが、このような率直な批判は、彼らは初めて耳にしたものだった。

寧俊興も王昇も若い頃は革命を志し、腐敗した政治家や官僚による統治体制を改革しようとした経験を持っていた。王昇はしみじみとした口調で、「我々がどれだけ立法委員を嫌っているか、君は知らないだろう[26]」と言った。会議は二時間ほどで終わったが、唯一の大学関係者だった薩孟武はこのような政治的な会議には慣れていなかったからか、一言もしゃべらなかった。

その後も、国軍歴史博物館で館長から国民党軍の偉業についてレクチャーを受けたり、国防部政治作戦部の高級文官から「大陸反攻」についての講義を聴かされたりするなど再教育は続いた。だが、そうした講師たちとの会話はいつも嚙み合わず、彭明敏は彼らとはもともと住む世界が違うという思いを強くしただけだった。

国民党中枢が処置を検討

それ以来、魏がときどき部屋に来ては、クッキーやキャンディーなどを差し入れた。ある時、魏は「我々は上層部に、あなたを釈放するべきだと進言しています。政府もあなたを必要としており、もうすぐ釈放されると思います。ただ、これは上の決定次第だということはおわかりでしょう[27]」と話した。

この時期に、国民党は彭明敏の案件を審議する特別委員会を設けた。委員には、警備総司令部司令官、国民党秘書長、総統府秘書長（官房長官）、行政院長、国民党の機関紙『中央日報』の社長で蔣介石側近の陶希聖《とうきせい》ら国民党中枢の顔触れが含まれていた。

委員らは、彭明敏が学生や若者の間で人気があり、影響力を持っていることをよく知っていた。だからこそ、学生や若者を統制するのに、利用価値があると考えていた。

ただ、何よりも蔣介石個人に対する忠誠を重んじる委員たちには、蔣介石から厚遇されていた人物が、なぜ、あのような行動に出たのか、まったく理解できなかった。ましてや、その理由が民主主義という抽象的理念を追求するためだと言われても、なおさら理解不能だった。

一二月中旬になって、また取り調べを受けた。名前や生年月日の確認に始まり、過去と同じ質問が繰り返された。それで捜査手続きは完了した。

彭明敏は自分に対する取り扱いや魏の話から、釈放は近いと思っていた。だから、しばらくして、軍事法廷が備わった留置施設に移されると告げられた時は、またもやどん底に突き落とされた気分になった。それでも、魏は「これは、経なければならない手続きにすぎません」(28)と慰め、裁判が終わると釈放される見通しであることをほのめかした。

(二)たった二回のスピード裁判

起訴され家族と面会

移送された警備総司令部の留置施設は台北市青島東路にあった。現在のシェラトングランド台北ホテルの近くで、台湾大学法学部も目と鼻の先にあり、彭明敏にとっては勝手知った場所である。彭明敏はかつて病室だった二号室に入れられた。ベッドが二つあり、水道とトイレがついていたが、机や椅子はなかった。汚職で逮捕され、裁判を待つ外省人の将官と同房になった。

その日は一二月二四日のクリスマスイブだった。夕食が終わると、隣の房の女性囚たちがクリスマス・キャロルを歌い始めた。クリスチャンの家庭で育った彭明敏には、耳慣れた歌だった。哀調を帯びた歌声を聞いていると、敬虔な信徒だった母親や家族、幸せだった子供時代のことが浮かび、思わず涙がこぼれそうになった。

この施設には、死刑囚も収容されていた。死刑囚は足枷をはめられ、外れないよう溶接留めされていた。死刑執行の日は夜明け前に看守がやって来て、房の扉が開けられた。足枷を外すために看守がハンマーで打つ音が施設内に響くと、収容者は死刑執行が近いことを知るのだった。

彭明敏は、銃殺のため刑場に引かれて行く死刑囚を何人も見たが、ある時、大柄な外省人の死刑囚が連行の途中で、「毛沢東万歳!」と叫んだ。その死刑囚は口にタオルをかまされて殴られ、体を引きずられて連れて行かれた。死刑が執行されると、収容者は皆、無口になり、施設内は沈んだ空気に包まれた。

年が明け、一九六五年になった。寧俊興からときどき、ピータンやジャーキーなどが差し入れられた。まだ、彭明敏を懐柔しようとしていたのである。二月に入り、ようやく三人に対する正式な起訴手続きが行われた。起訴状には「不法な手段によって政府転覆を図った」と記されていた。

起訴後は、家族との面会や手紙のやり取りも許されるようになった。彭明敏の家族は毎週木曜日に面会に訪れた。家族と会ったのは、逮捕されて以来だった。面会室は一面厚いガラスで仕切られ、会話用の筒を通して話をしなければならなかった。会話はすべて録音され、係員も記録を取った。面会は一〇分間に限られ、事件を話題にすることは禁じられており、健康や子供のことなどについて雑談を交わすのが精いっぱいだった。母陳金英は聖書を読んで祈るように言った。

彭明敏は弁護士なしで裁判に臨むつもりだったが、母親に説得され、国民党の立法委員でもある梁《りょう》粛戎《しゅくじゅう》に弁護を依頼した。梁粛戎は中国東北部の遼寧省出身で、旧満州国で司法官となり、国民党政権とともに台湾に渡ってきた外省人だった。中国で地下工作員として抗日運動に従事し、逮捕されたこともある。

私も新聞記者時代に一度、梁粛戎を取材したことがあるが、「もう日本語は忘れてしまいましてね(29)」と謙遜しながら、達者な日本語で、中台の将来について統一派としての持論を述べた。

梁粛戎は国民党の有望株で、後に立法院長も務めている。日本通として、一九七二年の日台断交の際は、日本政界関係者らへの工作も行っている。当時は四〇代半ばの働き盛りで、政府の要人たちともパイプを持っていた。彭明敏にすれば、独裁政権側の人間の手を借りることには葛藤があったはずだが、どうせなら力のある弁護士に委ねたいというのが家族の偽らざる思いだったのだろう。

一方、梁粛戎は彭明敏の家族の申し出に驚いたものの、国民党の知人に相談すると、本省人が外省人に弁護を依頼するのはよい兆しだと言われた。梁粛戎はこの事件をうまく処理して、本省人と国民党政権や外省人の懸け橋になるという野心を持っていた。

ただ、梁粛戎が留置施設に来て面会する時も、検察官が同席してテープレコーダーを持ち込んだ。そんな状況で、相手に手の内をさらすような打ち合わせができるはずもなかった。

懲役八年の宣告

初公判は三月二七日に行われた。国民党政権はこの日に合わせて学生がデモをしたり、暴動を起こしたりすることを恐れ、台北市内全域に厳戒態勢を敷いた。軍隊が出動し、道路は封鎖された。

軍事法廷は非公開が原則だったが、家族のほか立法委員や青年会議所のメンバー、新聞社や学生の代表らも傍聴を許され、「公開裁判」だと強調された。しかし、数十人の傍聴人はいずれも当局が慎重に選んだ人間ばかりで、「公開裁判」とは名ばかりだった。

裁判は朝九時から始まり、午前中いっぱい、検察側の陳述が行われた。彭明敏はいったん監房に戻され、入れ替わりに、謝聡敏と魏廷朝が入廷した。午後四時ごろから、弁護側の意見陳述に移った。この時は、三人一緒に入廷した。逮捕後、三人が顔を合わせたのは、これが初めてだった。私語は禁じられていたが、互いに目を合わせ、うなずいた。謝聡敏と魏廷朝は思ったより元気そうだったので、彭明敏は安心した。

弁護側の論法は、言論の自由を主軸に据えたものだった。愛国心とは単にスローガンを叫び、指導者を賛美することばかりではなく、批判も一つの意思表示の方法だと訴えた。被告も弁護士も三人が英雄であるかのように振る舞うことなく、起こした行為について言い訳することもなかった。危険は承知のうえで、愛国心から何としても台湾の現状を変えたかったのだと主張した。裁判は午後八時ごろ終わり、三人は監房に戻された。

こうした被告らの態度に、傍聴人はおおむね好印象を抱いたようだった。だが、当局は被告らが罪を認めて許しを請うという筋書きを描いていた。そんなことはなかったにもかかわらず、翌日の中国語の新聞はいずれも一字一句違わぬ内容で、三人は過ちを認めて自分たちのしたことを後悔し、寛大な刑を求めたと伝えた。

その次は四月二日に判決公判というスピード裁判だった。初公判から一週間もたたずに判決が下さ

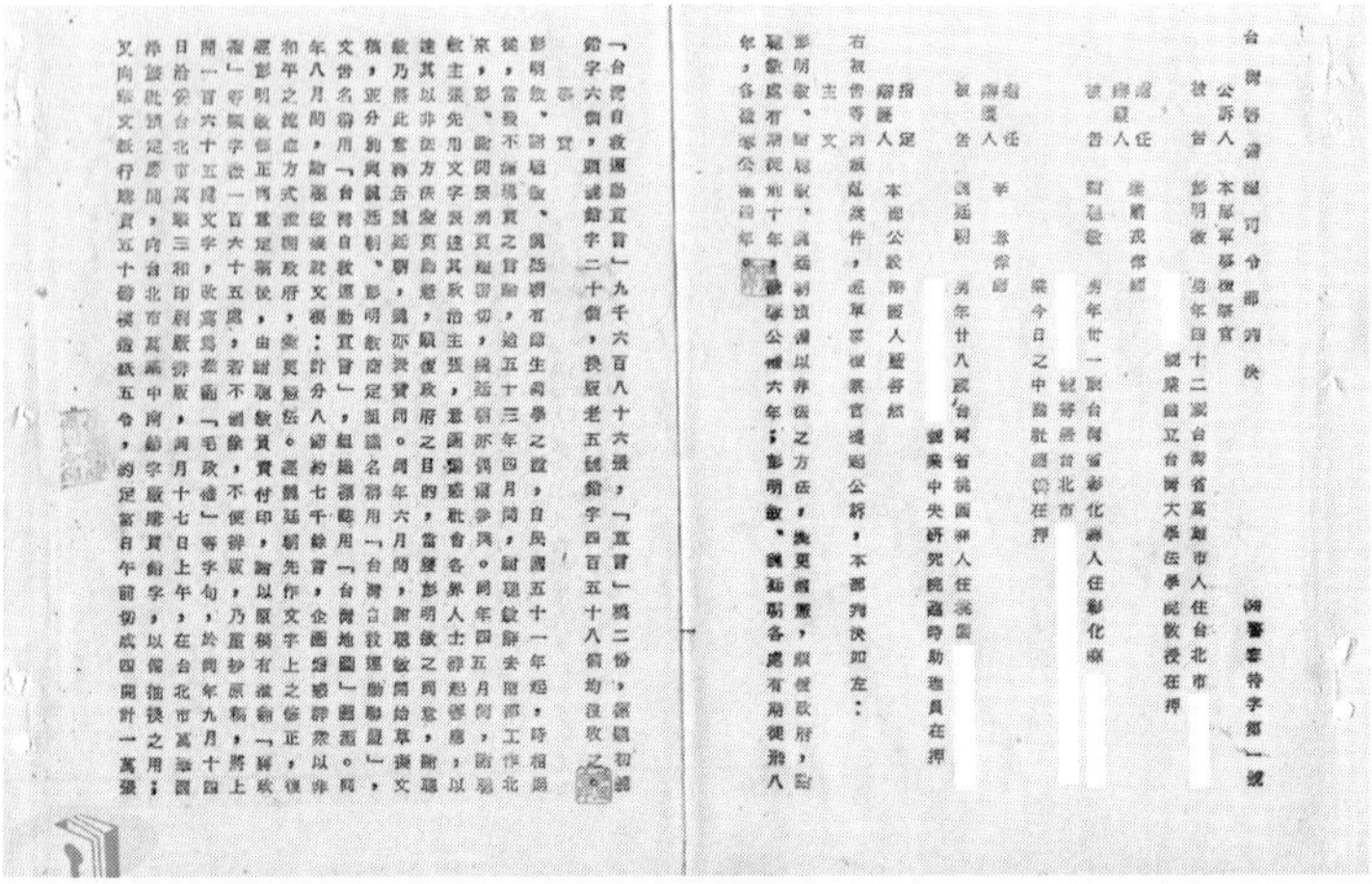
台灣警備總司令部判決　(55)警審特字第一號
公訴人　本部軍事檢察官
被告　彭明敏　男年四十二歲台灣省高雄市人住台北市　國立台灣大學法學院教授在押
選任辯護人　梁肅戎律師
被告　謝聰敏　男年卅一歲台灣省彰化縣人住彰化縣
選任辯護人
被告　魏廷朝　男年廿八歲台灣省桃園縣人住桃園縣　業中央研究院臨時助理員在押
指定辯護人　本部公設辯護人
右被告等因叛亂案件，經軍事檢察官提起公訴，本部判決如左：
主文
彭明敏、謝聰敏、魏廷朝共同以非法之方法，變更國憲，顛覆政府，謝聰敏處有期徒刑十年，褫奪公權六年；彭明敏、魏廷朝各處有期徒刑八年，各褫奪公權四年。
「台灣自救運動宣言」一九千六百八十六張，「宣言」稿二份，……均沒收之。
事實

彭明敏、謝聡敏、魏廷朝に対する警備総司令部の判決書（国家発展委員会檔案管理局資料）

れるのは、三人の量刑はその前から決まっていたことを物語っていた。三人一緒に出廷したが、初公判とは打って変わって、傍聴席には彭明敏の家族と記者数人の一〇人ほどしかいなかった。裁判長は謝聡敏に懲役一〇年、彭明敏と魏廷朝に懲役八年を言い渡した。

予想より厳しい判決に、傍聴席の記者たちは驚きと同情を隠さなかった。彭明敏の家族も呆然《ぼうぜん》とした表情を見せた。後でわかったことだが、本来は一律五年の懲役刑が宣告される予定だったが、三人とも改悛《かいしゅん》の意思を示さなかったことが最高指導部の怒りを買い、より重い刑になったということだった。

他の二人より懲役二年上積みされたことについて、謝聡敏は私のインタビューで「宣言を起草したのは私だったので、その分責任は大きく、自分が重刑になることは覚悟していた」[30]と話した。

当時、台湾の一般の裁判は三審制だったが、軍事法廷で裁かれる政治事件は、後は最高裁しか残されていなかった。三人は直ちに上告の手続きを取った。法律では六〇日以内に結論が出されることになっていたが、半年たった一〇月になっても何の音沙汰もなかった。彭明敏は、最高指導部で意見が割れ、判断しかねているのではないかと思っていた。

(三)特赦で釈放

アムネスティから届いたはがき

上告の結果を獄中で待っていたある日、彭明敏は英国ロンドンに国際事務局を置く人権NGO(非政府組織)アムネスティ・インターナショナルのスウェーデン支部から送られて来たはがきを受け取った。はがきには、カリン・ガーウェルという名前とともに、「I hope you are well(あなたがお元気でいることを願っています)[31]」という短いメッセージが添えられていた。

偶然にも、彭明敏は本や雑誌を読むことを許可され、英字誌に掲載されていたアムネスティに関する記事を読んだばかりだった。だが、ガーウェルという名前に心当たりはなく、男性か女性かもわからなかった(実際は女性だった)。誰かが彭明敏のことを、アムネスティに通報したらしい。

このはがきは、失意の中にあった彭明敏に希望の明かりをともした。はがきを受け取った時の気持ちを尋ねると、彭明敏はまるで昨日のことのように語った。

「監獄に閉じ込められた囚人は、自分がここにいることを誰も知らないのではないかと、不安で不安でたまらないものなんです。親友からも見捨てられたのかもしれない、と。そんな時に突然、遠い外国の人が自分に関心を持ってくれていることがわかって、うれしくて涙が流れそうになりました[32]」

アムネスティは政治犯ごとに担当の班を作り、本人のほか当事国の政府や関係機関に大量の手紙やはがきを送った。彭明敏にも何十通も郵送したが、届いたのはこの一通だけだった。郵便物は厳格に検閲されていたのに、なぜこのはがきは見逃されたのか。

彭明敏は「留置施設では年を取った［元］兵士が各房に食事を運んでいたんですが、ある時、食事と一緒に、ぽっとはがきを一枚投げ込んだんです[33]」と回想し、「なぜなのか、今もわからない[34]」と言った。

ガーウェルからの便りは、彭明敏を勇気づけただけでなく、これによって築かれたアムネスティ・スウェーデンとの連絡ルートが、後の亡命につながっていく。たまたま留置施設側に何かの手違いがあったのだろうが、奇跡が起きたと言うほかない。

だが、彭明敏の海外脱出の経緯を検証すると、奇跡や偶然としか言いようのない出来事が積み重なって成功に至った実態が浮かび上がる。それは「台湾のために、彭明敏を救え」という神の意思が働いたからではないか――。私には、そう思えてならない。

留置施設では二号室に彭明敏、四号室に謝聡敏、六号室に魏廷朝が収容されていた。三人はときどき、大声で叫び合い、まだそれぞれの監房にいることを知らせた。大声を出すたびに、看守が飛んできた。

しばらくの間、彭明敏は謝聡敏とメモのやり取りを行っていた。清掃係の囚人が各房を回ってごみを集めることになっていたので、謝聡敏は一見するとごみのようなしわくちゃの紙切れにメッセージを書き、清掃係の囚人を食べ物で釣って、それを彭明敏の房に運ばせた。

単調な生活が続く中、ある日、留置施設を要人が訪ねてくるので、自分の房をきれいに掃除しておくよう指示があった。全員に、白いシーツも支給された。窓はすべて閉められたが、壁の隙間からのぞくと、ぱりっとしたダークスーツに身を包み、ぴかぴかの靴を履いた蔣経国がいるのが見えた。

蔣経国は笑顔でうなずきながら、運動場、廊下、監房などを見て回った。一時間程度の視察だったが、彭明敏の房を訪れることはなかった。蔣経国は彭明敏が収容されている間にもう一度、この留置施設にやって来た。多忙な蔣経国がなぜこんな所にやって来るのか、彭明敏は不思議で仕方がなかった。

一年ぶりの帰宅

彭明敏の母陳金英は弁護士の梁粛戎や友人らと相談し、まずは彭明敏を出所させることが先決だという結論に達した。そのため、嘆願書を書き、蔣介石に送った。家族からスーツやネクタイ、ワイシャツ、花束が届いたので、彭明敏は近く何かが起こる予感がした。

一一月三日午後六時ごろ、彭明敏は留置施設長室に呼び出された。施設長は机に置いてあった公文書を示すと、厳粛な口調で「君の上告は棄却された。懲役八年の刑が確定した[35]」と告げた。重苦しい沈黙の後、施設長は再び口を開き、「ここにもう一つの公文書がある。君を特赦するとの総統令が下された。家に帰れるぞ[36]」と言った。特赦は、裁判によらず判決の内容や効力を変更したり消滅させたりする制度である恩赦の一種で、特定の人物の有罪判決を無効とする措置である。

自分の房に戻ると、同房の囚人が釈放を喜んでくれた。しばらくすると、彭明敏の取り調べに立ち会った王参謀が来て「街を練り歩いたり、派手な祝宴を開いたり、爆竹を鳴らしたりしないだろうな[37]」と聞いたので、彭明敏は「爆竹は趣味ではありません[38]」と答え、大げさなことはしないと約束した。

午後九時四五分に留置施設の正門を出た。施設長と王に付き添われて車に乗り込み、台湾大学宿舎の自宅近くまで来ると、ジープが止まっているのに気づいた。彭明敏は自宅前で車を降り、一年ぶりに我が家に戻った。

彭明敏は施設長から上告棄却と特赦を言い渡された際、謝聡敏と魏廷朝の処遇について尋ねたが、施設長は「公文書は二人については触れていない。私にはわからない[39]」と答えるだけだった。

一〇月二九日付で、総統府秘書長の張群《ちょうぐん》と総統府参軍長（総統の軍事顧問）の彭孟緝が連名で、彭明敏を特赦に、謝聡敏と魏廷朝をやはり恩赦の一種である減刑に処するよう求める上呈文を蔣介石に送っている。海外からの圧力などを勘案し、国民党の上層部で検討した結果なのだろう。その中で、「彭明敏は徹底的に改悛し、反共抗ソの神聖な事業に努力する覚悟だ。謝聡敏と魏廷朝も専門の研究に励むことで役立ちたいと考えている[40]」と説明している。

蔣介石は、その上呈文に「彭明敏は悔悟書を提出しているので特赦にするが、謝聡敏と魏廷朝は悔悟の念を示しておらず、減刑は認めない[41]」と毛筆の直筆で書き込んでいる。彭明敏の母親が提出した嘆願書が功を奏した様子がうかがえる。

翌一九六六年六月、蔣介石の総統再任に伴って、謝聡敏は懲役五年、魏廷朝は懲役四年に刑期を半減する減刑措置が取られた。毎週木曜日に家族らとの面会が許可されるなど、待遇も幾分か改善した。

三、明日なき自宅軟禁の日々

(一) 監視と尾行

国民党の宣伝

台北市温州街の自宅では、妻子と母親、次兄が待っており、室内のあちこちに花が飾られていた。留置施設長と王参謀も家に上がったが、先にいた弁護士の梁粛戎ともども家族に気を使ってすぐに辞去した。久しぶりの家族団欒で、夜を徹して語り合った。母親は、彭明敏の釈放のため、屈辱の嘆願書を書かざるを得なかった顛末《てんまつ》を打ち明けた。

翌日の新聞には、彭明敏釈放のニュースに、改悛して特赦を受け入れたという弁護士の声明が付け加えられていた。国民党政権は、彭明敏が罪を認めたと宣伝して回り、「偉大な領袖《りょうしゅう》の徳」もアピールした。国民党政権はこれを大きな勝利だと捉えていた。

彭明敏の釈放を知ったカナダの放送局が電話インタビューを申し込んできたが、盗聴されていることはわかっていたので、自由に話すことはできなかった。

すでに彭明敏の大学教員の任期は切れており、引き続きとどまれるよう求める手紙を学長に送っていたが、返事はなかった。自宅に戻ってから二、三日して、妻と一緒に台湾大学の銭思亮学長にあいさつに行った。学長の対応はよそよそしく、迷惑そうだったので、すぐに引き揚げた。

間もなく、自宅が監視されていることに気づいた。周辺には監視員がうろつき、彭明敏が外出すると必ず尾行がついた。監視は警備総司令部が担当していた。いつも自宅前にジープが止まり、タクシーで出かけると、後をつけてきた。ホテルやレストランで食事をすると、監視員も近くのテーブルに席を取り、会話を盗み聞きしようとした。建前上は台湾内ならどこにでも行けることになっていたが、実質的な自宅軟禁状態だった。

彭明敏は台湾大学の宿舎に住む資格は失っていたが、立ち退きを迫られることはなかった。その理由ははっきりしないが、特務が監視するのに便利だったからとの見方もある(42)。

当時、特務が彭明敏宅を監視する様子を隠し撮りした写真が残っている。

それを見ると、彭明敏宅の玄関を出て右へ行くと、すぐ日本式家屋の外塀に突き当たり、T字路になっている。外塀を背にして、二人の特務が椅子のようなものに座って監視し、道路を隔てて尾行用の車が止まっている。日本式家屋の後方にある建物の二階は監視用の部屋になっていて、その窓からは彭明敏宅前の路上が一直線に見渡せる。

なるほど、これなら彭明敏が外出しようとするとすぐにわかり、監視しやすい構造というのもうなずける。

私は二〇一八年八月、現地を訪れた。かつての平屋の彭明敏宅は、五階建ての建物に建て替えられていたものの、現在も台湾大学の宿舎として使用されている。日本式家屋はなくなっていたが、T字路はそのままで、写真の面影が残っている。

台北市内の歴史的にゆかりのある場所を紹介する水瓶子《すいびんず》著『台北漫歩』は、彭明敏宅跡周辺を探索したうえで、「今は特務のジープは止まっておらず、路上で誰かにあいさつしても、記録されることもない。（中略）こうした得難い自由に思いを馳せていると、［彭明敏のような民主化に貢献した］先輩が街頭を闊歩《かっぽ》する姿が目に浮かび、こうした人たちの努力に、心から感謝したい気持ちになる(43)」と結んでいる。

去り行く友人

彭明敏が特務に監視されていることが知れ渡ると、道で出合った友人が、わざと知らないふりをし

かつての彭明敏宅（奥から２番目の棟の１階辺り）は現在も台湾大学宿舎だが、5 階建てになっていた。（2018 年 8 月 16 日、台北市温州街 18 巷 4 号）

台北市温州街 18 巷 4 号の彭明敏宅（右側の樹木のあるところ）を監視する特務たち（塀を背にして座っている）。左側には尾行用の車の後部が見える。正面奥の２階の窓は監視用の部屋（玉山社出版事業提供）

たり、隠れたりすることもあった。以前はよく自宅に来ていた台湾大学の同僚や学生もぱったりと寄りつかなくなった。中には、彭明敏が指導教官だった記録を抹消するよう求めた学生もいた。彭明敏は疎外感と孤独感に押し潰されそうになった。

それでも、危険を冒して、自宅を訪ねて来る友人もいた。本や果物などの土産を持ってきてくれる者もいた。真の友は誰か、はっきりとわかった。監視下に置かれた状況で、あえて彭明敏の方から友人や知人に連絡をとることはせず、交際を続けるかどうかは相手の判断に任せた。

しばらくして、警備総司令部政治作戦部主任の寧俊興が宴席を設けてくれた。王昇はじめ蔣経国に近い軍の高官たちが出席して、彭明敏の「新しい人生」を祝ってくれたが、今後のことについてなど、とくに改まった話は出なかった。

監視対象には、家族も含まれていた。彭明敏の妻が買い物に行くと、何を買ったか調べられた。子供が通っていた学校では、生徒に毎週日記を書かせ、担任の教諭が見て翌日返していたが、彭明敏の子供の日記はいちいち特務がチェックするので、返却に一週間かかった。

圧力は親族にも及んだ。彭明敏の姉彭淑媛は、長老教会が台北県（現新北市）に設立した淡水工商管理専科学校（現真理大学）の初代校長だった。ある晩、特務が校内に忍び込み、「打倒蔣介石」と書いたポスターを張った。

その事件をきっかけに、教育部から校長辞職を迫られるようになった。理事会は要求を突っぱねていたが、彭明敏が海外脱出した後、辞職しないなら解散命令を出すと脅され、やむを得ず一九七〇年一二月に学校を離れた。

やはり長老教会系の台湾神学院の院長をしていたいとこも、神学院の運営をめぐって、当局から理不尽な要求を突きつけられた。

彭明敏の家族や親戚は全員、出国禁止の措置が取られ、財産の売買も報告を求められた。こうした圧迫に耐えられず、彭明敏との接触を避けるようになった親戚も少なくなかった。

(二)アメとムチの手法

国民党研究機関への誘い

厳重な監視がムチとすると、国民党政権はアメを用意することも忘れなかった。警備総司令部の王参謀が彭明敏の家に国民党の幹部を連れてきて、党の研究機関「大陸研究所」の研究員にならないかと持ちかけた。国立編纂《へんさん》館の特約の仕事も兼務し、月給五〇〇〇台湾ドル(当時のレートで約四万五〇〇〇円)[44]という高給で、毎日出勤する必要もなく、住宅も支給するという破格の条件だった。

国民党政権は、失職状態の彭明敏にとって、生活の問題が解決できるありがたい話のはずだと考えていた。だが、彭明敏にすれば、提案は自分に対する侮辱以外の何物でもなく、絶対に受けないと断った。

王と幹部の説得は二時間近くに及んだ。彭明敏はいら立ちを抑え切れなくなり、「こんな仕事を引き受けるくらいなら、道端で本を売って暮らした方がましだ[45]」とたんかを切った。幹部は報告書に、彭明敏は傲慢で非協力的な人物だと非難の言葉を書き連ねた。

続いて、蔣介石の側近の陶希聖が弁護士の梁粛戎を通じて、「国際関係研究所」の研究員のポストを斡旋《あっせん》してきた。この研究所は国際情勢や共産世界を専門に分析する機関で、元は国防部の一部門だったが、その後、形式上は独立機関となった。国民党からの補助金で運営され、所長をはじめ幹部職員には上級党員が就き、蔣経国のシンクタンクのような役割を果たしていた。

ある朝、「国際関係研究所」の呉俊才《ごしゅんさい》所長が彭明敏宅を訪ねて来た。呉俊才は非常に丁重な態度で、しばらく世間話をした後、正式な招聘状を取り出した。彭明敏はこの申し出も受けるつもりはないと正直に話した。

呉俊才は招聘状を机の上に置いて帰って行った。メンツの問題もあり、その場で突き返すことはしなかったが、何週間かたって、今度は彭明敏が呉俊才の家を訪れ、辞退の手紙とともに招聘状を返した。

蔣経国と面会

一九六六年初め、蔣経国から面会の要請があった。彭明敏に「教えを請いたい」とのことだった。蔣経国の招待といえば、事件を起こす前年の一九六三年、「十大傑出青年」のティーパーティーを欠席したことがあったが、今回は拒否できる状況ではなかった。迎えの車を差し向けるという申し出を断り、タクシーに乗って指定の時間に中国青年反共救国団の事務所を訪れた。

一時間ほど待たされた後、蔣経国の執務室に通された。これが初対面だったにもかかわらず、蔣経国はほほ笑みを浮かべながら握手し、「君に会うのは久しぶりだね」(46)と言った。

「多くの人が君のことを心配している。困っていることはないか？　何か力になれることはないか？」(47)と蔣経国が尋ねたので、台湾大学への復職を望んでいることを伝えた。蔣経国は一瞬当惑した表情を浮かべたが、側近で救国団副主任の李煥《りかん》（後の行政院長）に「この件について、学長と話をしているのか[48]」と聞いた。李煥は「学長と相談してみます[49]」と言ったものの、結局、職場復帰がかなうことはなかった。

面会は三〇分ほどで終わった。「困ったことはないか？」「何か力になれることはないか？」など、お決まりの質問は父親の蔣介石と同じだったが、彭明敏は「蔣介石とは違って温かみがあり、誠実さが感じられた[50]」と振り返る。

蔣経国は「特務のボス」という裏の顔を持つ一方で、総統として広く民衆から慕われ、今でも台湾の歴代総統で最も人気が高い。国民党政権を敵視する彭明敏にさえ好印象を抱かせるのだから、やはり人を引きつける魅力を持った指導者だったのだろう。

(三)司法行政部調査局に担当替え

特務機関の対抗意識

一九六六年に入って、彭明敏の監視態勢に大きな変化が起きた。監視機関が警備総司令部から司法行政部調査局に交代したのである。これは、国民党最高指導部が警備総司令部の懐柔路線は失敗だったとの判断を下したことを意味していた。

同じ特務機関でも、軍系の警備総司令部と非軍系の調査局は対抗意識が強く、手柄争いを繰り広げた。それが、多くの冤罪を生んだ原因の一つになったと言われている。

台湾の特務機関は情報機関と治安機関の役割を兼ね備え、一九三〇年代に中国で創設された藍衣社《たいりゅう》とC・C団という二つの組織を源流とする。藍衣社は広東省にあった黄埔軍官学校の卒業生が戴笠をリーダーに結成したもので、国民党の礼服である藍衣中山服から名づけられた。C・C団は創始者である陳果夫《ちんかふ》、陳立夫《ちんりっぷ》兄弟の名前（陳《チエン》＝Chen）、あるいは中央クラブ（Central Club）の頭文字を取ったと言われている。

両機関とも謀略や暗殺などを行う秘密組織として恐れられたが、いったん統合された後、一九三八年に藍衣社の流れをくむ軍事委員会調査統計局（軍統）とC・C団の影響が強い国民党中央党部調査統計局（中統）に再び分かれた。

こうした特務の体制は戦後、そのまま台湾に持ち込まれ、軍統は国防部保密局、中統は内政部（内政省）調査局になった。当初は「党、政、軍」それぞれに属する特務機関がばらばらに活動していたが、一九五〇年に各特務機関を統括する総統府機要室資料組が設置され、蔣経国が責任者の主任になった。

総統府機要室資料組主任という肩書からは、どこにでもあるような平凡なポストにしか思えないが、実際は党、行政、軍の垣根を越えて特務機関をコントロールし、情報・特務工作を一元的に指導する権限を有していた。蔣経国が「特務のボス」と呼ばれるのは、こうした事情があったのである。

一九五五年に総統府国防会議の執行機関である国家安全局が設立され、その下部に国防部情報局、司法行政部調査局が置かれた。一九五八年には、国防部（軍）系の特務機関が統合されて警備総司令部となった。蔣経国が国防部長（国防相）時代の一九六七年、国家安全会議が発足し、特務機関や警察を再編して傘下に収めた。台湾の民主化に伴い、一九九二年に警備総司令部は廃止された。司法行政部調査局は一九八〇年に法務部（法務省）調査局となり、現在も国家安全などに関わる業務を担っている。

このように、警備総司令部と調査局は別々の歴史や背景を持ち、組織の体質も異なる。彭明敏は「警備総司令部の人間は中国軍人の伝統を受け継ぎ、文人や学者は偉大な中国文化を代表する存在だとして敬意を表した。だが、調査局は蔣介石という虎の威を借るキツネばかりで、狡猾《こうかつ》で嘘つきでまったく信用できない連中の集まりだった(51)」と、激しい言葉で調査局への嫌悪感を表現している。

調査局長の招待

監視機関が調査局に代わってしばらくして、王淦処《おうかん》長が訪ねてきた。王淦は「警備総司令部のまずい対応で、仕事も紹介できず、申し訳ありません。私は胡適先生がご存命の時、警護をさせていただきました。軍部は粗忽《そこつ》な人間が多いですが、これからは我々がきちんとお世話させていただきます(52)」と述べ、友人の李敖とともに食事に招待した。

ホストは調査局長の沈之岳《ちんしがく》だった。沈之岳は共産党にスパイとして十数年も潜伏し、毛沢東の秘書にまでなった後、国民党のもとに戻ったという伝説的な人物で、蔣経国の信頼も厚かった。沈之岳は軍統出身だが、中統系との関係が悪かった蔣経国が、調査局を抑え込むためトップに送り込んだもので(53)、一九六四年から一九七八年まで調査局長を務めた。

調査局は台北市和平東路にあった日本式家屋を改造して、ゲストハウスにしていた。招かれたゲストハウスの天井を見ると、小さな穴がいっぱいあった。留置施設で見慣れた景色だった。会話はすべて録音されるようになっていた。

沈之岳は「政府への批判も含めて、自由にお話しください。それでこそ、進歩があるのですから(54)」と言った。沈之岳は、調査局は政治的な機関ではなく、汚職を摘発するのが目的であり、どんな高官もその対象に含まれると強調した。

四. 迫る「抹殺」の危機

(一) 送り込まれたスパイ

頼まれて書いた紹介状

数カ月が過ぎ、彭明敏の自宅を訪ねて来る客も徐々に増えてきた。事件前のように、学生や議員、教員らと意見を交わす機会が多くなった。その中には、無所属で地方選挙に出て、台湾の政治を変えようと考えていた者もいた。非国民党勢力がどうやって連合を組めばいいかといったことも議論した。常連の一人に、中部・雲林県の県議会議員・蘇東啓《そとうけい》の親戚だった呉文就《ごぶんしゅう》がいた。蘇東啓は一九六一年、国民党政権を厳しく批判したため、支持者二〇〇人余りとともに逮捕され、投獄されていた。

呉文就は雲林県出身の友人だと言って、陳光英《ちんこうえい》という男を連れてきた。陳光英は彭明敏宅のメンバーでは珍しい商売人で、台北では知り合いがいないということだった。皆の議論を、いつも黙って聞いていた。

ある日、陳光英が一人でやって来て、日本に行くというので、「よい旅を」と送り出した。一カ月ほどして、陳光英が訪日の報告をしに来た。日本で活動している著名な台湾独立運動家の史明《しめい》(本名・施朝暉《しちょうき》)に会ったという。

陳光英は在日の台湾人たちから言付かったと、日本で出版された台湾独立運動に関する刊行物を手渡した。彭明敏が「よくこんな物を持ち帰れたな」[55]と言うと、陳光英は笑うだけだった。さらに、周囲に発信できる小型の無線機も土産として渡したうえ、史明から預かったと言って、日本円で現金二〇万円を差し出したが、彭明敏は受け取らなかった。

一、二週間後、陳光英がまた来て、日本でプラスチック工場を見学することになったので、史明宛の紹介状を書いてほしいと頼んだ。

史明は戦前、早稲田大学で学び、中国に渡って共産党の工作員として抗日活動に従事した。だが、共産党に失望して戦後、台湾に戻り、今度は国民党政権打倒をめざし、蔣介石暗殺を企てたが失敗する。その後、日本に亡命し、台湾独立運動に打ち込むという壮絶な人生を送ってきた「永遠の革命家」である。一九九三年に台湾に戻り、二〇一九年九月、一〇〇歳の長寿を全うした。

彭明敏は史明の名前は知っていたものの、面識はなかった。だから、いったんは断ったが、陳光英は、史明は日本でビジネス関連の人脈が豊富で、正式な紹介状があれば助かると言ってきかなかった。彭明敏は仕方なく、便箋《びんせん》に日本語で「真面目な青年ですので、何とぞよろしくお願いします」[56]と一筆書いて渡した。

後に、調査局からこの紹介状を「海外の独立運動家と関係している物証」として突きつけられることになるのだが、陳光英は調査局が送り込んだスパイであるということに、この時、彭明敏はまだ気づいていなかった。

相次ぐ逮捕

一九六七年三月初めの早朝、彭明敏宅に陳光英が駆け込んで来て、呉文就が行方不明になったと告げた。陳光英は「二月二七日、呉文就の家で夜通し、翌日の『二・二八事件』二〇周年にまくビラをガリ版で刷るのを手伝った。翌朝、二人ともポケットいっぱいにビラを詰め込んで、別々に出かけた。その後、連絡がつかなくなった[57]」と話した。

二週間ほどして、呉文就から家族宛に「急用ができ、しばらく家に帰れなくなった。心配しないでほしい[58]」と書かれたはがきが届いた。友人たちが危険を察知して身を隠したり、海外に出たりしないように、呉文就が無理やり嘘の便りを書かされたのは明らかだった。

それから数カ月は何事も起こらなかったが、夏の盛りを過ぎた頃から、友人たちは一人また一人と逮捕され、年末までにはほとんどがいなくなった。

彭明敏に対する監視も強められた。ある日、古くからの友人である米スタンフォード大学の教授が会いに来て、翌日、台北市内のホテルのレストランで昼食をともにした。監視員が尾行して来て、店内では遠巻きに監視し、録音機と思われる機器をテーブルの上に置いていった。この会食の直後、教授はビザを取り消されたという通告を受け、台湾を去らなければならなかった。

(二)本性を現した調査局

はめられた罠《わな》

そうした中、調査局長の沈之岳から、また夕食の招待を受けた。王淦が迎えに来て、ゲストハウスに行くと、調査局の課長と名乗る二人の男が待ち受けていた。二人は、局長は急用ができて来られなくなったと詫び、客室に通された。

クリスマスツリーが飾られた部屋で、しばらく二人と世間話をしていたが、突然、一人が険しい表情になり、「聞きたいことがあります。海外の台湾独立運動家に手紙を書いたことがありますか?」[59]と尋ねた。

彭明敏が「ない」と答えると、男は再度確認したうえで、「そうですか」と言って別室に行き、公用封筒を持ってきた。中から取り出したのは、彭明敏が陳光英に頼まれて書いた史明宛の紹介状だった。

「これは、あなたが書いたものではないですか?」「私が書いたものだが、これは紹介状で、手紙ではない」「史明は知っていますか?」「会ったことはない」[60]といったやり取りが続いた。

さらに、男は「陳光英から現金二〇万円と独立運動に関する刊行物や無線機を受け取ったでしょう?」[61]と追及し、陳光英が彭明敏宅を訪れた日を正確に挙げた。彭明敏は「陳光英は確かにそんな物を持ってきたが、現金は受け取っていない。刊行物は廃棄した。無線機は日本ではどこにでも売っているおもちゃのようなものだ」[62]と説明した。

調査局は、陳光英のようなスパイを使って相手を罠にはめることなどお手の物だった。彭明敏は「陳光英のせいで、彼の友人も含めて多くの人が捕まったんだ。そのうえ、法廷で堂々と証言するんだからね。[民主化後は]台湾にいられなくなって、中南米に逃げたと聞いている」[63]と吐き捨てた。

ここに至って、ついに特務の男は本性を現し、「お前は日本の台湾独立運動家と連絡をとっている。我々が多くのお前の友人を逮捕したことは知っているだろう。連中は爆破テロや暗殺を計画していたことを白状し、お前が首謀者だと言っている。自分たちだけが処罰されて、お前が罰せられないのは不公平だとも言っているんだぞ。お前は若者や学生に崇拝されているかもしれないが、札つきの煽動家だ。この悪党め！」[64]と罵声を浴びせた。

最初、彭明敏は逮捕された若者たちとは合法的な政治活動や選挙への参加などについて議論していただけで、爆破テロや暗殺などについて話したことはないと反論していたが、ついに我慢の限界を超え、「お前たちがどんな手段を使っても、自分たちに都合のいいように白状させることは知っている。この目で何度も見てきたんだからな！」[65]と怒鳴り返した。

彭明敏を罵倒するのは、専ら片方の男だった。この間、王淦は一言も発せず、部屋を出たり入ったりしていた。上層部に情勢を報告しているようだった。非難の応酬の後、ようやく王淦が割って入り、三人に隣室で食事するよう勧めた。

男は彭明敏に料理を取り分けたり、酒をついだりする一方で、冷酷に最後の一言を言い放った。

「我々は外国人なんて恐れていない。お前なんかいつでも消すことができるんだぞ。覚えておけ！」[66]。

国民党政権の「白色テロ」

これは言葉のうえだけの恫喝《どうかつ》ではなかった。暗殺などのテロと言えば、普通は弱者が強者に対して行うものだが、台湾では、当局が関与したとしか思えない事件や事故で政治家や運動家、その家族らが死亡したり、負傷したりするケースは珍しくなかった。これは第一章で取り上げた、共産党スパイ摘発名目の無差別逮捕や処刑と合わせて「白色テロ」と呼ばれる。

例えば、この時より後になるが、台湾省議会議員・林義雄《りんぎゆう》の台北市内の自宅で一九八〇年二月二八日白昼、六歳の双子の娘と五八歳の母親の三人が、何者かに刺殺された。林義雄は人権デモ隊と警察が衝突した「美麗島事件」（一九七九年一二月発生）で逮捕され勾留中で、自宅は特務に監視されていた。一九四七年の「二・二八事件」から三三年目の日に犯行に及んでいることから、事件は当局による反体制派への見せしめとの見方が強い。

二〇二〇年二月になって、「移行期の正義促進委員会」が事件について調査し、「特務機関が関与した疑いが濃厚」との結果を発表した。だが、容疑者が犯行後、室内からかけた電話の録音記録などの重要資料が廃棄されており、容疑者の特定には至っていない。

不審な交通事故に遭うケースも少なくなかった。一九八五年一一月には、有望な若手政治家として売り出し中だった陳水扁の妻呉淑珍《ごしゅくちん》が、台南県(現台南市)で三輪トラックに二回はねられ、下半身不随になっている。台南県長選挙で陳水扁が落選後、呉淑珍ら一行が支持者にあいさつ回りをしている時の出来事で、三輪トラックは背後から突っ込んで呉淑珍にぶつかり、いったん通り過ぎた後、バックしてきて、立ち上がろうとしていた呉淑珍をもう一度ひいて逃げ去った。

運転手は逮捕され、有罪になったが、すぐに釈放されている。それ以来、呉淑珍は車椅子生活を強いられており、事件は厳しい国民党政権批判で人気を集めていた陳水扁に対する警告だったとみられている。

台湾で民主化が始まった一九九三年一〇月にも、台湾独立建国聯盟秘書長の王康陸《おうこうりく》が台北市内で講演を終え、タクシーで帰宅途中、対向車線からはみ出して来た高級車がタクシーの後部に衝突し、王康陸が死亡する事故が起きている。高級車を運転していた男は一年前にも死亡事故を起こして懲役一〇月、執行猶予四年の判決を受け、運転免許も停止中だったが、新たな事故を起こしても執行猶予は取り消されず、拘束もされなかった。

この当時、特務がねらいをつけた者を「抹殺」することは難しいことではなかったのである。男が彭明敏に対して、「いつでも消すことができる」と豪語したのは、そのような背景があってのことだった。しかも「外国人なんて恐れていない」と見えを切ったのは、調査局は海外からの抗議や反応など気にせず、いつでも実行できるという脅しだった。

(三) 拒否された出国申請

厳しさ増す監視

彭明敏はその場で再逮捕されることも覚悟した。何しろ、相手は彭明敏が日本にいる台湾独立運動家と連絡をとっている「物証」を握っているのである。逮捕された友人の中には、拷問に耐え切れず、彭明敏を首謀者とする爆破テロや暗殺計画を「自白」した者もいるかもしれない。だが、その夜は、王淦に送られ、帰途に就いた。

家に帰って、彭明敏は妻に「腹を括った方がいい。僕は再逮捕されるだろう[67]」と打ち明けた。翌日、弁護士の梁粛戎に夕食会での出来事を説明し、再逮捕される可能性が強いと話した。中国語と英語で一連の経緯を詳しく書いて友人に渡し、もし再逮捕されたら公表するよう頼んだ。

クリスマスの朝、王淦が訪ねてきて、「これは沈之岳局長から贈り物です。局長は最近、部下に失礼があったとわびています。決して、部下にあのような対応をさせるつもりはなかったのです[68]」と言って、果物やお菓子、コーヒーなどが詰まったバスケットを二つ持ってきた。

だが、彭明敏に対する監視は以前より厳重になった。監視員たちは、もはや目立たないように行動したり、樹木や電柱などの陰に隠れたりしなくなった。外出して道を歩くと、監視員が前後左右を取り囲み、バスや電車に乗ると、彭明敏を挟むようにまとわりついた。自宅を訪れる客もチェックされ、質問を受けたりするようになった。

高雄の兄宅に行った時のことだ。駅からタクシーに乗り、兄宅で降りると、一〇分ほどして運転手が舞い戻ってきた。彭明敏を降ろした後、見知らぬ男たちに呼び止められ、わけのわからない質問をされたので、心配して知らせに来てくれたのだ。運転手は彭明敏のことを知らず、誰かに恨まれているに違いないと思ったのである。

海外の大学からの招聘状

一九六八年になって、米ミシガン大学の友人の尽力で、同大学法学部と中国研究センターから連名で客員教授就任の招聘状が届いた。同じ頃、かつての留学先であるカナダのマックギル大学法学部からも招聘を受けた。台湾大学への復帰が認められず、学術界から離れていた彭明敏にとって、元気づけられる出来事だった。

招聘状のことが外部に知れると、担当弁護士の梁粛戎や陶希聖、国民党や調査局などの関係者が総出で、出国許可は絶対に下りないので、パスポートを申請しないようにと圧力をかけてきた。申請されると、また海外から注目を浴びてしまう。調査局の特務は「外国人なんて恐れていない」と威嚇したが、国民党政権はやはり、海外の反応を気にしていたのである。

ただ、出国許可の申請をするには、家族や親族以外の保証人を立てなければならなかった。保証人は対象者が海外にいる間の行動に責任を取ることが求められていたが、彭明敏が置かれた状況でそんな人物を探すのは困難だった。彭明敏は、ミシガン大学とマックギル大学に、パスポートの申請すらできない事情を説明して、断りの返事を出した。

それでもミシガン大学は諦めず、再び招聘状を送ってきた。彭明敏は、今度は認められなくても、パスポートと出国許可を申請しようと決心した。保証人になってくれるという勇気ある人物も見つかった。

彭明敏は政府機関の窓口を訪れ、パスポートと出国許可を申請した。担当職員は二週間もすれば、結果が通知されるだろうと言った。許可されるとは思っていなかったが、これで国民党政権に一泡吹かせることができたと思うと、痛快な気分になった。

申請を受けて、特務や公安関係者の合同会議が開かれた。一カ月後、パスポートと出国許可の申請が拒否されたことを伝える文書が郵送されてきた。

こうした彭明敏の振る舞いは、調査局を刺激した。調査局ではもともと、彭明敏を即刻、銃殺するべきだとの意見も少なくなかった。調査局と極秘でつながりのある友人が、再逮捕どころか、事故に見せかけて殺される可能性が高まっていると警告した。国民党政権で、懐柔路線が見限られるのは時間の問題だった。危機は刻一刻と近づいていた。

第三章 自由への逃避

一、命懸けの脱出計画

(一) 海外逃亡を決意

深夜に米国人牧師宅を訪れる

司法行政部調査局による二四時間体制の監視は三交代制で行われていたが、深夜から早朝にかけては、監視員が現場を離れることが多かった。

そんな状況に気づいた彭明敏は、深夜にこっそり家を出て、週に一回程度、台湾神学院の米国人牧師マイロ・タンベリーの宿舎を訪れていた。宿舎は台北市北部の陽明山にあった。タンベリーとは、「自救宣言事件」以前から付き合いのあった台湾キリスト長老教会総幹事補佐の米国人牧師ドン・ウィルソンの紹介で、一九六六年春に知り合った。彭明敏は牧師仲間からピーターと呼ばれていた。

一九六五年末に米国メソジスト教団から台湾に派遣されたタンベリーは、夫人のジュディスとともに政治犯の境遇に強い関心を示し、救済のための寄付金を集めるなど熱心な社会活動家でもあった。一九六八年になって、彭明敏から再逮捕や「抹殺」の危険が迫っていることを打ち明けられたタンベリーは、海外への逃亡を勧めた。彭明敏は家族のこともあり、踏み切れずにいたが、悩み抜いた末、実行することを決意した。

その時の心境について、彭明敏は「張学良《ちょうがくりょう》になりたくなかった。そんな生き方をしても意味はないと思ったんです(1)」と打ち明ける。中国東北部の軍閥だった張学良は、一九三六年一二月に蔣介石を監禁して共産党との内戦停止、一致抗日を迫る「西安事件」を起こす。宋美齢や周恩来らの説得もあって蔣介石は解放されたが、この事件がきっかけとなって第二次国共合作が実現し、日中全面戦争に突入する歴史的転換点となった。

だが、蔣介石の怒りは収まらなかった。張学良は南京での軍法会議で懲役一〇年の刑を言い渡され、一九三七年一月に特赦で釈放されたものの軟禁状態に置かれた。国民党政権が台湾に移転した後も監視は続けられ、台湾が民主化への道を歩み出した一九九〇年になってようやく軟禁を解かれた時には、九〇歳近くになっていた。一九九三年からハワイで暮らしていたが、二〇〇一年一〇月、一〇〇歳で死去した。

総統府参軍長という高位にありながら、蔣介石の専制体制に批判的だったため、一九五五年に辞表を提出させられ、軟禁生活を強いられた孫立人《そんりつじん》などの例もある。一度蔣介石の逆鱗に触れた者は「抹殺」を免れたとしても、生涯にわたって自由を奪われる運命からは逃れられなかったのである。

彭明敏の海外脱出を支援したマイロ・タンベリー（玉山社出版事業提供）

横堀洋一の訪問

ちょうどその頃、彭明敏の自宅を共同通信外信部記者の横堀洋一が訪れた。一九六八年六月のことである。

この訪問は彭明敏の海外脱出計画の起点となったのだが、横堀が台湾に行ったのは、台湾青年独立連盟（現台湾独立建国聯盟）の日本人メンバーだった知人の宗像隆幸に頼まれ、日本から台湾に強制送還された柳文卿《りゅうぶんきょう》に会うのが目的だった。横堀は台湾独立運動の取材を通じて、宗像と知り合っていた。

柳文卿は東京教育大学（現筑波大学）大学院で修士課程を修了後、連盟の主要メンバーとして活動していた。留学のための査証（ビザ）の期限は過ぎていたが、台湾に戻ると政治的迫害を受けるのは明白だったため、法相による特別在留許可を申請し、一時的に収容を免れる仮放免になった。仮放免の有効期間は通常一カ月で、毎月、入国管理事務所を訪れて更新しなければならなかった。

一九六八年三月、いつものように仮放免更新の手続きをしようと一人で入国管理局事務所を訪れたところ、在留資格がない不法滞在状態であるとして、突然、強制収容された。それを知った連盟の仲間が救出しようと奔走し、羽田空港で護送官らと取っ組み合いの乱闘となったが、柳文卿は台湾行きの飛行機に押し込まれた。日台間で、国民党政権がそれまで拒否していた麻薬犯などの収容者を引き取る代わりに、日本側が独立運動家を強制送還する密約があったのである(2)。

この強制送還は、人道上の問題として日本の国会でも取り上げられた。台湾に送り返された柳文卿は高雄県（現高雄市）の実家に戻り、特務の監視を受けていた。

連盟は彭明敏ら三人が「自救宣言事件」で逮捕された後、駐日中華民国大使館に、人権を尊重して公開裁判にするよう求める陳情書を送るなどの救援活動をしていた。だが、この時の宗像の横堀への依頼は、近く東京地方裁判所で柳文卿を原告として入国管理局の強制送還が不法であることの確認訴訟を起こすので、その公判対策として、柳文卿に会って本心をつづった手紙を持ち帰ってほしいということだけだった。

横堀は特務に見つかることなく柳文卿と面会し、自筆の手紙を持ち帰った。その後、台北の彭明敏の自宅にも、特務にチェックされることなく入り込んだ。強運の持ち主としか言いようがないが、なぜ、指示されてもいないのに、危険を冒してまで彭明敏と会ったのか。

私はぜひ横堀に話を聞きたいと思い、電話で取材を申し込んだ。すると、夫人が出て「主人は最近、体調がすぐれないので、お受けできるかどうかわかりませんが、伝えておきます」と言ってくれた。数日後、再度電話をすると、本人が出てきて「彭明敏さんの件なら、ぜひお話ししたい」と快諾してくれたので、二〇一八年八月、東京都目黒区の自宅を訪ねた。

(二)合法的出国の望みが絶たれる

脱出願望を打ち明ける

八四歳になっていた横堀洋一は少し耳が遠くなっていたが、近くで話すとほぼ聞き取れ、元記者らしく、質問には簡潔に答えてくれた。横堀は三井物産の社員だった父の仕事の関係で、子供の頃、台北で暮らした経験があり、台湾に親近感を持っていた。

記者としても、アジア各国の独立運動に関心を抱き、東京で「台湾共和国臨時政府」の大統領を名乗っていた廖文毅にも取材をしていた。横堀は「臨時政府の閣僚名簿というのを見ると、中華料理店や理髪店の店主のような人ばかりなんですよ。そういう人たちが駄目だということではないんです

インタビューに答える横堀洋一（2018年8月7日、東京都目黒区の自宅で）

が、それで本当に政府をつくれるのかと、疑問に思ったんです[3]」と振り返った。

そして、「独立運動の関係者に、大統領にふさわしい人物はいないのか、とただしたら、誰もが彭明敏の名前を挙げるんですよ。そんな人間がいるなら、ぜひ会ってみたいと思って、自宅を訪れたんです[4]」と説明した。

彭明敏との面会は、横堀のジャーナリストとしての問題意識と実行力によって実現したのである。さらに、横堀は万が一逮捕された時に備え、「知り合いの弁護士に、弁護依頼状と会社への辞表を預けました[5]」と語った。度胸と覚悟があってこその幸運だったのである。

宗像隆幸は横堀を通じて柳文卿に、日本のパスポートの所持者になりすまして海外脱出させようかと考えているので、応じる気があるのなら、パスポートに貼り替える顔写真を送るよう伝えた。もっとも、その時点で、宗像が具体的な実行計画を立てていたわけではなかった。

横堀は「彭明敏さんにその話をすると、『実は、僕も海外脱出したいんだ』と言われて驚きました[6]」と証言した。ただ、横堀は彭明敏に、非合法の手段で脱出を図る前に、残された最後の合法的手段での出国を試みてはどうかと持ちかけた。

彭明敏と横堀には共通点があった。彭明敏が、キッシンジャーが世話役を務めたハーヴァード大学の国際問題研究セミナーに招待されたことは第一章で紹介したが、その四年後、横堀も同じセミナーに参加していたのである。各国の有望な若手を招くこのセミナーのメンバーに指名されたことは、世界の選ばれた人材であったことを意味する。初対面ながら、このことを知って、二人は意気投合した。

キッシンジャーは国家安全保障担当の大統領補佐官として、国際政治や外交に大きな影響力を持っていた。横堀は彭明敏と共通の知人であるキッシンジャーなら、彭明敏が出国できるよう、国民党政権に働きかけてくれるのではないかと期待した。一九六九年五月一日付と同二四日付の二回にわたって、彭明敏がミシガン大学で教職に就くため出国することへの支援を求める手紙を書き、彭明敏の手紙を添えて、キッシンジャーに送った。

初めの手紙に対しては、米国家安全保障会議のスタッフから「彭教授の問題でわれわれの注意を喚起してくれたことに感謝する」[7]という簡単な返事が届いただけだった。切羽詰まったSOSを告げる二通目の手紙には返事もなかった。

二〇〇六年に米国務省が公開した国家安全保障会議スタッフからキッシンジャー宛のメモには、二通目の手紙に対してキッシンジャーが「回答無用」と指示していたことが書かれている[8]。第一章で述べたように、キッシンジャーは当時、ひそかに対中接近戦略を進めており、彭明敏に関わるつもりなど、はなからなかったのだ。これで彭明敏が合法的に出国できる望みは絶たれた。

黒衣役に徹したキーパーソン

このように、横堀洋一は彭明敏の海外脱出で重要な役割を果たしたキーパーソンの一人でありながら、一貫して黒衣役に徹してきた。一九九六年に宗像隆幸が出版した『台湾独立運動私記』では、主要な人物は実名で登場するが、横堀だけは「K」という匿名になっている。彭明敏の『逃亡』（二〇〇九年）でも、「Y」のイニシャルで記されている。宗像の別の著書『台湾建国』（二〇〇八年）でようやく実名が出てくるが、共同通信記者の肩書はない。

これは、横堀も関係者も、共同通信に迷惑をかけたくないとの思いが強かったからだ。国民党政権からすれば、彭明敏は外国メディアが最も接触してほしくない人物である。横堀が記者としての立場を超えて彭明敏と関わっていたことがわかると、共同通信に抗議したり、取材に非協力的な態度をとったりすることは十分あり得た。

横堀は「［外信部の］デスクから『あまり台湾のことに深入りするな』と注意されました」[9]と明かした。取材対象としての国民党政権と良好な関係を保っておきたい外信部の他のメンバーが、横堀の行動に不快感を抱いたとしても、無理はなかっただろう。

一方で、そんな横堀の突破力を買う上司もいた。「小和田次郎」のペンネームで一九六〇年代のメディア状況を記録した『デスク日記』を出版し、共同通信の編集主幹を務めた原寿雄もその一人である。原の推しもあって、横堀は香港特派員の希望はかなわなかったものの、後にシンガポール支局長、豪シドニー支局長を歴任する。

そして、フィリピン・ルバング島での小野田寛郎やインドネシア・モロタイ島での中村輝夫（台湾名・スニヨン）ら元日本兵の発見・帰還、マレーシアでの日本赤軍による米大使館占拠といった歴史に残る事件を現地取材し、国際事件記者として活躍した。所属する会社は違っても、国際報道に携わった後輩の私から見れば、羨むような記者人生である。

そんな豊富な経験を『アジア太平洋特派員』（五月書房、一九九五年）にまとめているが、彭明敏に関する記述は一切出てこない。横堀は一九九六年に千葉県にある和洋女子大学教授に転身し、二〇〇四年に退職している。台湾が民主化されてからは、彭明敏との関係を隠す必要はなくなったにもかかわらず、沈黙を守ってきたのは、共同通信への配慮と記者としての信念によるものだったのだろう。

（三）日本パスポート所持者になりすます

宗像隆幸との文通

横堀洋一は彭明敏に、宗像隆幸のことも話した。それがきっかけとなって、一九六八年八月から彭明敏と宗像の間で文通が始まった。彭明敏は台湾の政治犯に関する極秘情報を宗像に送り、宗像はそれを台湾青年独立連盟の機関誌『台湾青年』で発表したり、海外の政治犯救援活動組織に提供したりしていた。

厳重な監視下に置かれた彭明敏と手紙をやり取りするのは、簡単なことではなかった。彭明敏は出国するタンベリーらの仲間に託して海外から発送してもらい、宗像は台湾に行く信頼できる人に頼んで直接、またはタンベリーや仲間を通じて手渡してもらうという、手間のかかる方法しかなかった。

そんな折、宗像は、面識のあった東大教授の衛藤瀋吉（後の亜細亜大学学長）が学術交流で台湾を訪れ、以前からの友人である彭明敏に会うことを人づてに聞いた。宗像が衛藤に、彭明敏に手紙を渡してほしいと頼むと、衛藤は「いいよ」と気安く引き受けてくれた。

台湾から帰った衛藤は宗像に、「これ、彭先生からのおみやげ[10]」と小さな紙切れを渡した。それには、香港郵便局の私書箱の宛先が記されていた。私書箱は、香港で活動していたタンベリーの仲間である米国人牧師ブッド・キャロルの名義で開設した彭明敏専用のものだった。キャロルは毎月一回以上、香港と台湾を行き来していた。キャロルが台湾に行った際、タンベリーらを介して、回収した手紙を彭明敏に届ける段取りだった。仕事で台湾と香港を定期的に往来する米国人の知人に託すことも多かった。

これでいつでも彭明敏に手紙を送ることができるようになった。彭明敏が海外脱出するまでに宗像に送った手紙は計四二通にのぼり、宗像もそれに応じた手紙を主にこのルートで彭明敏に届けている。衛藤が持ち帰ったのは、大変なお土産だった。

彭明敏は海外脱出を決意したものの、課題は山積していた。どの国に行くのか。どんな方法で出国するのか。どうやって特務の監視を逃れるのか。どれ一つとっても難題だった。

目的地は、台湾（中華民国）と国交がない国が望ましかった。国交があれば、国民党政権が引き渡しを求め、外交問題に発展するのは必至だったからだ。

日米は彭明敏にとって身近な国ではあったが、米国はキッシンジャーの対応を見ても冷淡だし、日本は柳文卿のケースのように、国民党政権の求めに応じて台湾独立運動家を強制送還したことがあり、最初から除外していた。

台湾独立運動を敵視する中国や、自由が制限されやすい他の社会主義国も対象外だった。検討した結果、スウェーデンとフランス、カナダが候補となった。三国とも人権を重視する国であり、スウェーデンは一九五〇年、フランスは一九六四年に中国と国交を結んで、台湾とは断交していた。カナダは中国と交渉中で、台湾との断交は時間の問題だった（一九七〇年一〇月に断交）。フランスとカナダは彭明敏の留学先で、知人も多かった。

最終的に、スウェーデンに絞り込んだ。獄中からつないできたアムネスティ・スウェーデンのガーウェルとのパイプがあり、彭明敏を政治亡命者として迎えてくれる可能性が高かったからだ。

次に、脱出の方法として、飛行機か船を選ばなければならなかった。最初、彭明敏は船を考えたが、台湾の港は特務が監視の目を光らせているうえ、船員に密告される恐れも強いことがわかった。金を払って漁船をチャーターする方法もあるが、いったん、日本や中国、フィリピンなどの周辺国に上陸しなければならない。船主が寝返って通報する危険性も高く、首尾よく出港できたとしても、海上で見つかって射殺されれば、殺された形跡すら残らず、闇に葬られるのがおちだった。船という選択肢がない以上、飛行機で脱出するしかなかった。

脱出計画を提示

飛行機で出国するには、パスポートが必要となる。タンベリーは、ドイツ統一前に西ドイツ人が合法的に東ドイツに行って出国を希望する東ドイツ人にパスポートを手渡し、紛失したとして大使館に届け、再発行してもらったというエピソードを雑誌で読んだことがあり、彭明敏にも話した。それを受け、彭明敏は、横堀洋一との面会でもヒントを得た、日本のパスポート所持者になりすます方法に賭けることにした。

一九六九年二月、彭明敏の使者である牧師仲間の若い米国人が日本を訪れ、東京で横堀と宗像隆幸、台湾青年独立連盟の中核メンバーだった台湾人の黄昭堂《こうしょうどう》（ペンネーム・黄有仁《こうゆうじん》、後の台湾独立建国聯盟主席）の三人と会った。

使者は、彭明敏に再逮捕や「抹殺」の危険性が高まっていることを伝え、三人に協力を要請した。宗像が「わかりました。引き受けましょう[11]」と即座に答えると、使者は横堀と宗像宛の彭明敏の手紙を手渡した。

その手紙には、次のような脱出計画が記されていた。

一、彭明敏が、変装した顔写真を撮って、日本に送る。宗像らは、彭明敏の体型（身長約一七五センチ、体重約七〇キロ）に近い日本人Aを見つけ、写真に似た変装をさせる。

二、Aは日本で、彭明敏が送った写真を使ったパスポートと、出国先や経由地のビザを取得する。

三、Aは台湾を訪れ、パスポートを彭明敏に渡し、彭明敏はそれを使って出国する。

四、彭明敏が安全に目的地に着いたことを確認した後、Aが台北の日本大使館にパスポート紛失届けを出す。

五、国民党政権は誰かがAのパスポートを使って不法出国したことに気づき、Aを詰問するが、Aはあくまで紛失したと言い張り、日本に送還される。

手紙に書かれた計画を検討した宗像隆幸は、彭明敏に似た体型の人物を探し出して変装させる方法は現実的ではないと感じた。彭明敏は一七五センチと、この世代にしては背が高い。当時のパスポートには身長を記入する欄があり、あまり差があるとまずい。体型だけでなく、ある程度、顔の輪郭も似た人物でなければならないだろう。

実行役となる日本人Aは、絶対に信頼できる人間でなければならない。できることなら、気心が通じた仲間が望ましい。そんな限られた範囲の中から、彭明敏に近い体型で、顔の輪郭も似た人物を見つけ出すのはきわめて困難だ。さらに、写真に似せて変装させるなど、素人にできるはずがない。俳優のメーキャップをしているようなプロならできるかもしれないが、金で頼むような相手では、秘密が漏れる恐れがある。

そこで、柳文卿を脱出させるために考えていた、写真を貼り替える方法はどうかと思いついた。柳文卿の脱出計画は本人の意思もあって実現しなかったが、彭明敏は実行を決意している。

当時のパスポートは、今のように本人の顔写真が直接印画されているのではなく、紙の写真を貼り付けて、上から写真と台紙にまたがって凹凸の割印を押しているだけだった。割印さえ偽造できれば、彭明敏から送られてきた変装写真に割印を押し、日本人Aが取得したパスポートの写真を剝がして貼り替えればいい。出国時に、係員に写真貼り替えを見破られるリスクはあるものの、これなら実行可能に思えた。宗像が彭明敏に写真貼り替え方式を提案すると、彭明敏も了承した。

計画に必要な資金は、牧師仲間が米国で募金を集めるとともに、東京で病院を開設していた呉枝《ごし》鐘《しょう》医師が二〇〇万円を提供した。呉枝鐘は日本国籍を持っていたが、台湾青年独立連盟の運動を支援しており、「秘密工作のため」という黄昭堂らの依頼に、内容も聞かずに資金を用意した。

五月になって、彭明敏はアムネスティから、スウェーデン政府が正式に受け入れに同意したとの極秘連絡を受けた。これで行き先は確定した。あとは計画を予定どおり進めるだけだ。

二．日本の支援者たち

(一)苦心の末の割印作り

台湾独立運動に一生をささげた日本人

彭明敏の脱出計画を日本で知っているのは、宗像隆幸、横堀洋一、黄昭堂と台湾青年独立連盟で台湾島内工作委員会主任を務めていた許世楷だけだった。秘密を厳守するため関与者は最低限に絞り、辜寛敏《こかんびん》・連盟委員長にも打ち明けなかった。中でも、彭明敏との連絡役となり、割印作りを担当するなど率先して計画を進めたのが宗像である。

宗像が台湾独立運動に関わるようになったのは、明治大学在学中に住んでいた東京都文京区の下宿に、台湾からの留学生である許世楷が入居してきて、知り合いになったのがきっかけだった。

許世楷は台湾の留学生が組織する独立運動団体、台湾青年社に加盟していた。台湾青年社は、明治大学講師をしていた王育徳《おういくとく》が代表になって一九六〇年に設立したもので、機関誌『台湾青年』を発行していた。台湾青年社は一九六五年、台湾青年独立連盟に改称し、現在は台湾独立建国聯盟になっている。台湾独立運動は、台湾内では国民党政権に厳しく弾圧されたため、主として日本や米国など海外在住の留学生らが担ってきた歴史がある。

一九六一年七月ごろ、宗像は許世楷から『台湾青年』の編集を手伝ってくれないかと頼まれた。宗像は大学を卒業して小さな出版社に勤めており、気軽な気持ちで引き受けた。当初は、東京都豊島区の王育徳の自宅で編集作業をし、宗像自身も台湾人を思わせる「宋重陽《そうじゅうよう》」のペンネームで記事を書いた。それから、一生を台湾独立運動にささげるようになるのだが、なぜ日本人でありながら台湾独立運動に打ち込んだのか。

その問いに対し、宗像は登山家が山に登る理由になぞらえて「『好きだから』と答える他ないのではなかろうか[12]」と述べている。そして、「独立運動をやめたいと思ったことは一度もないし、嫌な思いをしたことすらほとんどない。（中略）どうしてこんなに楽しく運動をやってこれたのか、改めて考えてみると、すばらしい仲間たちに恵まれた、というのが最大の原因だと思う[13]」と回想している。

インタビューに答える宗像隆幸（2018年3月13日、東京都新宿区の自宅で）

私は二〇〇二年に東京で開かれた台湾関係の会合で宗像隆幸と会ったことがあった。その時は、個別に話す時間はなかったが、今回は彭明敏の海外脱出計画で中心的役割を果たした宗像に、じっくりと話を聞かねばならない。電話で取材を申し込み、二〇一八年三月、東京都新宿区の宗像の自宅マンションを訪れた。宗像は八一歳になっていたが、若かった頃を懐かしむかのように話をしてくれた。

インタビューには瑞江夫人も同席し、資料の確認などでサポートしてくれた。瑞江は一九九一年一二月、国民党政権のブラックリストに載った台湾人活動家が日本人の協力者のパスポートを使用して潜入帰還する際、見守り役として同じ飛行機に乗り、台湾入り後は高雄で開かれた独立派の集会であいさつもした。身元が知れていて台湾に入れない宗像の代役を務めたのだが、内助の功というレベルをはるかに超えた独立運動支援である。当時は、台湾の民主化が始まった時期で、ブラックリストはまだ消滅していなかったが、台湾内で独立派の集会は開催できるようになっていた。

宗像がいかにも面白そうに語ったのは、彭明敏が一九六九年四月にネガで送ってきた最初の変装写真のことである。宗像は「付けひげが丸わかりの、いかにも作り物という感じでね。到底使える代物ではなかったよ」[14]と、自著に掲載した写真を確認して苦笑した。

彭明敏からはその後も何枚か変装写真が届いたが、使い物になりそうにはなかった。一〇月に入って、ひげを伸ばして、髪をぼさぼさにした写真が送られてきた。当時は台湾でもこのようなヒッピー・スタイルがはやっており、これなら自然な感じに見える。宗像は、この写真を使用することにした。

当初の計画では、日本人Aは送還されることになっていたが、国民党政権がすぐにはAのパスポートを使った人物の不法出国を把握できないという状況がわかったので、Aは大使館でパスポート紛失届けを出し、新規のパスポートを発行してもらうシナリオに切り替えた。

ろう版彫りの腕を上げる

割印作りは、宗像隆幸が一人で担当した。最初は粘土で試したが、うまくいかなかった。次に、ろうを使ってみることにした。ガラス板の上に割印の型を取ったろう版を置き、液体プラスチックを流し込んで固めると、凸版ができる。その上に液体プラスチックを流し込むと、今度は凹版ができた。ただ、本物らしく割印の彫りを深くするには、縫い針でろう版を彫る作業が必要だった。宗像は、時計職人が使うような小さな拡大鏡で見ながら、日夜、ろう版彫りに励んだ。少しでも酒が入ると手元が狂うので、割印ができ上がるまで好きな酒も断った。なかなか納得のいくものは作れなかったが、試行錯誤を重ねるうちに段々腕前は上がっていき、一二月半ばになって、ようやく何とか使えそうなものができた。

宗像は『台湾青年』や著書などでは、中国に傾斜する政府やマスコミに対して容赦ない批判をしているので、こわもての印象が強い。だが、自分のことに関しては、至ってシャイな男である。

さぞかし割印作りでは苦労をしただろうと、インタビューで水を向けても、宗像は多くを語らない。自著『台湾独立運動私記』でも、自分のことについては、作業日誌のように淡々と事実を書き連

彭明敏が撮って宗像隆幸に送った変装写真（玉山社出版事業提供）

パスポート貼り替え用にはこの写真を使用した。（宗像氏提供）

ねているだけだ。

そんな宗像が、同書の中で唯一、感情を発露している箇所がある。いよいよ脱出計画実行という段になって、彭明敏から届いた「万一、失敗の時、この世でお会いできるかどうか分かりませんので、この機会に、今までの数多くの御助力、心からお礼申し上げます。ほんとにいろいろ御配慮と御努力をいただき、どう感謝してよいのか分かりません。一度もお会いしたことはありませんが、百年の知己のような感じがします。御厚情、永久に忘れません」[15]という手紙に対し、宗像はこう記している。

「感謝したいのは、私の方である。会ったこともない私に、自分の命を託してくださったのだから……」[16]

(二)現れた格好の実行役

三年ぶりに南米から帰国

もう一つの難問は、日本人Aをいかに探し出すかだった。信頼できて口が堅く、できれば海外旅行に慣れている方がいい。果たして、そんな人物がいるだろうか。

ちょうどその頃、宗像隆幸の高校時代からの親友で、仕事の関係で南米のパラグアイとブラジルに駐在していた阿部賢一が、三年ぶりに日本に帰ってきた。一九六九年六月のことである。年齢は三一歳で彭明敏より一四歳若く、身長は一七〇センチで彭明敏より五センチ低いが、この程度の違いなら何とかなる。何より、日本人の海外旅行者が年間四九万人余り[17](一九六九年)しかいなかった時代に、海外勤務経験を持ち、パスポートの扱いに通じていたことは大きかった。まさに、格好の人物が現れたのである。

宗像は阿部の帰国を知り、阿部が働いていた静岡県まで会いに行った。宗像の依頼に、阿部は二つ返事で応じた。これで、ジグソーパズルの最後のピースが埋まった。

それにしても、親友からの頼みとはいえ、日本人A役を務めるのは形式的には犯罪に加担する行為であり、逮捕される危険もある。発覚すると、勤務先にもいられなくなるだろう。はた目には割に合わないと思える役目を、なぜ阿部は引き受けたのか。阿部は今、引退して山形県酒田市で暮らしている。話を聞くため、二〇一九年三月、私は伊丹空港から山形に飛んだ。

三月初めの山形はまだ冬の装いで、山間部は深い雪に覆われていた。山形空港から高速バスで酒田に向かい、昼過ぎにバスターミナルに到着すると、阿部が自分で車を運転して、近くの駐車場に迎えに来てくれていた。車に乗り込むと、すぐに静かな住宅街にある阿部の自宅に着いた。

阿部は私が事前に電子メールで送った質問に、詳細な回答書を作成してくれていた。海外勤務経験については、赴任日や帰国日まで書いている。台北で宿泊したホテル名、帰国前に立ち寄ったフィリピンで利用したホテル名なども記されている。私からのメールを受け取り、改めて資料を確認したに違いない。

八二歳の阿部はやはり耳が悪く、取材には山形県内の別の市に住んでいた次女を呼んで、音声を文字に変えるアプリを入れたタブレット端末を用意してくれていた。幸い、当日、耳の調子はよく、後ほど「体調はよくなかったのですが、補聴器でほとんど聞き取れました。タブレットを使うことなくインタビューを終えることができ、ほっとしています」と記したメールをくれた。準備万端で私のインタビューに応じてくれたわけだ。

保管していた古い資料に当たって正確な回答を心がけたり、少しでもよいコンディションでインタビューに臨もうとしたりする姿勢などから、阿部はどんな仕事でも、一〇〇パーセント完璧にこなすことをモットーとしてきたであろうことがわかった。

インタビューに答える阿部賢一。手にしているのは、台北で再発行されたパスポート（2019年3月8日、山形県酒田市の自宅で）

脱出計画全容は聞かされず

阿部賢一は、実行役を承諾した理由について、「南米から帰ったばかりで、少し気が大きくなっていたのかもしれないけど、気心の知れたやつからの頼みなので、それならやってやろうと、迷いはありませんでした。帰国して、腰かけみたいな仕事に就いていた時で、辞める理由にちょうどいいやと思ったこともあったし。だから、台湾に行く前に、仕事は辞めました[18]」と説明した。

宗像隆幸から彭明敏脱出計画の全容を聞かされたわけではない。その点について、阿部は「宗像からは、彭明敏という人にパスポートを渡してくれ、後は好きにしてくれたらいい、と言われただけです。彭明敏さんについては、台湾独立運動に関係して脱出しようとしているらしいということ以外、何も知りませんでした。宗像も僕に余計な心配をさせないようにしたんでしょう[19]」と証言した。

そうした事情もあってか、阿部は彭明敏の海外脱出で実行部隊という重要な役回りを演じたにもかかわらず、「私は黒衣に過ぎず、別に誇ることでもないので、長年、誰にも話したことはありませんでした。二〇〇二年に東京で開かれた台湾独立建国聯盟の会合で、宗像に促されてしゃべったのが初めてです」[20]としきりに謙遜するのだった。

その後も、阿部は技術者として土木・建築関係の会社を渡り歩き、フィリピンやインドネシア、イラン、サウジアラビア、パキスタンなど長く海外で働いた。一九八〇年代のイラン・イラク戦争の最中に、イラクに駐在していたこともある。

海外に駐在する日本人には、大きく分けて二通りのタイプがある。日本人同士で群れ、あまり現地の人と付き合わないタイプと、現地社会に深く入り込み、その土地の文化や習慣などを好きになるタイプだ。阿部と話していて、間違いなく後者であることがわかった。

さらに、阿部と話して確信したのは、海外で行動する要諦を押さえた人物であるということだ。阿部は海外生活について、どの国でも現地の人と関係を築き、直接情報を得るよう心がけてきた、と言った。そして、「海外で結構、危険な場所にいたことがあるんですが、不思議と危ない目やトラブルに遭ったことはないんです。でも、いつも日本の空港に帰り着くと、ほっとしました」[21]と振り返った。

私も海外勤務の経験があるので実感としてわかるのだが、海外では思わぬ形で犯罪や騒乱、災害、疫病などに巻き込まれることがある。それを避けるには、ちょっとしたリスクにも敏感になり、こまめに情報収集・分析しておかなければならない。

彭明敏の海外脱出作戦に関して言えば、パスポートを彭明敏に手渡す役は、今回のように結果的に一度も怪しまれることがないのであれば、阿部でなくても務まっただろう。だが、もしホテルや日本大使館、空港などで不意に質問されたり、何かハプニングが起こったりしていても、阿部なら悠然と切り抜けたに違いない。いや、危険が身に迫るのを事前に嗅ぎ取り、巧みに回避していたはずだ。

実際に阿部に接した彭明敏も脱出に成功した後、宗像に送った手紙で「A［阿部のこと］は大へんおちついた人で、一見して絶対信頼できると確信しました[22]」と称賛している。ここぞという時に、これぞという適役が現れたことは、天の配剤と言うほかない。

(三) 特務の監視をかいくぐる準備を進める

支援グループ間の意見対立

一方、台湾でも、米国人牧師たちが彭明敏の海外脱出に向けた準備を進めていた。リーダー格のタンベリーは、頼めば協力してくれそうな台湾人の友人もいたが、このオペレーションに台湾人は巻き込まないと決めていた。もし発覚した場合、外国人なら最終的に強制国外退去処分で済むが、台湾人だと処刑される恐れがあったからである。牧師仲間の間では、写真貼り替え方式は危険性が高いという見方が強かった。彭明敏としても、協力してくれる牧師らの意見を無視するわけにもいかなかった。八月になって、彭明敏から宗像隆幸に、やはり自分の体型に似た日本人を探し出す方式でいきたいとの手紙が届いた。すでに阿部賢一を実行役に決めていた宗像らは反発した。

脱出計画は主に、タンベリーら台北の米国人牧師仲間、宗像ら日本の台湾青年独立連盟のメンバー、ガーウェルらアムネスティ・スウェーデンの三グループの支援によって成り立っていた。だが、基本的にグループ間の横の連絡はなく、彭明敏は「全容を把握しているのは僕だけだった[23]」と証言する。情報漏洩《ろうえい》の危険性をできるだけ少なくするためで、情報ルートの一元化は機密保持の鉄則である。

意思を擦り合わせないまま別々に作業をしていると、グループ間で意見の違いが生じるのはよくあることだ。互いに会ったことがないので、一度意見が対立すると、相互不信に陥りやすい。

その時の状況について、宗像は「実際に仕事をしていない人からは、現実ばなれした意見が出てくるものである。彭先生と阿部では、まったく顔つきが違うのである。彭先生の変装に似るよう阿部をメーキャップするなんてできるわけがない。第一、そんなことを言ったら、阿部が尻込みしてしまうだろう(24)」と不快感を隠していない。

八月の彭明敏の手紙には、米国人牧師仲間のロング夫妻が台湾での任期を終えて米国に帰国する途中、東京に立ち寄るので、会って相談してほしいとも書かれていた。宗像は東京を離れていたので、黄昭堂が一人でジェイミーとキャロルのロング夫妻に会い、本音で話し合った。

その結果、ロング夫妻は日本のメンバーの熱意と仕事ぶりを理解し、牧師仲間は写真貼り替え方式に同意した。両グループが直接接触したのは、使者が計画を伝えに来た時とこの時だけだが、やはり膝を突き合わせて意見交換をすると、人間同士の信頼関係が生まれるものなのだろう。

支援グループ同士の対立というピンチを救った功労者の黄昭堂も、人生を台湾独立運動にささげた一人である。台湾大学法学部を卒業後、一九五九年に東大大学院に入学し、社会学博士号を取得した。東大講師などを経て一九七六年、昭和大学教授になった。

黄昭堂は台湾南部の台南県七股郷（現台南市）で生まれ、台南一中時代の歴史と地理の教師が王育徳だった。東大留学のため訪日してすぐ、先に日本に来ていた王育徳の自宅にあいさつに行った。そんな縁で、黄昭堂は一九六〇年二月、王育徳らとともに台湾青年社を立ち上げ、それ以来、日本で台湾独立運動に励んできたのだった。一九七六年には、彭明敏と共著で『台湾の法的地位』（東京大学出版会）という本も出版している。

国民党政権のブラックリストに載った黄昭堂は長らく台湾に戻れなかったが、民主化に伴ってブラックリストは消滅し、一九九二年一一月、三四年ぶりに台湾に帰った。一九九五年に台湾青年社の後継組織である台湾独立建国聯盟の主席に就任し、二〇〇〇年の初の政権交代で発足した民進党の陳水扁政権では総統府国策顧問に任命され、総統のアドバイス役を担った。ただし、陳水扁が親中派政党である野党・親民党主席の宋楚瑜《そうそゆ》と会談して政策合意したことに抗議して、二〇〇五年に総統府国策顧問を辞任している。

私は台北で勤務していた時、よく一緒に会食しながら、黄昭堂に台湾情勢について解説してもらったものだ。黄昭堂は強い信念に裏打ちされた独立運動家なのだが、台湾人特有の客好き、世話好きな性格で、日本からの客を台北市内にあった台湾独立建国聯盟の事務所に連れていくと大歓迎してくれ、いつも食事や酒に誘ってくれた。

国民党のスパイ同席を指摘

黄昭堂に関しては、こんな思い出もある。

あれは、毎日新聞の香港支局長だった私が、台北支局開設のため台湾に移った頃のことだったので、一九九九年初めではなかったかと思う。

毎日新聞は日華平和条約などを取材するため、一九五二年に台北支局を設置した。三人の支局長が勤めたが、大きなニュースもなくなり、国民党一党独裁体制で自由な報道がしにくかったこともあって、一九六〇年に支局を閉じた。

そんな事情で、近年は一九九八年まで、大手メディアは産経新聞以外、台北に支局がなかった。一方、北京に支局がなかった産経新聞は一九九八年夏、中国当局から北京支局（中国総局）を置くことを認められた。産経新聞は台北支局も維持するというので、他の大手紙や通信社、ＮＨＫなどは一九九八年末から一九九九年初めにかけ、相次いで台北支局を開いた。私は毎日新聞の三九年ぶり四代目の台北支局長ということになる。

当時は国民党政権で、内外メディアを管轄する行政院新聞局（二〇一二年の省庁再編に伴い廃止）や国民党が、日本メディアの各支局長を招いて、台北市内のホテルの中華料理店で歓迎会を催してくれた。双方合わせて、全部で二〇人前後だっただろうか。その場に、黄昭堂も呼ばれていた。なぜ、黄昭堂が招待されたのか思い出せないが、黄昭堂は日本メディアの支局長たちと親しかったことから、声がかかったのかもしれない。

日本メディアの進出は新聞局や国民党にとっても望ましいことだったので、友好的な雰囲気の中で、宴会は大いに盛り上がった。参加者は一つの大きな円卓を囲み、次々に運ばれてくる料理を堪能し、紹興酒やコーリャン酒などを一気飲みする台湾式乾杯を重ねた。黄昭堂も楽しそうに杯を傾けているように見えた。

歓迎会がお開きとなってホテルを出ると、黄昭堂は「飲み直しませんか」と、私のほかに一、二人の記者を誘って、日本料理店に向かった。店に入ると、黄昭堂は声を潜めて「さっきの参加者の中に、国民党のスパイがいたのに気づきましたか？　たぶん、奥に座って、あまりしゃべらなかった男でしょう。みなさんや私が何を言ったか、どんな人物か、明日には上層部に報告を上げているでしょう」と真顔で言った。

それを聞いて、私は驚き、酔いも一気に覚める気分だった。黄昭堂も確認しているわけではなく、その指摘が事実だったのかどうかはわからない。だが、黄昭堂のように長年、特務からマークされる立場にいると、宴席であっても気を緩めるわけにはいかないのだと痛感させられた。

黄昭堂は、二〇〇七年には李登輝に同行して訪日するなど、その後も台湾独立建国聯盟主席としてフルに活動していた。だが、二〇一一年一一月、大動脈剝離《はくり》のため現職のまま七九歳で急死した。今回の彭明敏に関する取材で、日本の主要な支援メンバーの中で唯一インタビューできなかったのが黄昭堂である。

二〇一八年になって、黄昭堂の生まれ故郷の台南市七股区に、本人の銅像が建てられた記念公園がオープンした。私は二〇一九年八月、その公園を訪れた。右手の拳を天に突き上げるポーズの銅像を見ながら、黄昭堂が健在だったうちに、彭明敏の海外脱出について話を聞いておけばよかった、と悔やまれてならなかった。

正月実行を決める

話を彭明敏の脱出計画に戻そう。最後の難関である特務の監視の目をかいくぐる方法については、彭明敏は着々と手を打っていた。ひげを伸ばし放題にしたり、きれいに剃ったり、もじゃもじゃの長髪にしたり、坊主頭にしたりするなど、次々と外見を変え、監視員の目をくらませることに心を砕いた。こうした様子から、「彭明敏は気が狂った」という噂が流れたこともあった。(25)

彭明敏は夏頃から、外出は監視員が不在の深夜から早朝に限り、日中の外出はなるべく控えるようにしていた。計画実行前の一カ月間は、日中は完全に家にこもった。最後に監視員の前に現れたのは、高雄に住む母親に会いに行った時だった。その時は、ひげは剃っていたが、その後、ひげを伸ばした。そうした工作の結果、監視員は彭明敏が長らく姿を見せなくても怪しまないようになっていた。七月に宗像隆幸に送った手紙で、彭明敏は「Xは今から予防処置を取っており、たとえXがゐ《ママ》なくとも、当地の警察には、Xがまだ当地にゐ《ママ》ると一ケ月以上も思い込ませる自信があります[26]「Xは彭明敏のこと」」と工作が効果を表している状況を知らせている。

計画は、冬に実行することにした。寒い季節には皆厚着するので、左腕のない彭明敏も目立たないからである。一一月になって、最終的なプランがまとまった。Xデーは正月で空港への人の出入りが多い一月二日から三日にかけてと決めた。二日は、米国のスピロ・アグニュー副大統領が台湾を訪れることになっており、それ以外の事案に対する当局の警備が手薄になることも勘案した。

実行時はかつらをかぶり、普段付けている左の義手を外し、けがをして三角巾で左腕をつっているように見せかけることにした。義手を付けた左の長袖をポケットに突っ込むスタイルは彭明敏のトレードマークになっており、知っている人が見たらすぐにわかるので、裏をかこうと考えたのである。貼り替え用写真に使ったヒッピー・スタイルのぼさぼさの髪型のかつらは、彭明敏が台北市内の美容院で購入していた。三角巾は牧師仲間のジョージ・フーヴァーの妻で看護師のドットが調達した。

いざ決行となると、緊急に連絡をとり合わなければならない局面も出てくるだろう。それには、毎月一度程度のペースで香港の私書箱を経由する手紙のやり取りでは間に合わない。タンベリーを経由するとしても、電話の盗聴や電報の検閲には気をつけなければならない。だから、彭明敏は電報で使用する暗号を設定し、宗像に伝えた。

例えば、阿部賢一が指定日に出発できない時は一週間延期することにし、宗像が「Mary hospitalized（メリーは入院した）」という電報をタンベリーに打つ。もし、阿部が何らかの理由で出発できず、計画を取り消さざるを得ない状況になれば、「Contract terminated（契約は終了した）」との電報を送るといった具合である。想定外の事態にも対応できるよう、暗号は一二種類用意した。

彭明敏は、阿部が泊まるホテルや落ち合う場所、阿部が警察に職務質問された時の対応なども指定した緻密な計画を宗像に送った。それでも、彭明敏は「成功する可能性は五〇パーセント、失敗して撃ち殺される可能性も五〇パーセントだと踏んでいた[27]」と打ち明ける。

通常、失敗して命の危険にさらされる確率が一パーセントでもあれば、その計画を「命懸け」と呼んでもオーバーではないだろう。それが五〇パーセントもあるというのなら、この逃避行はかけ値なしの「命懸け」の冒険だったと言える。

三．さらば祖国よ

(一) 家族や友人との別れ

最後の親孝行

Xデーに向けて彭明敏は準備を進めたが、家族には脱出計画を一切打ち明けなかった。家族といえども、知っていながら通報しなかったら「知情不報」として罪に問われるからである。

ひげを伸ばす前に、高雄まで母親の陳金英に会いに行った。陳金英は健康が思わしくなく、自宅の二階にいることが多かった。だが、電話機は一階にあったので、電話が鳴るたびに階下に下りて行かなければならなかった。彭明敏は二階に子機を設置するよう業者に手配した。これが最後の親孝行だった。その後、花を買って、父彭清靠の墓参りをした。

彭明敏が台北行きの電車に乗る前になって、陳金英は怒ったような口調で「主を信じ、死後の復活を信じなさい。いつもお祈りをし、聖書を読みなさい。信仰のない人生なんて意味はないのよ[28]」と言った。

母の厳しい言葉について、彭明敏は「口には出せないけど、これが最後の別れなのに、母から叱れるのか、と悲しい気持ちになりました。後から聞いた話ですけど、母はこの時、僕が自殺すると思っていたんです[29]」と解き明かした。陳金英は、彭明敏が「異常な行動」を続けているのを知っていた。彭明敏に信仰を強要したのは、我が子の異変を察知した母親の精いっぱいの思いやりだったのである。

計画実行前、彭明敏は数週間かけて手元の書類を焼却した。脱出に成功しても失敗しても、特務が自宅を徹底的に捜索することはわかり切っていたので、関係者の足がつくようなものは残さないようにしたのである。

処分した書類の中には、宗像隆幸やアムネスティから受け取った多数の手紙のほか、小学生の頃から毎日つけていた日記、日本の小学校時代に手に入れたベーブ・ルースのサイン入りカードなども含まれていた。彭明敏が連日、書類を燃やすのを見て、家族、とくに長男の彭旼は不審に思ったようだったが、何も言わなかった。

彭明敏は妻や母親、他の親族宛の手紙をしたためた。それには、なぜ台湾脱出を決意したかが書かれていた。タンベリーに預け、彭明敏の海外脱出後に手渡してもらうことにしていたのだが、失敗した時は「遺書」となるものだった。

自宅軟禁の実態や命懸けの脱出を試みなければならなかった理由などを説明した英文の声明文も書き上げた。声明文では、失敗して逮捕された場合、国民党政権が公表する彭明敏の「自白」は拷問などの手段で強制されたり、薬物を使用して得られたりしたものであり、「懺悔《ざんげ》」や「反省」などを表明する文章が公開されたとしても、自分の意思によるものではないことを、あらかじめ宣言していた。台湾で公表する分のほか、三通コピーし、それぞれ日本の宗像と知人の米紙『ワシントン・ポスト』香港特派員のカーノー、米国の友人宛に送った。

出所していた謝聡敏と魏廷朝にもひそかに会ったが、脱出計画は打ち明けず、心の中で別れを告げた。

Xデーが近づくにつれ、落ち着かない日々が続いた。台北の米国人牧師グループ、日本のグループ、アムネスティ・スウェーデンとはそれぞれ連絡をとっていたが、各グループと必要な作業を打ち合わせるだけだった。計画全体はこれで万全か。何か欠けていることはないか。詰めれば詰めるほど、不安は高まってきた。だが、彭明敏は誰にも相談することができず、誰に教えを請うこともできなかった。

それだけに、プレッシャーに押し潰されそうになる毎日だった。彭明敏は「夜中に何か思いつくと、飛び起きてメモした。朝になって忘れてしまっていると、それが生死を分けることもあるからだ。すべて自分にかかっていた。本当に孤独だった[30]」と述懐している。

子供の背丈を測る

いよいよ、その日がやってきた。一九七〇年一月二日早朝に家を出て、米国人の牧師仲間の自宅で一夜を過ごすことにしたので、一月一日が家族と過ごす最後の日になる。午後一一時半ごろ、彭明敏は寝ようとしていた子供二人を居間に呼んで、背丈を測った。長男の彭旼は一六五センチ、長女の彭曄は一五二センチだった。

その時のことについて、彭明敏は「どうして、そんなことをしたのか思い出せないのだけれど、二人を立たせて測ったんですよ。二人も何で測られるのかわからなかった[31]」と語った。これが愛する子供たちとの最後の別れでありながら、真実を告げることができないつらい状況の中で、とっさに思いついた行動だったのだろう。

翌一月二日午前六時ごろ、彭明敏が家を出ようとすると、彭旼が気づいて起き、「お父さん、どこか行くの？[32]」と聞いた。「台中の東海大学に行く[33]」と答えると、「いつ帰ってくるの？[34]」と尋ねた。彭明敏は必死で涙をこらえながら、「数日後になる。ゆっくりお休み[35]」と言って外に出た。

タクシーを拾って、牧師仲間のマイク・ヒースの家を訪れた。ヒース宅は台北市中心部にある松山空港に近く、持ち出す荷物はすでに運び入れていた。牧師仲間は彭明敏に中古のスーツケースとカーディガンをプレゼントした。中古のスーツケースにしたのは、真新しいものだと目立つかもしれないという配慮だった。彭明敏は贈られたカーディガンを、穴が開いても長らく着続けた。

(二)Xデーを迎えて

阿部賢一と合流

一月二日午後三時、彭明敏は台北市中心部の南京東路二段にある日本航空台北支店前[36]で阿部賢一と合流した。一帯は当時もオフィスビルや雑居ビルが建ち並ぶ台北一の繁華街である。お互いに面識はなかったが、阿部は「私が先に着いて待っていると、彭明敏さんが歩いて近づいてきましてね。すぐにわかりましたよ。

海外脱出する彭明敏(右)に贈ったカーディガンを手にするマイロ・タンベリー(2009年春、米国西海岸で。玉山社出版事業提供)

彭明敏さんも私のことをすぐわかったみたいでしたね[37]」と振り返った。

事前の打ち合わせで、彭明敏は「三木」と名乗ることにしていた。阿部は東京で取得したパスポートや航空券、割印を押した貼り替え用の写真一〇枚などが入った封筒を彭明敏に手渡した。航空券は彭明敏の最初の経由地である台北—香港のほか、香港から帰国すると装うため香港—東京も購入していた。写真は貼り替えに失敗した時に備えて、多めに用意していた。

予想どおり、アグニュー米副大統領の出迎えで、多くの人が街頭に出ており、警備もそちらで手いっぱいのようだった。彭明敏は阿部と近くのホテルのレストランで食事をした後、台北市内を案内した。

彭明敏が阿部賢一と待ち合わせた日本航空台北支店があった場所（2018 年 8 月 20 日、台北市南京東路二段 71 号）

私は二〇一八年八月、彭明敏が封筒を受け取った場所や、阿部と食事をしたホテルのレストランを見て回った。日本航空台北支店があった住所には、その頃のものからは代替わりしているのだろうが、今もオフィスビルが建っている。日本航空支店はもうなく、日系企業では海運大手の商船三井の現地法人などが入居していた。ホテルのレストランもそのまま残っていた。

辺りは普段から車や人通りが多く、まして多くの人がアグニューを出迎えたのなら、大変な人出だっただろう。実際に現場を歩いてみて、特務の協力者が目を光らせているかもしれない路地裏などでこそこそと受け渡しするより、人混みの中で堂々とやる方がかえって安全だと思った。

一月二日午後五時半ごろ、彭明敏がヒース宅に戻ると、タンベリー夫妻も来ていた。彭明敏は阿部から渡された封筒を夫妻に預けた。夫妻が、慎重に阿部のパスポートの顔写真を剝がして、のりを使って割印が押してある彭明敏の写真に貼り替えた。夫妻はこの日に備えて写真の貼り替え作業を繰り返し練習してきており、台紙と写真の割印がピタリと合うよう細心の注意を払った。

彭明敏は午後八時半ごろ、市内の学校前の路上で、妻と子供二人に会った。前日に最後の別れをしたはずだったのだが、どうしてももう一度会いたくなり、兄に連絡してもらっていたのだった。家族は薄々、彭明敏がどこか遠くに行ってしまい、もう帰ってこないのではないかと察していた。別れ際、彭曄は泣いていた。

「命のパスポート」

翌一月三日、彭明敏は阿部賢一とレストランで昼食をともにした。阿部の記憶では、他にごく親しい台湾人と思われる何人かも加わり、送別会のような雰囲気だったという(38)。午後二時ごろ、彭明敏がヒース宅に戻ると、準備はすべて整っていた。

阿部は過去に使用したパスポートをすべて保管していた。私は酒田市の自宅で阿部にインタビューした際、それらを見せてもらった。

彭明敏に手渡した後、阿部が台北の日本大使館で申請して受け取ったパスポートは臨時発行だからか、氏名や生年月日、職業などは手書きだ。身長欄にも手書きで、一七〇センチと記されている。追記の欄には、一九七〇年一月一四日付の中華民国（台湾）の出国証や、次に向かったフィリピンの入国証のスタンプが押されている。

東京で発行され、彭明敏に手渡したパスポートは、氏名や生年月日、職業などは活字で印刷されていた。私はパソコンを操作して、阿部がそれ以前に東京で発行された活字のパスポートの顔写真を、彭明敏が脱出時に使用したものに置き換えてみた。紙の写真を貼り替える作業を、パソコン上で疑似的に追体験したのである。

変装したヒッピー・スタイルの彭明敏の顔写真の下に、漢字とローマ字で阿部の署名がある。これは、彭明敏が台湾脱出で使用したパスポートに近似しているはずだ。

合成したそのパスポートを見ると、万感の思いが胸に迫った。阿部が取得して彭明敏に手渡し、宗像隆幸が偽の割印を作って顔写真に押し、タンベリー夫妻が写真を貼り替えたパスポート。第二次世界大戦中、外交官の杉原千畝が外務省の意向に反して発給し、多くのユダヤ人を救ったビザを「命のビザ」と言うのなら、これは彭明敏にとって、まさしく「命のパスポート」だった。

二〇一九年八月にインタビューした時、合成したパスポートをパソコンで示すと、彭明敏は感慨深そうに、しばらくじっと画面を見つめていた。遠い昔の記憶がよみがえったのだろうか。

こらえ切れずに号泣

ヒース宅で過ごした台湾最後の夜、夕食をとった後、牧師仲間が別れに讃美歌を歌った。鋼のような精神力の持ち主の彭明敏も、それまで懸命にこらえていたものが一気に噴き出し、別室に移って号泣した。

その時の心境について、彭明敏は「台湾最後の夜で、明日は生きるか死ぬかわからない。僕はあまり涙なんて流さない方なんですが、やっぱり泣けてきました[39]」と告白した。それはそうだろう。失敗したら、恐らく、この世にはいられない。成功しても、たぶん、生まれ育った台湾には二度と帰ることはできず、家族にも会えないのだから。

その場にいた牧師仲間も皆泣いた。しばらくして、タンベリーの提案で、トランプの「オーヘル!」をして気を紛らわすことにした。しばしトランプ遊びに興じると、彭明敏も気を取り直した。その後、午後九時半ごろ、かつらや左腕の三角巾などの変装をして、ヒース宅を後にした。変装を手伝ったタンベリーの妻ジュディスは、「牧師の女房になって、まさか人が変装して逃亡する手助けをするなんて、思ってもみなかったわ[40]」と笑った。

タクシーで松山空港に向かった。当時、現在の主力国際空港である桃園市の台湾桃園国際空港はまだなく、松山空港が国内線と国際線両方の拠点となっていた。

(三)ついに果たした出国

見守り役の牧師

この計画を遂行するに当たって、一つ大きな問題があった。極秘作戦であるが故に、もし失敗した場合、事件が闇に葬られる危険性が高いことだった。後になって、関係者が彭明敏の不在に気づいて追及したとしても、国民党政権は「失踪したのでは」と白を切り、真相が明らかにされないであろうことは目に見えていた。

その対策として、台湾の次の経由地である香港まで彭明敏と一緒の飛行機に乗り、何かあったら「目撃者」になる人物を配置することにした。互いに会話や接触はしないが、彭明敏が射殺されたり、連行されたりした時、現場で見届ける役割である。

タンベリーの友人で、日本に駐在していた米国人牧師デウィット・バーネットがその役を引き受けた。この牧師も台湾の政治犯に関心を持ち、募金などの社会活動に励んでいた。以前、台湾を訪れた際にタンベリー宅で彭明敏と会ったことがあった。決行日前日に台北入りし、当日は松山空港で彭明敏の行動を見守りながら香港行きの便に同乗した。

同じく牧師仲間のフーヴァー夫妻も空港に行き、遠巻きに彭明敏の動きに注意を払った後、展望デッキから飛行機を見送った。

絶体絶命のピンチ

航空会社のカウンターでチェックインしても荷物は調べられず、出国ゲートでパスポートを見せても怪しまれることはなかった。手続きは順調に進み、ほっと一息ついて空港二階の待合スペースで待機していると、搭乗開始を告げるアナウンスがあった。

1970年1月3日に海外脱出したときの彭明敏の変装姿。かつらをかぶり、左腕を三角巾でつっているように見せかけた。（玉山社出版事業提供）

彭明敏が駐機場に行き、タラップを上がろうとしたところで、驚愕《きょうがく》の事態が起こった。突然、女性の空港職員に呼び止められ、搭乗口まで戻るよう指示されたのだ。「ばれた！　もう駄目だ」(41)。彭明敏は最悪の結末を覚悟した。デッキで見守っていたフーヴァー夫妻も凍りついて動けなかった。絶体絶命のピンチと思われた。

だが、幸運の女神は彭明敏を見放してはいなかった。彭明敏の航空券に荷物検査終了済みの印を押していなかったことに職員が気づき、搭乗口まで戻したのだった。職員が検査終了済みの印を押すのを待って、彭明敏は胸を撫で下ろしながら、飛行機に乗り込んだ。

機内に入ると、彭明敏の座席の反対側で一つ後ろの列に座っているバーネットと目が合った。バーネットは一瞬ほほ笑んだが、すぐに手元の雑誌に目を落とした。機体はゆっくりと滑走路に向かって移動し始めた。

その時だった。飛行機が突然、方向を変えて停止したのである。彭明敏は再び奈落の底に突き落とされた。半世紀近くたった今も、「今度こそ『やられた！』と思った[42]」と、恐怖の瞬間を思い出して顔をゆがめた。

ところが、何ということだろう。数分後、機器に問題が見つかったので検査するとの機内アナウンスがあった。三〇分ほど待たされた後、検査は終了し、ようやく飛行機は飛び立った。神が自由を与える前にいたずらをしたとしか思えない二度のハプニングを経て、彭明敏は台湾を後にした。上空からじっと目を凝らして、台湾島を見つめた。やがて、島影が視界から消えていった。

一月四日午前〇時二〇分、香港空港に着いた。仲間の米国人牧師キャロルが空港に迎えに来ていた。バーネットは素知らぬ顔で別の方向に去って行った。彭明敏はキャロルに連れられて、空港近くのモーテルに入った。香港滞在は短かった。彭明敏は興奮が収まらず、三時半まで二人で話をした。少し眠って、五時半に起き、再び変装してタクシーで空港に向かった。

空港で出国ゲートを通過しようとすると、職員が彭明敏を覚えていて、冗談交じりに「あなたは昨日の夜、着いたところでしょう？　こんなにすぐ離れるなんて、香港は面白くないですか？[43]」と話しかけてきた。彭明敏はどきりとしたが、言葉を濁しながら、何とか作り笑いでごまかした。

彭明敏はキャセイ・パシフィック機に乗り、タイのバンコクに向かった。キャロルはそれを見届けて、タンベリー宅に電話し、電話に出たジュディスに成功した時の暗号で「メリーは安産で双子を出産した。おめでとう[44]」と告げた。「双子」は、彭明敏と見守り役のバーネットがともに安全に香港に到着したことを意味していた。

一方、台湾では、松山空港からヒース宅に戻ったフーヴァー夫妻から脱出成功の報告を受け、タンベリーは深夜だったがジュディスとともに台北市内の彭明敏の兄宅を訪ねた。そして、応対した兄の妻に、家族や親族宛の彭明敏の手紙などが入った封筒を手渡した。

(四)ようやく届いた「SUCCESS」の知らせ

極寒のストックホルム

香港を発ったキャセイ・パシフィック機は、一月四日午前八時半にバンコク空港に到着した。続いて、最終経由地であるデンマークの首都コペンハーゲン行きの飛行機に乗り換えた。彭明敏は香港で日本の宗像隆幸に電報を打つ手はずだったが、バンコクを出てから打つことにした。その理由について、彭明敏は「香港もバンコクも台湾の特務の目が光っていて危ないと言われたので、なるべく早くタイを離れようとしました[45]」と述べている。

同機は午前一〇時半にバンコクを出発した。アフガニスタンの上空に差しかかった時、地上の風景を見ながら、「これで、ようやく自由になった。人間としての尊厳を回復した[46]」との実感が湧いてきた。ビールを注文し、一人で祝杯をあげた。

その後、同機は当時ソ連の一部だったウズベキスタンのタシケント空港で給油した後、午後六時四〇分ごろ、コペンハーゲン空港に到着した。

コペンハーゲンから、宗像と香港のキャロル宛に、打ち合わせどおり「ＳＵＣＣＥＳＳ」の電報を打った。スウェーデンのガーウェルには電話で、無事にコペンハーゲンに着いたことを告げた。ガーウェルと直接話すのはこれが初めてだったが、彼女は大声で「信じられないわ！[47]」と叫び、狂喜した。

最後に乗り換えた飛行機は予定より三〇分ほど遅れ、一月四日午後一〇時三五分にコペンハーゲンを飛び立った。機内で変装を解いていると、乗務員が驚いた様子で見ていた。目的地であるスウェーデンの首都ストックホルム到着前に機内のトイレでパスポートを引きちぎり、便器に流した。飛行機は日付が変わった一月五日午前〇時半ごろ、ストックホルム空港に到着した。

彭明敏は他の乗客が全員降りてから通関に行き、係官にパスポート不所持を告げた。空港職員には、すでにスウェーデン政府から、彭明敏が到着したらパスポートなしでも入国させるよう通達が回っていたので、国民党政権にとっては「不法出国」の証拠となる写真を貼り替えたパスポートを残さないようにしたのである。

一月六日付の宗像への手紙で、彭明敏は「空港にはすでに私の来ることが通知されてゐて《ママ》、旅券等一切使わず、私の本名で入国しましたので、Ａ［阿部賢一のこと］に都合がよいと思います[48]」と説明している。一〇分ほど事情を聴かれた後、入国を許された。

空港ではガーウェルらアムネスティのメンバー七、八人が出迎えていた。この日は、零下二五度でその冬いちばんの寒さだった。南方の台湾から来た彭明敏を気遣って、ガーウェルらはセーターや長靴、手袋、マフラー、帽子など防寒着一式を用意していた。

メンバーは車で彭明敏をある政府職員の自宅に連れて行った。案内された部屋にはバラの花が飾られ、「ようこそスウェーデンへ」と書かれたメッセージが添えられていた。さすがに、それまでの疲れがどっと噴き出し、死んだように眠った。

待ち続けた電報

日本では、宗像隆幸が彭明敏からの電報を今か今かと待っていた。計画どおりに行ったのなら、彭明敏は一月三日夜か四日未明に香港に着いているはずだが、音沙汰はない。

東京都新宿区の宗像の自宅に電報が届いたのは、日本時間一月五日の朝だった。その時の状況について、宗像は「四日、一日中、アパートで待ち続けるが、電報は来ない。少し不安になる。しかし、失敗したのなら、失敗を知らせる暗号電報がもうきているはずだ。待つしかない。一月五日朝、『電報です』と、ドアを叩く音。『ＳＵＣＣＥＳＳ』。やった！うれしいと言うより、ほっとした感じである」[49]と回想している。宗像はすぐに黄昭堂と横堀洋一、許世楷に脱出成功を報告した。

彭明敏から一月七日付で送られてきた手紙には、「香港から東京に帰る分は使ってゐ《ママ》ませんから、払い戻しできる筈です」[50]として、阿部賢一名義の香港─東京の航空券が同封されていた。宗像は、この航空券は記念に取っておくことにした。

一方、阿部が宿泊していた台北のホテルのフロントには、阿部宛に台北観光案内のパンフレットが届けられた。事前に、彭明敏の出国が確認された時の合図として決めていたものだった。

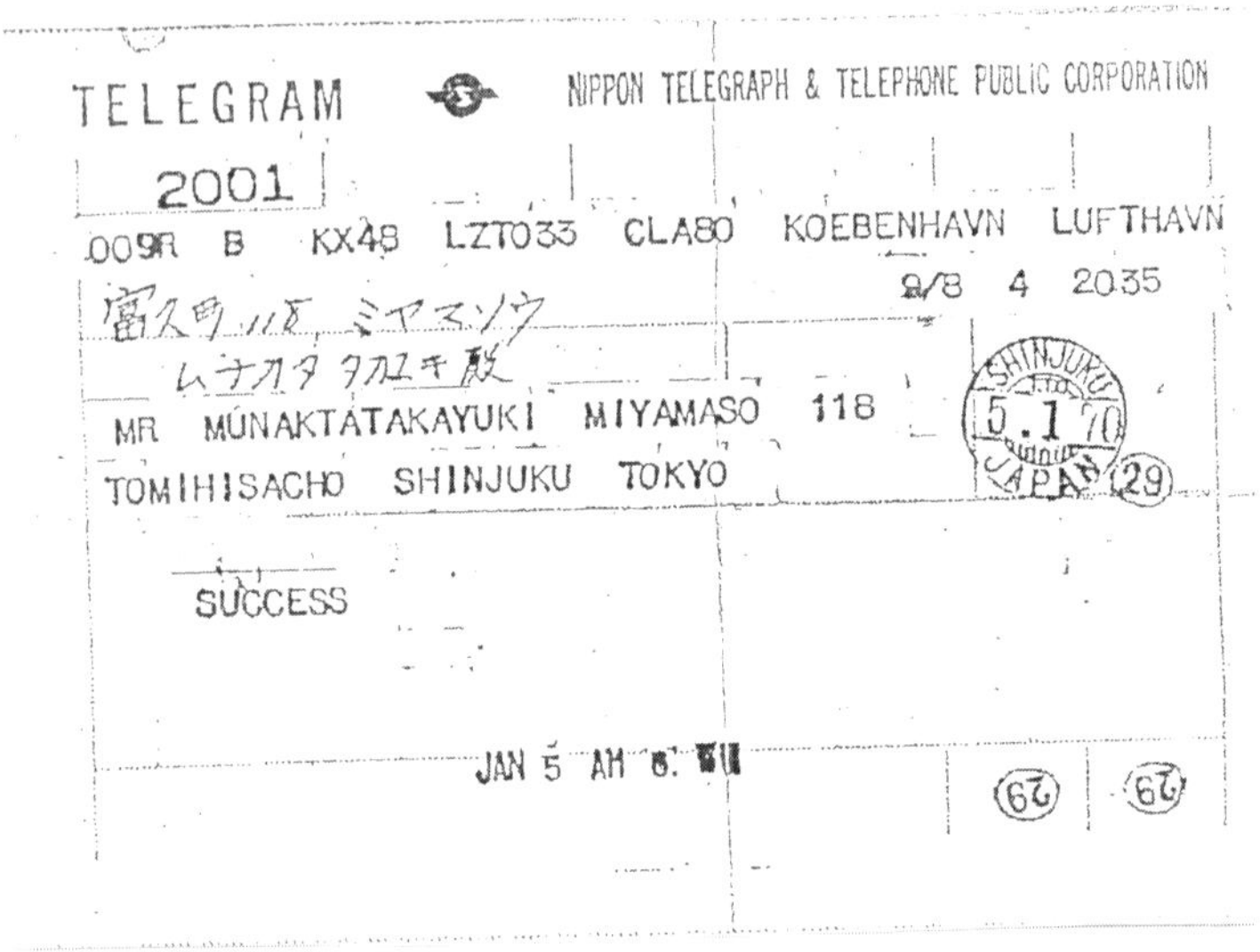

TELEGRAM NIPPON TELEGRAPH & TELEPHONE PUBLIC CORPORATION

2001

009R B KX48 LZT033 CLA80 KOEBENHAVN LUFTHAVN

9/8 4 2035

富久町118、ミヤマソウ

ムナカタタカユキ殿

MR MUNAKTATAKAYUKI MIYAMASO 118

TOMIHISACHO SHINJUKU TOKYO

SHINJUKU 5.1.70 JAPAN (29)

SUCCESS

JAN 5 AM 8.

(29) (29)

宗像隆幸宅に届いた彭明敏の「SUCCESS」電報（宗像氏提供）

阿部は一月八日に日本大使館に行き、パスポート再発行の申請をしようとしたが、警察で紛失証明書を取得するよう指示された。警察署では英語が通じなかったので、日本語ができるホテルのオーナーを呼び出し、通訳してもらった。

紛失証明書を日本大使館に持参すると、翌日にパスポートが発行された。阿部は「大使館に行くと、日本人が十数人も来ているんですよ。他にもパスポートをなくした人が少なくなかったみたいで、おかげで怪しまれずに済みました」[51]と当時を思い出して笑った。

パスポート再発行を受けて航空券を予約し、一月一四日、台湾からフィリピンに向かった。かつて南米のスペイン語圏で暮らした経験のある阿部にとって、スペインの植民地だったフィリピンは、ぜひとも行ってみたい国だった。

完結した脱出計画

阿部賢一はフィリピンで三日間過ごして、一月一七日に帰国し、宗像隆幸に報告した。この間、阿部から連絡がなかったので、宗像もスウェーデンに着いた彭明敏も何かあったのではないかと心配していた。

これについて、阿部は「宗像からは『なんで連絡してこなかったんだ』と責められたんだけど、こちらは彭明敏さんの脱出を確認しているからね。連絡しろとも言われていなかったし、連絡して足がついてもいけないと思って」[52]と説明した。今となっては笑い話である。

パスポートを渡す実行役の阿部も無事に帰国したことで、脱出作戦は完結した。そう、生きるか死ぬか五分五分の賭けに、彭明敏は勝ったのである。

逆説的な言い方を許してもらえるなら、「自救宣言事件」以前の国際法学者としての世界的な高い評価、台湾大学での最年少教授就任、「十大傑出青年」、国民党政権の国連代表団顧問、事件以後の民進党の総統選挙候補者、総統府資政など数々の栄光に彩られた彭明敏の人生の中でも、この海外脱出作戦成功は持てる能力とエネルギーをすべて発揮して、最もまぶしく命が輝いた瞬間ではなかったか。

四．衝撃と余波

(一)地に落ちた国民党政権の権威

世界を駆け巡った脱出成功のニュース

彭明敏の海外脱出成功を、海外の台湾独立運動グループは活動の弾みにしようともくろんでいた。日本、米国、カナダ、欧州で同時発表し、それに合わせて、各地の組織と台湾自由聯盟を統合して世界統一の台湾独立聯盟（一九八七年に台湾独立建国聯盟に改称）を結成することにしたのである。台湾自由聯盟は、台湾で地下活動をしていた人々を一括りにしたもので、組織としての実態があったわけではない。

日本では一九七〇年一月二三日、台湾青年独立連盟から転じた台湾独立聯盟日本本部が東京都港区のホテルオークラで内外記者会見を開いた。このニュースは、瞬く間に世界を駆け巡った。ただし、スウェーデンでの亡命申請はまだ正式に許可されていなかったので、脱出先は明らかにしなかった。記者会見では、彭明敏は今どこにいるのかに質問が集中した。彭明敏はスウェーデン政府の了承を得て、二日後にストックホルムで記者会見している。二月一日になって、スウェーデン政府は彭明敏の亡命受け入れを正式に発表した。

この脱出劇によって、国民党政権は計り知れないダメージを受けた。何しろ、彭明敏が海外脱出してから三週間近く、司法行政部調査局は主のいない自宅を監視し続けていたのである。その間、監視員たちは「尾行の費用」として、架空の交通費や食事代などを請求していた。

国民党政権は、彭明敏の逮捕状を発令して海外指名手配した。さらに、調査局の担当者を逮捕したり、免職したりして、責任を徹底追及する姿勢を見せたものの、権威が地に落ちるのは防ぎようがなかった。

脱出先のスウェーデンでテレビのインタビューを受ける彭明敏（右）（1970年、玉山社出版事業提供）

彭明敏の海外脱出が国民党政権にもたらした衝撃を探ろうと、私は二〇一九年八月、新北市にある国家発展委員会檔案《とうあん》管理局を訪ねた。ここでは、公開されている公文書のデータをパソコンで閲覧でき、許可されたものは後日、入手することもできる。彭明敏に関する国防部や法務部などの資料は数百ページにも及ぶ。

関連する公文書によると、当局は、彭明敏は台中県（現台中市）にあった米空軍基地からの空路か、船を利用した海路で脱出したと疑っていた。

「一一二四専案」と名づけられた国軍檔案の一九七〇年一月二三日付の資料では、「検査の厳しい国際空港からの出国は不可能だ。米軍専用の台中公館飛行場からなら可能かもしれない[53]」と記されている。

また、一月二九日付の資料は、「米空軍中隊に、米軍機に搭乗した華人の記録がないか調査してもらったが、そうした記録はなかった」[54]と報告している。

海路については、台湾中の港に停泊する船をしらみ潰しに調べており、その数は汽船五四四隻、漁船七一九八隻、サンパン・筏船四〇七一隻の計一万一八一三隻にのぼっている[55]。

こうした資料からもわかるように、国民党政権は、米軍や米中央情報局（CIA）などの関与があったと推測していた。彭明敏に米国人の友人が多かったことに加え、米国の国家機関の支援なしには、特務による鉄壁の監視網をかいくぐれるはずはないと思い込んでいたからである。

それにしても、警備総司令部などが作成したファイルには、彭明敏自身に関するものだけでなく、家族や親戚、友人らを隠し撮りした写真付きの資料なども多数含まれており、特務による監視がいかに執拗《しつよう》だったかが伝わってくる。それを打ち破って脱出に成功したのは、奇跡に近いことだったのだと改めて実感させられた。

独裁政権との闘いの金字塔

中国も、裏で米国が動いたと信じていた。一九七一年七月の会談で、周恩来はキッシンジャーに「蔣介石が、彭明敏を台湾から逃したのはCIAだと大いに文句を言っているのをご存じありませんか？」[56]と尋ねている。これに対し、キッシンジャーは「私の知っている限り、彭明敏博士がアメリカ合衆国にやってきたことにCIAは関与していません」[57]と答えている。後述するように、彭明敏は一九七〇年九月、スウェーデンから米国に移っている。

こうした「米国黒幕説」が広まった背景には、当事者が固く口を閉ざし、あえて否定しなかったという事情もある。宗像隆幸は「この脱出作戦はアメリカ［の国家組織］がやったということになっていたけど、その方が都合いいので、黙っていた。それが事実なら、アメリカが国家として台湾独立を支援していることになるからね。これは『いい誤解』だから、そのままにしておくことにした[58]」と話した。

実際には、亡命を受け入れたスウェーデン政府を除き、公的機関の関与は一切なかった。自由や人権という価値観を共有した日米欧の人々の献身的な努力によって成し遂げられたものだった。これは世界各地で繰り広げられた独裁政権との闘いの歴史でも、金字塔として末永く語り継がれていくべき出来事だろう。

国民党政権は一九七一年三月、台湾に「非友好的な行為」をしたとして、タンベリー夫妻を軟禁状態に置き、強制国外退去処分にした。ただ、政権から米国大使館への内々の通知によると、政権はタンベリー夫妻が彭明敏と密会していたことはつかんでいたが、この時点で、海外脱出への関与は疑っていなかった。台湾独立聯盟日本本部の依頼で、爆薬の原料となる化学物質を台湾に持ち込んで逮捕された日本の青年が、タンベリーに手渡そうとしていたことが主な理由の一つだったようだ（この件は、タンベリーはまったく知らされてい

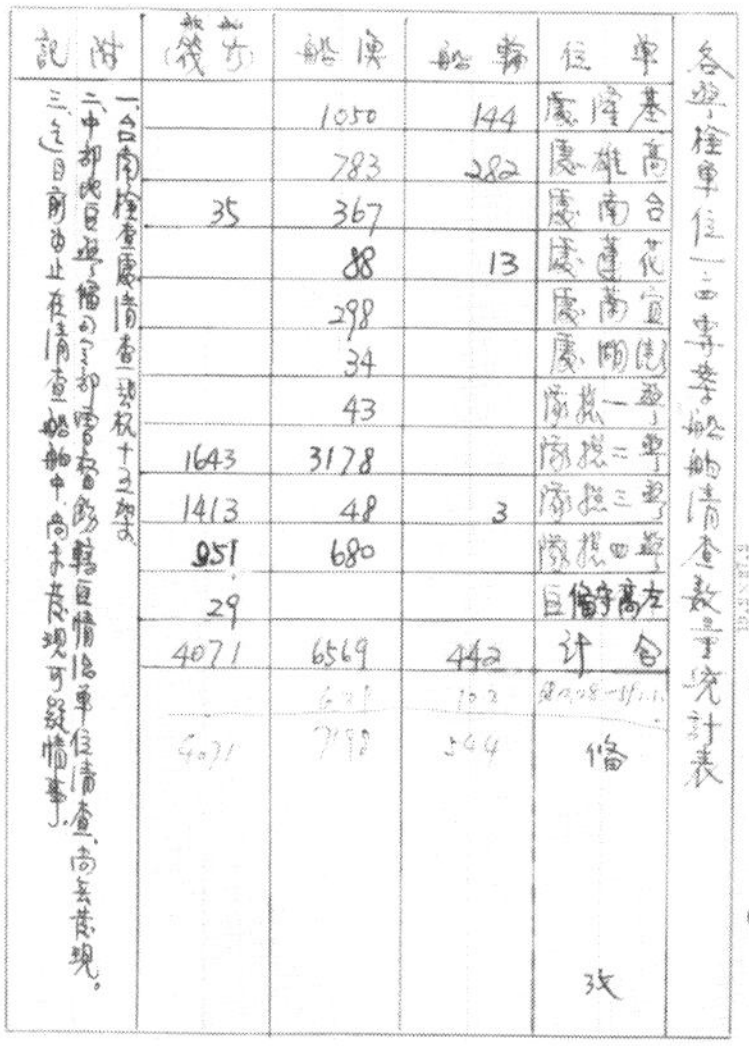

單位	商船	漁船	竹筏（舢舨）	附記
基隆處	144	1050		
高雄處	282	783		
台南處		367	35	
花蓮處	13	88		
宜蘭處		298		
澎湖處		34		
第一港務處		43		
第二港務處		3178	1643	
第三港務處	3	48	1413	
第四港務處		680	951	
[illegible]			29	
合計	442	6569	4071	

彭明敏の海外脱出後、調査した船の数をまとめた当局のリスト。計1万1813隻にのぼっている。（国家発展委員会檔案管理局資料）

なかった）。

タンベリーは米国政府からパスポートの発行を拒否され、二〇〇三年になって強制退去後初めて、人権団体の招きで台湾を訪れ、陳水扁総統とも面会している。二〇一一年に彭明敏海外脱出の内幕を描いた英語の回顧録『*Fireproof Moth*』を米国で出版したが、二〇一七年三月、七九歳で死去している。

回顧録によると、タンベリーが所属していた米国メソジスト教団は、海外での布教事業に支障が出ないよう、派遣した牧師が現地で政治的な活動に関わることを禁じていた。しかし、タンベリーは政治犯の支援について「見て見ぬふりをすれば、国民党政権の人権侵害を容認したことになる」との信念で取り組んだ、と明かしている。

国民党政権は事件発生から二年ほどかかって、ようやく全容を把握し、日米当局などにも通報したようだ。彭明敏が一九七二年二月、米国から宗像隆幸に送った手紙には「先日、当地のＦＢＩ《ママ》〔米連邦捜査局〕の高級官員が面会を求めて来ましたが、話の中で、私の脱出の方法を詳しく知ってゐるのに驚きました（日付から方法、阿部氏の名前、皆知ってゐ《ママ》ます）[59]」と書かれている。

同じ頃、日本の阿部賢一の自宅に刑事二人が訪ねてきた。阿部は当時、米国の木材会社の社員として、インドネシアに駐在していて不在だった。応対した阿部の父は何も事情を知らなかった。阿部は九月一七日に帰国後、父から警察の訪問について聞かされた。

阿部は「私が日本に帰って間もない九月二九日に、日中国交正常化が実現しました。それで台湾と国交がなくなったからでしょう。その後、警察の人が接触してくることはありませんでした[60]」と証言する。

すでに国民党政権が真相をつかんでいるのなら、もはや彭明敏の脱出の経緯を秘密にする必要はない。それでも、協力してくれた人たちに迷惑がかかってはと、関係者は沈黙を守ってきた。

一九八四年九月になって、米ニューヨークで台湾独立聯盟が彭明敏を招いて「台湾自救宣言二〇周年記念会」を開いた。その場で、日本から参加していた許世楷が、日本本部のメンバーが脱出を手伝ったことを初めて明らかにした。脱出成功から一四年がたっていたが、これも仲間内で公表したにすぎない。

独立運動を鼓舞

彭明敏の海外脱出成功で、台湾独立運動グループには「国民党政権、恐れるに足りず」というムードが広がった。台湾東部にある台東県の泰源監獄では、収容されていた若い政治犯がひそかに武装蜂起計画を練っていた。警備隊や現地の先住民と組んで決起し、監獄を占領したうえで、台東市内まで出向いて放送局などを占拠し、台湾独立を宣言しようというものだった。

台東県の山中にある泰源監獄にも、彭明敏海外脱出のニュースが伝わった。これに鼓舞された政治犯たちは警備隊から銃二丁を入手し、一九七〇年二月八日、計画を実行に移そうとした。しかし、政治犯が監獄を出た隙に門が閉められて反乱は失敗に終わり、首謀者六人は付近の山に逃げ込んだ。連日捜索が行われ、一〇日後に全員逮捕された。うち五人が銃殺され、残る一人は一五年六月の懲役刑を受けた。

四月二四日には、ホワイトハウスの招きで訪米した行政院副院長の蔣経国に対する狙撃事件が起こっている。蔣経国が講演を行うため、ニューヨークのプラザホテルの玄関に入ろうとしたところを、

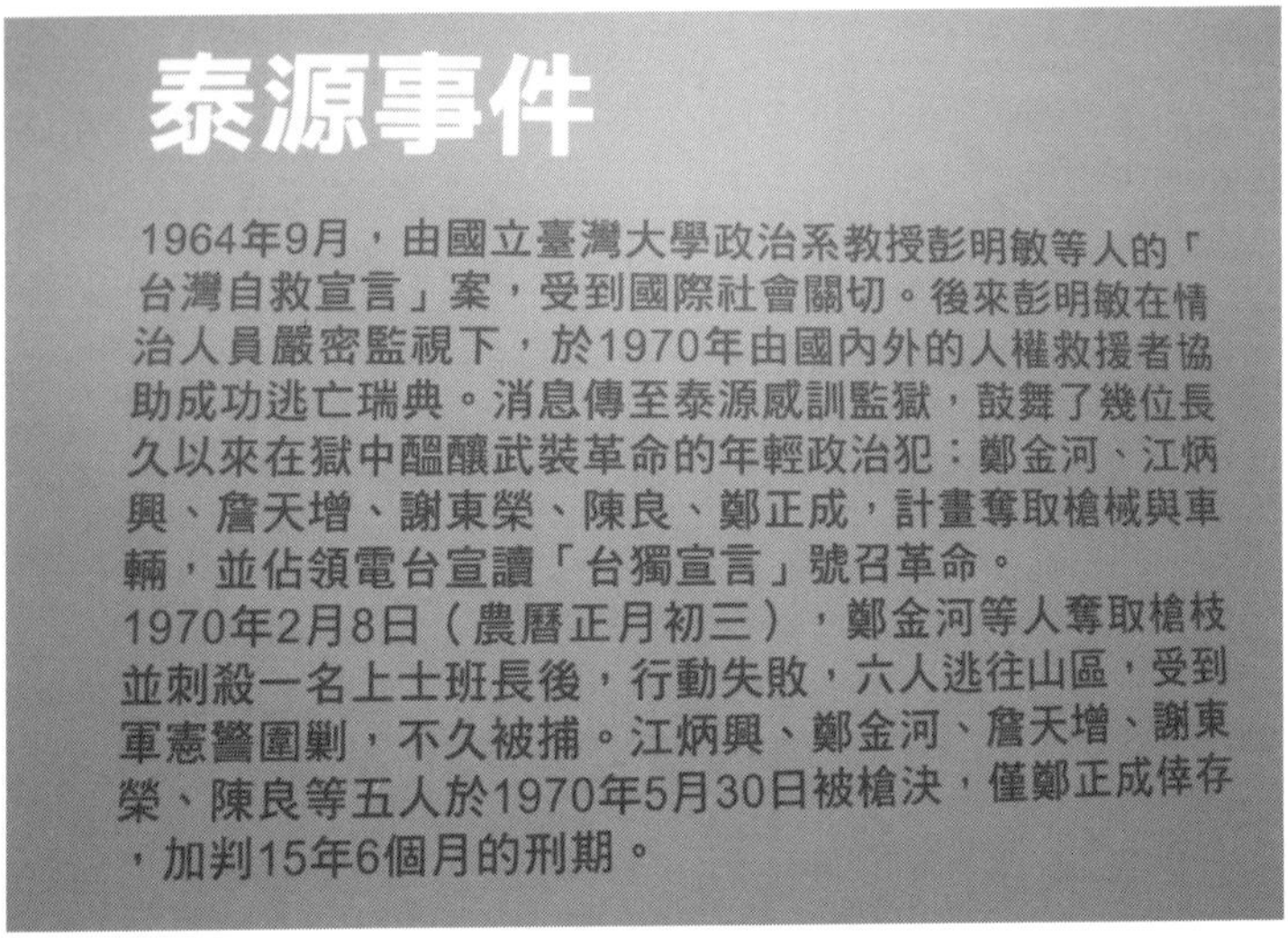
泰源事件
1964年9月，由國立臺灣大學政治系教授彭明敏等人的「台灣自救宣言」案，受到國際社會關切。後來彭明敏在情治人員嚴密監視下，於1970年由國內外的人權救援者協助成功逃亡瑞典。消息傳至泰源感訓監獄，鼓舞了幾位長久以來在獄中醞釀武裝革命的年輕政治犯：鄭金河、江炳興、詹天增、謝東榮、陳良、鄭正成，計畫奪取槍械與車輛，並佔領電台宣讀「台獨宣言」號召革命。
1970年2月8日（農曆正月初三），鄭金河等人奪取槍枝並刺殺一名上士班長後，行動失敗，六人逃往山區，受到軍憲警圍剿，不久被捕。江炳興、鄭金河、詹天增、謝東榮、陳良等五人於1970年5月30日被槍決，僅鄭正成倖存，加判15年6個月的刑期。

1970 年 2 月 8 日に台東県の泰源監獄で起こった武装蜂起事件を説明したパネル。「自救宣言事件」の影響があったことを指摘している。（2018 年 8 月 18 日、「白色テロ緑島記念園区」で）

コーネル大学の博士課程で学んでいた台湾独立聯盟メンバーの黄文雄《こうぶんゆう》が拳銃で撃ったのである。

警護の警官が気づいて黄文雄に飛びかかったため、弾はそれて玄関の回転ドアに当たった。黄文雄とやはり台湾独立聯盟のメンバーで黄文雄を助けようとした鄭自才《ていじさい》の二人は、その場で逮捕された。絶対的権力者である蒋経国をねらったこの事件も、彭明敏脱出の影響を受けたものだった。

(二)暴露された宣言の内容

裁判でも開示せず

国民党政権は事件発生以来、「自救宣言」の内容が外部に漏れないように神経をとがらせてきた。内容が公になり、社会的議論でも起ころうものなら、それこそ彭明敏らがねらったとおりの展開になってしまうからである。「公開」とされた裁判の中でさえ、宣言の全容は開示されなかった。

国家発展委員会檔案管理局で入手した警備総司令部の判決書を読んでみたが、宣言を印刷した時の状況や、被告らの主張への反論が中心で、宣言の内容はほとんど記載されていない。

わずかに「被告らは宣言で、政府を『不法政権』と指摘し、『政権の平和的移譲という妥協を妄想してはならない』と主張している[61]」「『政府を倒す』という表現が出てくる[62]」など断片的に触れているだけで、宣言文全文を別紙資料として示してもおらず、判決書を読んでも「自救宣言」に何が書かれていたのかわからない。

通常、判決文は前提となる事実や物証を提示し、それに基づいて法的な判断を展開していくものだが、この判決書は犯罪構成の核となる「自救宣言」の中身を伏せたままで、「被告らは宣言を印刷し、非平和的な流血を伴う方法で政府を転覆して憲法を取り換えるよう挑発・煽動した。もし、宣言が広く行き渡っていたら、厳重な事態が発生していた[63]」として、彭明敏らの行為は懲治反乱条例と刑法に違反すると断じている。

外務省中国課で入手

それを「スクープ」したのが許世楷である。宣言文全文を手に入れ、欧米の台湾独立運動団体に送るとともに、『台湾青年第62号』（一九六六年一月二五日号）に中国語の原文と日本語訳を掲載した。

「スクープ」の経緯については、宗像隆幸の『台湾独立運動私記』でも「一九六五年末に許世楷が密かに入手して[64]」と出てくるだけで、これまで明らかにされていなかった。許世楷は私のインタビューで、もう時効だからいいだろうと教えてくれた。

当時、許世楷は活動の関係で外務省の中国課に出入りしていたが、中国課の主流である「チャイナスクール」からすると、日本で台湾独立運動に取り組む許世楷らは迷惑な存在で、ほとんど相手にしてもらえなかった。

ところが、その時の中国課次長はドイツの専門家だった。専門外の人物がたまたま空きのあるポストに配属されたり、キャリアアップのためにあえて就かされたりする人事は、一般企業でもよくあることである。次長は「チャイナスクール」とは反りが合わず、疎外感を味わっていた。やはり「チャイナスクール」から冷たい扱いを受ける許世楷とは、同病相あわれむ仲で親しくなった。

「彭明敏さんの事件について、僕が次長にいろいろと話をしていると、次長が『「宣言文なら」あるよ』って言って、見せてくれたんです。僕が『コピー取っていいですか』と聞くと、『いいよ』って、職員にコピーを取らせて、一部くれたんです(65)」。

一般の人にとっては、拍子抜けするような内幕話かもしれない。私自身の新聞記者生活を振り返っても、必死で探し回っても入手できない情報や資料に、ひょんなことから行き当たった経験はある。だが、努力せずに棚からボタ餅というケースはまずない。許世楷の場合、日ごろから次長と信頼関係を築いていたからこそ、「スクープ」をものにできたわけだ。

なぜ、宣言文が外務省中国課にあったのか。次長の説明によると、台北の日本大使館の庭にビニール袋に入れて縛って投げ込まれ、大使館から外務省中国課に送られたという。許世楷は「直接渡すのは怖いので、庭に投げ込んだんでしょう(66)」と推測する。

評論家の江昺崙《こうへいろん》は、謝聡敏の弁護人だった李琳《りりん》がひそかにコピーを台湾省議会議員の郭雨新《かくうしん》に渡し、郭雨新が日本大使館に提供したとの見方を示している(67)。郭雨新は著名な民主化運動家で、特務の監視対象リストにも名前が載っていた。[68]

彭明敏も「ある議員が宣言文を入手し、コピーを日本大使館の外交官に送った。コピーは東京の外務省に回され、保管されていた。私が釈放された時、外務省の係員が友人たちに渡した[69]」と指摘しており、次長の話や江昺崙の見方とほぼ一致する。

許世楷は入手した宣言文について、「本文の前後に、弁護士の供述が書かれていた[70]」と証言する。それからすると、李琳が流出させた可能性が強いようだ。彭明敏は李琳を「機敏で力強く、鋭い弁論を行った[71]」と高く評価している。有能な弁護士だったのだろう。

李琳は自分が目にした「自救宣言」の内容を社会に知らせたいとの思いから、危険を承知のうえで、郭雨新に渡したのだろうか。郭雨新は日本の独立運動グループと交流があり、毎年のように訪日しては、黄昭堂らと会って意見交換していた。コピーを受け取った郭雨新が、台湾内で公開するのは難しいので、日本の独立運動グループに送られることを期待して日本大使館に提供したと考えれば、合点が行く。

(三)台湾内では広まらず

欧米では出回る

宣言文は、謝聡敏と魏廷朝が確認してきっちり一万部を印刷していた。だが、起訴状では九八〇〇部余りとなっている。[72]さらに、判決書には九六八六部と記載されている。[73]

これは、押収から判決言い渡しまでに、数百部が紛失したことを物語っている。宣言文に接することができた人々のうち、ある者は「金になりそうだ」と思い、ある者は義憤にかられて、こっそり抜き取ったのだろう。台湾で少数ながら宣言文を目にする人もあったかもしれないが、所持しているところを見つかれば捕まるので、公にはできなかった。

国民党政権は新聞やテレビなどのメディアを厳重に管理しており、「自救宣言」の内容が報じられることはなかった。今のように、インターネットで情報を拡散することもできなかった時代である。

一方、欧米では、「自救宣言」の中国語の原文がコピーされて留学生らの間で広く出回った。欧米の議会や政府などには英訳が送られ、メディアでも取り上げられた。これによって、欧米における彭明敏の名声は高まった。

このような事情について、彭明敏は「宣言について、台湾で知っている人は非常に少なかった。海外では広く支持されていたけど、台湾の人は知らないんですよ[74]」と認める。元行政院長で、二〇一六年から台北駐日経済文化代表処代表を務める謝長廷《しゃちょうてい》も東京都港区の代表処でのインタビューで、「当時、メディアは発達していなかったので、一部の知識人を除いて『自救宣言』が広まることはなかった[75]」と証言した。

こうしたことに加え、台湾を脱出した後、二〇年以上も米国に滞在していたこともあって、彭明敏は海外では台湾独立運動の精神的指導者としてカリスマ的な地位を築きながら、台湾内での知名度はそれほど高くないという内外の認識ギャップが生み出されることになるのである。

「国家反逆者」から駐日代表へ

最後に、彭明敏と縁が深く、本書でもこれまでに何度か登場している許世楷について紹介しておこう。許世楷は黄昭堂らと同じく、日本で台湾独立運動に従事したことでブラックリストに載り、三三年間、台湾に戻ることができなかった。

民進党の陳水扁政権の第二期、二〇〇四年から二〇〇八年まで、台北駐日経済文化代表処代表を務めた。かつての「国家反逆者」が政権交代によって政府の重要なポストに就く図式は彭明敏と同じであり、許世楷もまた、台湾の民主化を体現する人物と言える。

許世楷は一九五七年に台湾大学法学部を卒業し、一九五九年に来日して早稲田大学大学院で修士課程を修了後、東大大学院で法学博士号を取得した。その後、長く、津田塾大学で教鞭を執った。台湾独立建国聯盟総本部主席を務めるなど、独立運動を引っ張ってきたリーダーの一人である。

インタビューに答える許世楷（2018年8月6日、東京都小金井市で）

彭明敏とは、台湾大学での師弟関係、逮捕された後の救援活動、海外脱出の支援、独立運動家としての交流など、緊密な関係が続いてきた。陳水扁の意向を受けて、許世楷に「きみ、次の駐日代表にどうだ[76]」と電話で打診したのも、当時、総統府資政だった彭明敏である。

許世楷のインタビューは二〇一八年八月、東京都小金井市の娘さん宅で行ったのだが、巧みな弁舌に聴き入っているうち、あっという間に二時間が過ぎた。許世楷は津田塾大学助教授に就任した一九六九年、ビザを更新しようとしたが、許可が下りなかった。法務省は、柳文卿に次いで、許世楷を台湾に強制送還しようとしていたのである。当時、一緒に本を執筆していた東大名誉教授の我妻栄が法務省にかけ合い、何とかビザは発給されたが、危機一髪の事態だった。

インタビューの途中、盧千恵《ろちえ》夫人も顔を出して、にこやかにあいさつしてくれた。夫人は国際基督教大学を卒業後、東京で許世楷と知り合って結婚し、夫婦で台湾独立運動に打ち込んできた。児童文学者としても名が知られている。

駐日代表退任前の二〇〇八年五月、許世楷は「長年にわたって台湾の民主、自由、主権独立のために尽力した」として、宗像隆幸に感謝状を贈呈している。学生時代に同じ下宿で知り合ってから、半世紀近くがたっていた。

五．謝聡敏を救った日本人

(一)台湾で反国民党政権のビラをまく

冤罪で再逮捕

「自救宣言事件」で彭明敏と一緒に逮捕された魏廷朝は一九六八年、謝聡敏は一九六九年に、それぞれ刑期を終えて出所していた。謝聡敏は彭明敏がまだ台湾にいた時、ひそかに会ってタンベリーと妻ジュディスを紹介されていた。最後に彭明敏と会ったのは脱出の一、二週間前だったが、計画は打ち明けられなかった。

彭明敏の海外脱出後、家族や親族をはじめ、周囲の者は一人残らず事情聴取された。謝聡敏と魏廷朝は特務の厳重な監視下に置かれたが、それでも謝聡敏はタンベリーを通じて、海外に逃れた彭明敏と連絡をとっていた。

一九七一年二月になって、謝聡敏と魏廷朝は、台南の米国広報文化交流局が爆破された事件（一九七〇年一〇月）と台北の米シティ・バンク銀行が爆破された事件（一九七一年二月）の嫌疑を着せられ、警備総司令部に逮捕された。「自救宣言事件」に続く二回目の逮捕である。

まったくのぬれぎぬだったが、取り調べは容赦なく、謝聡敏は後ろ手に手錠をかけられたまま殴る蹴るの暴行を受け、一週間歩くことができなかったほどだ。見せしめのため、死刑判決が出されてもおかしくない状況だった。

台北でバルーンを打ち上げ

そんな謝聡敏を救ったのが、日本人の小林正成《まさなり》である。東京でメッキ工場を経営していた小林は一九六七年、知人に誘われて、観光旅行で初めて台湾を訪れた。それで台湾を好きになり、年に何度か台湾に行くようになったのだが、その頃の日本人男性観光客のご多分に漏れず、当初は酒や女が目当てだった。

翌一九六八年の台湾旅行で、台湾の知人の案内で南部の屛東県に行った時のことである。ある老婦人から、息子に会ってほしいと言われて自宅を訪問すると、仏壇に軍服姿の遺影が置いてあった。日本軍の志願兵として出征し、南方で戦死したという。

日本統治時代の台湾では、一九四二年の志願兵制度に続き、一九四四年には徴兵制も導入された。

厚生省（現厚生労働省）の発表によると、終戦までに、軍人八万四三三人と軍属一二万六七五〇人の計二〇万七一八三人の台湾人が参戦し、三万三〇〇人が戦死した[77]。第一章で取り上げたように、彭明敏は強要された兵役志願を拒否したが、李登輝は応じた。台湾人に多大な犠牲を強いながら、戦後、日本国籍を喪失したという理由で、日本政府は長らく台湾人の軍人・軍属に補償を行ってこなかった。

当時、屏東県のような地方を訪れる日本人はまれだった。老婦人は小林にぐちを言うのでもなく、「日本からお友達が来てくれたよ[78]」と、息子の遺影に語りかけた。その情景を見て、小林は涙が止まらず、「このときほど日本人としての責任を問われたことはなかった[79]」と回顧している。

その後、小林は台北のメッキ工場に共同出資するなど、仕事のうえでも台湾と関係ができた。そうした縁で、知人の台湾人から紹介され、台湾独立聯盟に加わった。ただし、外部には存在を明らかにしない秘密メンバーだったので、台湾には自由に出入りできた。

小林は台湾独立聯盟のメンバーの許世楷らに、台湾でバルーンを打ち上げ、反国民党政権のビラをばらまいてみてはどうかと提案した。許世楷らも乗り気になり、小林の出身地である千葉県九十九里浜で実験を行ったところ、うまくいった。ビラは台湾人のメンバーが中国語で書き、国民党政権には台湾を代表する資格はないこと、蔣介石が唱える「大陸反攻」は不可能であることなどに加え、彭明敏の海外脱出が米国で世論の支持を集めていることにも触れている[80]。

一九七一年五月、小林はトランプ大のビラ三〇〇〇枚を台湾に持ち込んだ。必要な器材を現地で調達し、宿泊していた台北市内のホテルの上階から水素ガスでバルーンを二つ打ち上げ、ビラを散布した。

余ったビラを鞄に詰めてタクシーで台北郊外の新竹に向かい、途中、各所で車を止めてはまいた。

しかし、その前に訪れた飲食店に、ビラを畳んで入れていた財布を置き忘れたことから足がつき、台北に戻ったところを逮捕され、警備総司令部に送られた。

(二) 警備総司令部の取り調べ

憎悪された宗像隆幸

警備総司令部の取り調べでは、台湾独立聯盟日本本部のメンバーのリストを見せられ、知っている者がいるかどうか追及された。リストには、メンバーの名前とともに、正面、右、左など、いろんな角度から撮った顔写真がずらりと並んでいた。特務が日本で隠し撮りしたか、何らかの方法で入手したものだった。リストには、小林正成が知らない者も含まれていた。

日本人の宗像隆幸(ペンネーム・宋重陽)は強制送還させられる危険がないので、名前を挙げると、取調官は「宋重陽のような悪党と交わったのか? 君は知らないだろうが、あいつはとんでもない野郎なんだ。たいへんな男に利用されたもんだな[81]」と悪態をついた。警備総司令部は宗像が日本人でありながら精力的に台湾独立運動に打ち込んでいることを知っており、宗像を憎悪していたのである。

小林が入所中の七月六日、蔣経国が留置施設を視察したことがあった。その前に、理髪師が散髪をしてくれ、ベッドのシーツは新品に取り換えられた。小林は新聞やテレビで蔣経国の顔を知っていた。蔣経国が小林の監房をのぞいたので、小林は目を合わせた。二人が見合う状態が二分ほど続いたが、蔣経国が先に目をそらした。

第二章で述べたが、蔣経国は彭明敏が警備総司令部で勾留されていた時も、視察に訪れている。目的はよくわからないが、政治犯が収容された施設を見回るのがルーティーンになっていたようだ。

小林は破天荒な男である。台湾で反国民党政権のビラをまくという行為自体もそうだが、獄中でも、少林寺拳法の動作で威嚇する看守に不意打ちを食らわせ、柔道の寝技で押さえ込んだり、和食を要求してハンガー・ストライキを行い、留置施設側に日本料理店からの出前を認めさせたりするなど、やりたい放題である。

自分でも「幼少のころから『悪ガキ』で通っていた私は、（中略）人が困まる《ママ》悪戯《いたずら》を考え出すことが並外れて得意であった(82)」と認めている。

だが、小林は台湾独立聯盟のメンバーとして、台湾が置かれた国際的な立場を熟知していた。逮捕後、駐台湾日本大使館の領事が面会に来ており、闇から闇に処分される心配はなかった。小林は「私が事件を起こした当時は、中華民国が国連から追放される少し前だったからね。日本人が拷問されたりしたことがわかると、日本を敵に回すことになる。そういうことを、こっちもわかってたからさ(83)」と、したたかな計算も働かせていたことを打ち明けた。

隣の監房に収容

警備総司令部の留置施設で小林正成の隣の監房にいたのが謝聡敏だった。謝聡敏は、最初は小林を警戒していたが、小林が蔣介石や国民党政権を罵倒して看守とけんかしたりするのを見て、信頼できると思ったようだ。二人は日本語で言葉を交わすようになり、シャワールームのごみ箱の下に隠したメモをやり取りし、連絡をとり合った。

小林正成と謝聡敏が収容された警備総司令部があった場所。現在は国防部の施設になっている。(2018年8月19日、台北市博愛路172号)

六月末か七月初めごろ、この方法で小林は謝聡敏から、小さな紙片に日本語で書かれた手紙を受け取った。手紙には、彭明敏の海外脱出以後、運動家の摘発が相次でいる状況を説明したうえで、逮捕された政治犯のリストが掲載されており、文末には「この手紙は焼いてくださ(84)い」と書き添えられていた。しかし、小林は監房内に備え付けられたトイレの洗面台の裏に隠して持っていた。

謝聡敏は私のインタビューで「監房で日本語の手紙を書いているところを看守に見つかって怪しまれたので、『私は日本人と商売しており、日本語を練習しないと忘れてしまうから』と言ってごまかした(85)」と明かしている。もし看守が手紙を取り上げ、日本語を解する者に見せていたら、ただでは済まなかっただろう。

(三) 靴下に隠して手紙を持ち帰る

取り調べの実態を告発

八月末になって、小林正成は日本に強制送還されることが決まった。小林が謝聡敏に告げると、謝聡敏は「あなたが釈放されたときには、ぜひともこの手紙を、国際的に影響力のある新聞に発表して欲しいのです[86]」と言って、今度は英文の手紙を渡した。この手紙には、警備総司令部が罪をでっち上げる様子や拷問の実態などが赤裸々に描写されていた。小林はこれも洗面台の裏に隠した。

小林は警備総司令部から、「貴国に対して多大な迷惑をおかけしました。それにもかかわらず、寛大な計らいをいただき感謝しています。今後一切、このようなことはいたしません[87]」と書かれた始末書にサインするよう求められたが、本意ではないと拒否したため、帰国の日は延びた。

結局、一〇日ほどして、小林が自分で文面を作成することで話がついた。警備総司令部も小林を強制送還すると決めた以上、早く送り出したかったのだろう。小林は「台湾に住む総ての人々の平和と繁栄を願っての行動であった、と確信している[88]」と結んだ文書を書いて提出した。

形式的な裁判で有罪判決を受け、強制送還に備えて身体検査を受けた後、小林はトイレに行くと言って監房の洗面台の裏から二通の手紙を取り出し、靴下の中に隠して日本に持ち帰った。

ようやく釈放されるというのに、わざわざ危険を冒して手紙を持ち帰ろうとしたことについて、小林は「やつ［謝聡敏］の命懸けのメッセージだったので、これだけは命懸けで守ってやんなくちゃ、と思ってね[89]」と証言する。

小林は帰国後、二通の手紙を宗像隆幸に手渡した。小林は「無実の罪で、この世から抹殺されようとしている人間、彼らの命を救えるかもしれない。（中略）そう思うと、満足感が心底から高揚してくるのを抑えられなかった[90]」と述べている。

宗像は手紙を米国にいる彭明敏にも送ったが、これを公表すると、謝聡敏らが報復を受ける恐れがあると判断し、しばらく見合わせることにした。

しかし、一九七二年三月になって、謝聡敏の死刑が確定したという情報が台湾から伝わってきた。そこで、宗像らは謝聡敏の英文の手紙を米国の政治犯救援活動組織やタンベリーらに送るとともに、日本語に訳して『台湾青年第１３８号』（一九七二年四月五日号）に掲載した。

タンベリーが知人の記者を通じて『ニューヨーク・タイムズ』に手紙を渡したところ、同紙が四月二四日付で全文を掲載するなど、米国のメディアの注目度は高かった。謝聡敏は懲役一五年（後に六年六月に減刑）を言い渡されたものの、死刑は免れ、一九七七年に出所した。

国連の中国代表権問題で敗れた中華民国（台湾）は一九七一年一〇月、国連を脱退した。翌一九七二年二月には、ニクソン米大統領が中国を電撃訪問して関係を改善し、台湾に激震をもたらした。米国との断交は不可避との見方が強まる中（実際の断交は一九七九年）、何とか国交を維持したい国民党政権は、米国の批判には過敏になっていた。謝聡敏が決死の思いで書き、これまた決死の思いで小林が持ち出した獄中書簡が、謝聡敏の命をつないだのである。

「台湾人に申し訳ない」

小林正成のインタビューは二〇一八年四月、東京都江戸川区にある小林の自宅に近い行きつけのすし店「大黒鮨」で行った。小林がこの店を選んだのはわけがある。主人の会田豊は一九九一年、小林に頼まれて、先述した宗像隆幸の妻瑞江が同行した台湾人運動家の潜入帰還に協力したことがあったのだ。

会田は役所で入手した自分の住民票を小林に渡し、小林はその他の必要な書類もそろえて宗像に提供した。宗像は運動家が日本で撮った顔写真を使用して、会田の代理として会田名義のパスポートを申請し、取得した。そして、運動家に手渡したのである。

インタビューに答える小林正成（2018 年 4 月 5 日、東京都江戸川区の「大黒鮨」で）

彭明敏のケースは台湾から脱出するので写真を本人のものに貼り替えなければならなかったが、日本から台湾へ行く場合は本人の写真を使って申請できるので、さほど手間はかからなかった。

運動家は簡単な日本語ならできたので、係官の質問に備えて、会田の生年月日や職業は「すし屋」と暗記した。だが、やはり不自然さは隠せなかったのだろう。台湾の空港で係官に見破られ、連行されてしまった。ただし、同じ方法で挑戦した他の三人の運動家は潜入に成功した。会田も日本の警察に取り調べられたものの、立件はされなかった。会田はそれ以来、台湾に関心を持っており、すしを握る傍ら、私と小林の会話に時折加わった。

八四歳になっていた小林は、耳が聞こえにくいようだった。「こちらの方がよく聞こえるから」とときどき補聴器を取り換え、私の質問を聞き取っていた。もともとにぎやか好きな性格なのだろう。取材がひと通り終わりかけた頃、芳子夫人も呼び出し、まるで旧知の友のように飲んだ。芳子は小林が台湾から強制退去させられる際、台北まで迎えに行っており、そんな話に花が咲いた。

台湾での獄中生活について、小林は鮮明に覚えており、留置施設の見取り図も紙にスラスラと描いた。

それにしても、なぜ、あんな無謀なことをしたのか。そう聞くと、小林は「台湾は半世紀にわたって日本の植民地にされ、日本が去ったら国民党政権がやって来て、『二・二八事件』で三万人ものエリートが殺された。もし彼らが健在だったら、台湾はすでに独立していたと思うんですよ。だけど、一般の日本人はそんなこと知りもしない。それが悔しくて、申し訳なくてね。よし、じゃあ、何かやってやろうと思ったんです(91)」と答えた。

第四章　再び台湾の地で

一、独立運動の精神的指導者

(一)スウェーデンでの亡命生活

日本大使館の過剰反応

スウェーデン到着後の慌ただしい日々が過ぎ、彭明敏の日常は少し落ち着きを取り戻した。約一カ月後にはスウェーデン政府から正式に政治亡命を認められ、パスポートも発給された。家族を呼び寄せようと手続きを進めたが、国民党政権は認めず、人質に取られた形になった。

ストックホルムでは、カロリンスカ医科大学のカール・グスタフ・ベルンハルト教授の邸宅に住まわせてもらった。ベルンハルトはスウェーデン王立科学アカデミーのノーベル賞選考委員会の委員を務め、後にアカデミー長に就任するほどの著名な医学者だった。ストックホルムの博物館のアジア部門で未分類資料を整理する職も得た。

ベルンハルトの家族も親切にしてくれ、彭明敏は心休まる生活を送った。アムネスティや研究機関などから招待を受け、英国で台湾が置かれている状況について講演したり、カナダを訪れて留学時代の友人と旧交を温めたりするなど、台湾での五年数カ月の獄中・監視生活で奪われていた自由を存分に味わった。

だが、彭明敏に台湾独立運動の中心になってもらいたいと思っていた海外の運動家からは、米国か日本に移住してほしいとの要請が相次いだ。確かに、台湾人がほとんどいないスウェーデンでは、運動をするにはあまりに足場が悪かった。

彭明敏は次の行き先として、日本は考えていなかった。第三章で紹介した柳文卿のケースのように、日本政府が国民党政権と取り引きして、政治犯を強制送還したことがあったからだ。それにもかかわらず、ストックホルムの日本大使館は、彭明敏の日本入国を恐れ、過剰な反応を示した。

日本の大使は、彭明敏がスウェーデン入りした後、スウェーデン政府の移民局長に彭明敏の次の行き先を尋ねたが、移民局は関知していないとして相手にされなかった。

次に職員を派遣して、日本政府は彭明敏の入国を許可しないと通告し、スウェーデン政府に彭明敏の訪日ビザ申請を阻止するよう依頼した。応対した移民局の担当者はあきれて、彭明敏の入国を拒否するのは日本政府の勝手であり、スウェーデン政府は彭明敏に指示する権限はないと答えた。

また、日本大使館の一等書記官は、彭明敏が働いていた博物館のアジア部門の主任を昼食に招き、彭明敏の暮らしぶりや今後の計画などを探ろうとした。そして、もし彭明敏が仕事を休んだり、スウェーデンを離れそうな気配があったりした場合は、すぐに日本大使館に連絡してほしいと頼んだ。主任は日本大使館のために彭明敏に関する報告をするつもりはないと突っぱねたが、日本大使館はその後もときどき、博物館に電話をかけてきて、彭明敏がまだ働いているかどうか確認しようとした。

こうした日本大使館の行動は、本国外務省の指示に従ったものだろう。日本政府が彭明敏の入国にいかに神経質になっていたかを物語っている。

米国に移住

日本が選択肢に入っていない以上、行き先は米国しかなかった。ミシガン大学から熱心な誘いを受けていた経緯もある。周囲の多くが命をねらわれる危険があると反対したが、彭明敏は渡米する決意を固め、ミシガン大学と連絡をとり、再び客員教授就任の招聘を受けた。

七月末になって、彭明敏はストックホルムの米国大使館を訪れ、文化交流ビザを申請した。面談に応じた領事は、申請は迷惑であるという態度を隠さず、「政治活動に関わることはないでしょうね」(1)と念を押した。

これに対し、彭明敏は「自分の専門は国際公法と政治学であり、時事問題について自分の見解を示すことは職務に含まれるし、政治情勢に関して自分の考えを述べることは政治活動には当たらないはずだ」(2)と答えた。

国民党政権は彭明敏の渡米申請を知り、絶対に認めないよう、米国政府に強く働きかけた。八月二八日には、魏道明《ぎどうめい》・外交部長が駐台湾米国大使と面会し、「彭明敏は反乱罪で懲役八年の刑が確定している。総統の特赦を受けたが、執行を免れただけで、刑の宣告は今も有効だ。彼は逃亡犯でもあり、入国は絶対に拒否してもらいたい」(3)と迫っている。これに対し、米国大使は「米国移民法によると、反乱罪や密出国罪は入国を拒否する根拠にはならない」(4)とかわしている。

彭明敏へのビザ発給については、米国務省内でも意見が分かれていた。原則を重視する法律部や領事部などは認めるよう主張していたが、実際に国民党政権との外交を担う中国課や駐台湾米国大使館は反対していた(5)。

結局、ビザは、間もなく米国の大学の新学期が始まるという九月中旬になって発給された。彭明敏が米国大使館に受け取りに行くと、応対した領事は「大学で研究するためということですので、本来の目的から逸脱しないようにしてください」(6)とくぎを刺した。九月二九日、彭明敏はほぼ一〇年ぶりに米国に入国した。

（二）「台湾関係法」制定に貢献

ミシガン大学で研究

ミシガン大学では、法学部と中国研究センターに所属し、「台湾の国家緊急事態下における法律と政治」をテーマに研究に励んだ。教員の中から、彭明敏の存在が大学と国民党政権との関係に悪い影

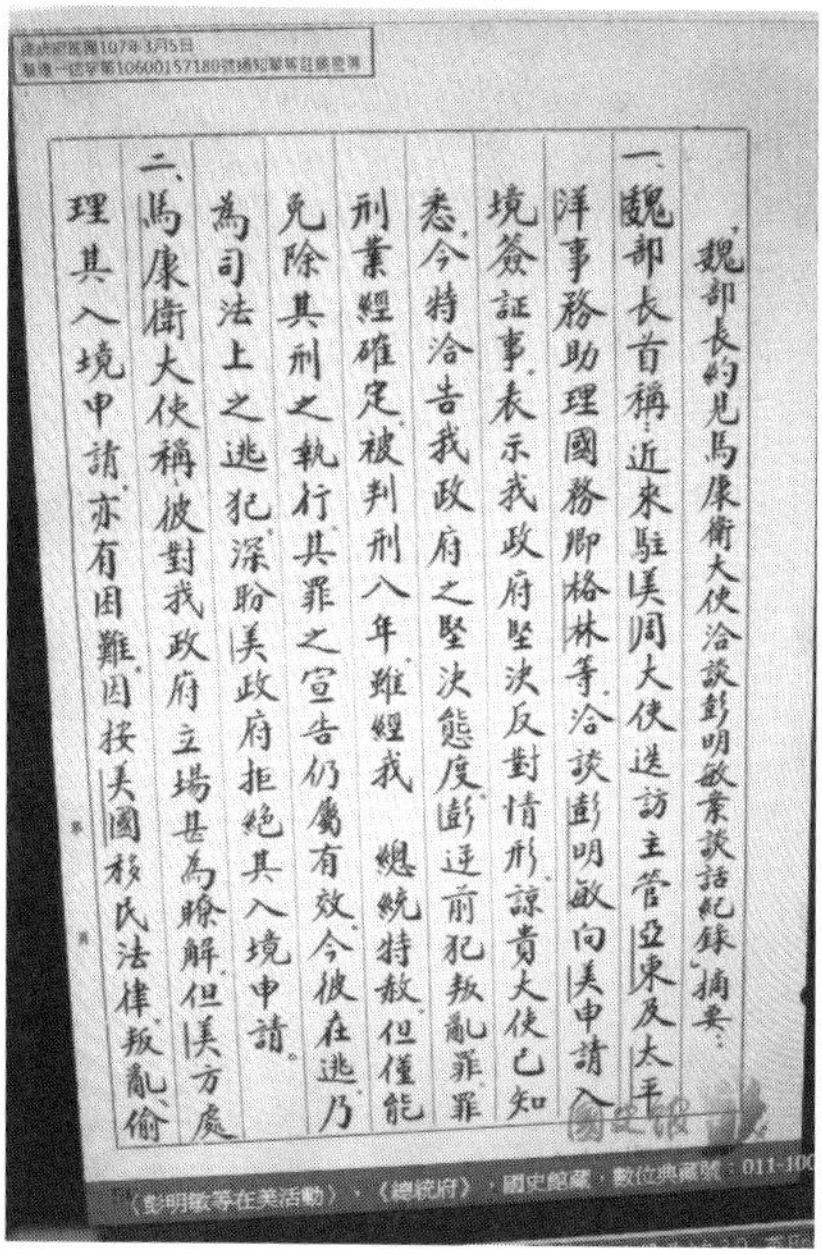

魏部長約見馬康衛大使洽談彭明敏案談話紀錄摘要：
一、魏部長首稱：近來駐美周大使造訪主管亞東及太平
洋事務助理國務卿格林等洽談彭明敏向美申請入
境簽証事，表示我政府堅決反對情形，諒貴大使已知
悉。今特洽告我政府之堅決態度。彭逆前犯叛亂罪罪
刑業經確定，被判刑八年，雖經我 總統特赦，但僅能
免除其刑之執行，其罪之宣告仍屬有效。今彼在逃，乃
為司法上之逃犯，深盼美政府拒絕其入境申請。
二、馬康衛大使稱：彼對我政府立場甚為瞭解，但美方處
理其入境申請亦有困難，因按美國移民法律，叛亂、偷

〈彭明敏等在美活動〉，《總統府》，國史館藏，數位典藏號：011-100

魏道明・外交部長が米国大使に彭明敏の渡米を認めないよう申し入れた面会記録（国史館資料）

響を与えるのではないかと危惧する声が上がり、彭明敏に政治活動をしないよう警告してはどうかとの意見も出た。

だが、ミシガン大学は学問の自由を重んじる気風が強く、彭明敏は「大学は国民党政権から圧力を受けたけど、僕には何も言わなかった[7]」と証言する。彭明敏も大学の雰囲気に溶け込み、研究の範囲を広げていった。

学会や各種団体などからの講演依頼も多く、新聞や雑誌に記事を書く機会も増え、あらゆる場を利用して台湾が直面している問題を訴えて回った。週末や休日、学期の間の休暇には遠出して全米各地を訪れ、講演をしたり、討論会に出席したりした。海外にも行けるようになり、一九七六年四月には、台湾独立聯盟日本本部の招きで訪日している。一九七九年二月にも、訪日して講演している。

精力的に研究活動に打ち込む一方で、彭明敏は二二年間にわたる米国滞在中、「中国人が政敵を暗殺するのは日常茶飯事であり、一日たりとも生命が安全だと感じたことはなかった[8]」と述懐している。これは、決して大げさな表現ではない。一九八四年には、米国籍を持つ作家、江南《こうなん》（本名・劉宜良《りゆうぎりょう》）がサンフランシスコ郊外の自宅で、特務から依頼を受けた台湾の暴力団員に殺害される事件が起きている。

江南が出版した『蔣經國傳』が暗部を描いているとして、蔣経国の次男の蔣孝武《しょうこうぶ》が命じたと言われている。当時、特務からねらわれた者は、海外といえども安住の地ではなかったのである。

彭明敏が初めて米国で公開の場で講演した時は、主催者団体の手配で、拳銃を手にした警備員が左右に立って警戒した。彭明敏は米国の治安機関からの日常的な警護の申し出は断ったものの、毎晩、寝る前に拳銃に実弾を装塡《そうてん》し、枕元に置く習慣を欠かしたことはなかった[9]。

独立聯盟主席を一年で辞任

米国に移った彭明敏は、台湾独立運動のシンボルとなった。しかし、思いどおりに運動に打ち込めたわけではない。ビザ発給の際、米国では政治活動をしないよう強く求められており、組織的な運動には携わりにくい立場にあった。

講演会や討論会などに参加して台湾問題に言及すると、国民党政権は、米国滞在の目的に反すると、繰り返し米国政府に抗議した。米国の運動仲間は、彭明敏が活動しやすいように「台湾研究所」を設立して所長に据え、台湾独立聯盟の実質的な指導機関にしようとしたが、中途半端な組織に終わり、長続きしなかった。

それでも、彭明敏に指導的役割を担ってもらいたいとの期待は高まる一方だった。一九七二年にはニューヨークに事務局を置く台湾独立聯盟総本部主席に選出された。だが、結局、一年で辞めている。

その経緯について、彭明敏は「米国当局からは政治活動をしないよう言われていたし、聯盟内部のごたごたもあった[10]」と説明する。

国史館館長の陳儀深《ちんぎしん》は台湾の外交文書を解読してまとめた論文で、彭明敏は聯盟に主席就任の事実をしばらく公開しないよう求めたのに、日本本部が就任を明らかにしてしまったことが辞任を決意したきっかけだったと指摘している[11]。

その当事者である黄昭堂は「独立聯盟を至上のものと考えていた私は、個人的要望を無視する事があるのもやむを得ないと考えて、2、3カ月後に独断で彭明敏が独立聯盟主席に就任した事を発表した。このことについては、今でも彭明敏に申し訳ない、と私は思っている[12]」と謝罪の意を表明している。

台湾独立聯盟内部の意見の食い違いも目立っていた。黄昭堂は「アメリカ本部の幹部たちの強い要請があったから、彭明敏は不承不承聯盟の主席を引き受けたのであるが、アメリカ本部ではさまざまな意見があり、彼［彭明敏のこと］の意見が通らないことも多かった。そのために、独立聯盟総本部は機能的に活動ができなかった[13]」と指摘している。

陳儀深は、台湾の将来は台湾の住民が決めるという「自決論」を重視する彭明敏と、伝統的な独立革命路線を掲げる他のメンバーとの対立が背景にあったと分析している[14]。

彭明敏はミシガン大学を二年で辞め、オハイオ州のライト州立大学に移った。その理由について、彭明敏は「やはりミシガン大学には、トラブルを持ち込んでしまったという思いがあってね[15]」と述べている。

一九八二年には、台湾独立を支援する在米ロビー団体である台湾人公共事務会（ＦＡＰＡ）の設立に関わり、一九八六年から一九八九年まで会長を務めた。

断交後の米台関係規定を働きかけ

米国は一九七二年のニクソン訪中で中国に接近したが、その後も台湾との国交は維持していた。しかし、一九七七年に民主党のジミー・カーター政権が誕生してからは、中国との国交正常化と台湾との断交は避けられない情勢となった。

彭明敏は親交のあった下院議員のジム・リーチや上院議員のエドワード・ケネディらに、断交後、米国は台湾との関係をどう規定するのか明確にすべきだと説いて回った。リーチはアジアの安全保障に関心を持つ有力議員で、一九六三年に暗殺されたジョン・Ｆ・ケネディ大統領の弟のエドワード・

ケネディも影響力のある議員の一人だった。

二〇〇九年八月にケネディが死去した際、彭明敏は「台湾の人権問題に関心を寄せてくれた数少ない米議員の一人だった。我々の訴えを注意深く聞いてくれ、具体的な行動で台湾に政治改革を促した」[16]と悼んでいる。

一九七九年一月一日、米国は中国と国交を結び、台湾と断交した。カーター政権は断交後の米台関係を定めた「台湾授権法」を米議会に提出したが、議会は納得せず、独自に「台湾関係法」の制定に取りかかった。彭明敏らの訴えに、米議会が具体的に応えたのがこの法律だった。

二月になって、彭明敏はリーチらの推薦で運動仲間とともに米議会公聴会に招かれ、新法は台湾を政治的実体として扱い、台湾人の人権を尊重する内容を含めるべきだと訴えた。議会は彭明敏らの意見も踏まえ、一九七九年四月一〇日、「台湾関係法」を成立させた。

この法律は米国内法ではあるが、中国が武力行使した場合に米国が台湾を防衛することや、米国が台湾に防御的性格の武器を売却する根拠となっている。一九五四年に締結した「米華相互防衛条約」に代わって、現在に至るまで、台湾の安全保障の要となっている。「台湾の全ての人々の人権の保障及び増進は、これにより米国の目的として再確認される」[17]との条文もあり、台湾に民主化を迫る効果もあった。

(三) 台湾民主化の外堀を埋める

レーガンの「六つの保証」

「台湾関係法」成立と並んで大きな成果となったのは、台湾人の米国移民枠を復活させたことである。年間二万人の移民枠は米台断交によって中国に移されたが、彭明敏らの訴えが実り、米議会は一九八一年一二月、台湾にも別枠で二万人の移民を認めた。

彭明敏は「二万人の移民枠を中国と台湾セットで設定されると、人口比だと台湾にはほとんど割り当てが回ってこない。米国の議員らに働きかけて、中国の二万人とは別に台湾も二万人を確保したんです[18]」と振り返る。

一九八一年一月には、親台湾派で知られる共和党のロナルド・レーガンが大統領に就任した。彭明敏はレーガンがカリフォルニア州知事時代から知遇を得ており、台湾の国民党一党独裁体制の現状についてレクチャーしたこともある。彭明敏は「戒厳令下の台湾の状況について話をしたら、レーガンは、初めて聞いたと言って驚いていた。人間的な温かみのある人だった[19]」と思い出を語った。

レーガンは一九八二年、米中共同コミュニケを発表し、台湾への武器売却を段階的に縮小させ、一定期間を経た後に最終解決を図ることを約束した。

一方で、コミュニケ発表前に、蔣経国総統に①台湾への武器売却停止の期限を設けない、②台湾の武器売却について中国と事前に協議しない、③中台の調停役にはならない、④「台湾関係法」の修正には同意しない、⑤台湾の主権に関する立場を変えない、⑥台湾に中国との交渉に入るように圧力をかけない——という米国の立場を約束した「六つの保証」を伝えた。「六つの保証」は米中共同コミユニケを事実上否定し、台湾側を安心させる内容である。

二〇一八年には、共和党のドナルド・トランプ政権が、この「六つの保証」を明記し、台湾への定期的な武器売却を促進する「アジア再保証推進法」を成立させた。米歴代政権が非公式に受け継いできた「六つの保証」を法制化したのである。さらにトランプ政権は二〇二〇年八月、「六つの保証」が記載されたレーガンの署名入りの米国務省機密文書を公開し、これが米国の対台湾政策の基本的要素だと言明した。

このように、彭明敏が米国で培った人脈の貢献によって、台湾は米国と断交後も中国の圧力に屈することなく、国際社会で生存することができているのである。

「命の恩人」との対面

彭明敏は一九八三年二月にも、台湾の戒厳令解除や民主化について米国議会の公聴会で証言している。これを受け、米国議会は台湾に対する民主化要求を強めていく。この頃の議員らとの関係について聞くと、彭明敏は「リーチをはじめ議員らは、『台湾に関していろんな情報が入ってくるけど、お前の言うことは絶対に信じる』と信頼してくれてね[20]」と頬を緩めた。

一九八六年五月、リーチやケネディら米国議会上下両院の有力議員五人が国民党政権に政治改革を促す「台湾民主化促進委員会」を結成し、戒厳令解除を呼びかけた。六月には、下院のアジア太平洋小委員会と人権小委員会が、「台湾民主化決議案」を可決し、国民党政権に新政党結成の容認や検閲制度の廃止と言論、集会、結社の自由などを要求した。八月には、民主党の有力議員五人が連名で、ジョージ・シュルツ国務長官に「国民党政権が新党結成を容認するよう、働きかける」ことを要請した。[21]

米国を安全保障や経済支援の後ろ盾と頼む台湾にとって、一連の米国議会の動きは大きなプレッシャーとなった。彭明敏は米国議会を通じて、台湾が民主化に踏み切らざるを得ないよう外堀を埋める役割を果たした。こうした実績から、彭明敏は台湾独立運動の精神的指導者と位置づけられるようになったのである。

米国に移った翌年、彭明敏は「命の恩人」である宗像隆幸と初めて対面している。宗像は日本の台湾独立聯盟のメンバーから、訪米して彭明敏と会い、今後の独立運動の進め方について協議するよう指示され、米国に向かった。

一九七一年五月二日、宗像がデトロイト空港に着くと、彭明敏が一人で迎えにきていた。宗像は彭明敏と相対した時の様子について、「会うのは初めてである。しかし、そんな感じはまったくしない。昨日の話の続きといった感じで、話しながら駐車場まで歩く[22]」と記している。

こんな時は抱き合ったり、涙を流したりの「感激の対面」というのが決まり相場なのだろうが、命を託した手紙を何十通もやり取りし、会わなくとも強い絆で結ばれている間柄というのは、案外こんなものかもしれない。彭明敏は自分で車を運転して宗像をミシガン大学のキャンパス内にある自宅に案内した。

宗像が彭明敏宅に滞在中、ＦＢＩの係官が突然、訪ねてきた。係官は「あなたの入国記録が見つからないのですが、あなたは何で、どこからわが国に入国しましたか[23]」と尋ねた。宗像が答えると、係官はすぐに聴取を終え、二、三分で帰って行った。宗像は「何のためにＦＢＩがやってきたのか、私には少しもわからなかった[24]」と首をひねったが、恐らく、宗像の訪問を確認することが目的だったのだろう。

出国を制限された家族との対面はさらに十数年待たなければならなかった。彭明敏は「長男は先に米国留学を認められたが、家族みんなと再会したのは、［一九八七年に］戒厳令が終わった後だった。アメリカに来て会って、台湾に帰って行った」[25]と回想する。医者一家の彭家の家系らしく、長男彭旼は米国で開業医をし、孫二人も医者になったという。

二、二三年ぶりの帰国

(一) 英雄の凱旋

消滅したブラックリスト

米国で彭明敏らが台湾の民主化を後押しする中、台湾では一九八〇年代後半から、急テンポで政治改革が進展していった。一九八六年九月、「党外」と呼ばれた反国民党の民主化運動家ら一三二人が台北市の圓山大飯店に集まり、野党・民進党の結成を宣言した。当時、まだ野党結成は認められていなかったが、国民党政権は「承認はしないが、取り締まりもしない」として黙認した。

翌一九八七年七月には、一九四九年以来三八年間続いた戒厳令が解除された。一九八八年の年初から、新聞の新規発行や増ページも解禁された。一連の改革を主導してきた蔣経国は一九八八年一月一三日に急死したが、後を継いだ李登輝の下で民主化は加速する。

野党も合法化され、中国で選出されたまま四〇年以上も無改選だった「万年議員」で占められていた国民大会と立法院の選挙も行われた。

一九九一年五月、「反乱分子」の名の下に反体制派の取り締まりを認めてきた懲治反乱条例が廃止された。一九九二年五月には、刑法第一〇〇条から、言論活動だけで内乱罪に処することができる予備内乱罪を規定した部分が削除された。それまでは、台湾独立を主張するだけで罪に問われていたのだが、以後は暴力行為を伴わない思想犯や陰謀罪は成立しなくなった。

これで法律上、政治犯という概念はなくなり、台湾で勾留・拘置されていた政治犯は釈放された。政治犯の海外からの帰国を禁止したブラックリストも消滅し、彭明敏の帰国にも道が開かれた。

実は、彭明敏はブラックリストがなくなる前に、台湾に戻るチャンスがあった。李登輝は一九九〇年六月、各界の代表や識者を集めて国家の在り方を討議する「国是会議」を開催したが、そのメンバーとして、彭明敏を招こうとしたのである。

だが、その時点では、彭明敏に対する指名手配は効力を失っていなかった。検察部門からは、彭明敏が帰国するなら、逮捕令に基づいて尋問を行うとの方針が示された。彭明敏は、取り調べを受けるなら、台湾には戻らないと突っぱねた。

李登輝の説得で、尋問は空港の貴賓室で形式的に済ませるということになったが、それでも彭明敏は拒否した。李登輝は当時、まだ権力基盤を固め切れておらず、検察の方針を完全に覆すことはできなかったのである。

その時のことについて、彭明敏は「僕がやったことは犯罪ではないので、逮捕状を取り消さない限り、帰らないと言ったんだ。李登輝にしたら、政権内で僕を呼ぶのに反対する者も多く、それを何とか説き伏せたのに、僕が招待を受けなかったので、大いに不満だったようだ(26)」と振り返った。

22年ぶりの帰還で米国から台湾に向かう彭明敏（中央）と支持者たち（1992年10月31日、玉山社出版事業提供）

もっとも、日本の作家の上坂冬子には「あのとき、李登輝が右派からの猛攻撃にあいながら限界ギリギリまで話をつめたのが十分に理解できただけに、申し訳ないことをしたと思っている[27]」と打ち明けている。

二〇〇〇人の支持者が出迎え

彭明敏に対する逮捕令は、一九九一年に解除された。晴れて無罪の身になった彭明敏は一九九二年一一月一日、香港経由で台湾に戻った。一九七〇年一月にスウェーデンに脱出して以来、二二年ぶりの帰国で、六九歳になっていた。

空港では、約二〇〇〇人の支持者が出迎えた。まさに、英雄の凱旋という趣だった。それだけ多くの人が駆けつけたのは、彭明敏が独立運動の精神的支柱として、カリスマ的存在となっていたからである。

その場で、彭明敏は所感を発表し、「台湾の牛馬となることを栄誉とし、本省人も外省人も一致団結して、台湾の建設のために奮闘しよう[28]」と呼びかけた。彭明敏は「あんなにたくさんの人が来てくれるとは思わなかった[29]」と驚きを語る。

日本の新聞も彭明敏の帰国について、短く事実を伝えたうえで「野党にとどまらず、台湾各界への影響力も大きいといわれ、今後の活動が注目される[30]」と、その動向に関心を寄せている。

帰国翌日の一一月二日、彭明敏は母校・台湾大学法学部の講堂で講演をしている。ここを会場にしたのは彭明敏の希望によるもので、かつて人生の情熱を傾けた場所にもう一度立ちたいという思いと、将来を担う若者たちに台湾が進むべき道について知ってほしいという願いが込められていた。

講演で、彭明敏は「一九四九年から［戒厳令が解除された］五年前まで、この政府は誰一人信じる者のない一つの神話を掲げていた。誰一人信じる者のない虚構の上に成り立っていた神話とは何か？　みなさんのような若い人たちは知っているかどうかわからないが、それは『大陸反攻』という神話だ。虚構とは何か？『この政府は全中国を代表する唯一の合法政府である』という主張だ[31]」と、蔣介石と国民党政権をこき下ろした。海外逃亡から二〇年以上が経ち、公の場で蔣介石や国民党政権を批判しても、もはや罰せられることはなかった。

続いて、彭明敏はこう述べた。

「現在、我々が直面している最大の危機は新しい神話であり、新しい虚構である。この新しい神話や虚構は、我々台湾人の子孫に古い神話より深刻な被害をもたらし、二〇〇〇万人とその子孫の運命を断ち切ってしまうかもしれない。新しい神話とは何か？『統一中国』だ。新しい虚構とは何か？『台湾は中国の一部分』という主張だ。これは我々の民主と台湾の将来にとって非常に大きな挑戦になるだろう[32]」

彭明敏が海外亡命している間に、戦いの相手は国民党政権より中国の共産党政権がメーンになっていたのである。講演では三五回も拍手が巻き起こり、会場は終始、熱狂的な雰囲気に包まれた。

同月末には、日本の新聞のインタビューも受け、「台湾が独立した政治実体であるということは事実であり、だれも否定できない。いま、ことさらに独立を叫ぶ必要もない(33)」と訴えている。

(二)民進党の総統候補に

初めての直接選挙

残る人生を台湾独立運動に尽くす覚悟で祖国に帰還した彭明敏だったが、予期せぬ大役が回ってきた。一九九六年三月に行われる台湾初の総統直接選挙で、民進党の公認候補に選出されたのである。この選挙は、台湾が一九八〇年代後半から進めてきた民主化の総仕上げと位置づけられていた。

出馬について、彭明敏は「僕は政治家ではないので、最初は出るつもりはなかった。でも、友人はそろって『これまで台湾の民主化のために闘ってきたのだから、最後のお勤めとして引き受けろ』と迫るんです。当選するとは思わなかったけど、この機会を利用して、自分の意見を発表するのも民主化運動の一つだと考え直した(34)」と話す。

当時、結成一〇年に満たない民進党には、抜きんでた候補者はいなかった。党内では、許信良《きょしんりょう》・前党主席、尤清《ゆうせい》・台北県長、林義雄・元台湾省議会議員の三人が出馬の意向を表明していた。彭明敏は一九九五年二月に入党し、候補の一人に名乗りを上げた。四人の候補者のうち、他の三人は五〇代だったが、彭明敏は七二歳と高齢だった。

民進党は台湾初の総統直接選挙を、権威主義的な国民党との違いを強調する絶好の機会と捉え、米国の大統領予備選挙を参考にした党内予備選挙を実施した。

第一次として、党幹部と一般党員を対象にした投票を行い、上位二人に絞る。第二次では、第一次を通過した二人が全島四九カ所を回って政見発表会を実施し、それを聴いた住民に投票してもらい、最終的に候補者を決定するという方式だった。手間のかかるやり方だったが、民主的な手続きをアピールするねらいがあった。

一九九五年六月に実施された第一次予備選挙の投票で、許信良がトップ、彭明敏は二位になり、二人が第二次に進んだ。彭明敏は党幹部の投票は四人中最下位だったが、一般党員投票で首位となり、合計で二位に浮上した。

七月から、第二次予備選挙が始まった。二カ月にわたった政見発表会と住民投票の末、九月二四日、彭明敏の勝利が決まった。民進党は、台湾独立運動の精神的指導者として熱狂的に迎えられた彭明敏のカリスマ性に賭けることにしたのである。彭明敏は選挙の供託金一五〇〇万台湾ドル（当時のレートで約五八〇〇万円[35]）を、資産家の知人三人から借りて調達したが、「一生で初めて、そして唯一の借金経験だった[36]」と回顧している。

謝長廷とのコンビ

台湾の総統選挙は、総統と副総統候補がペアで選ばれる。彭明敏はコンビを組む副総統候補に立法委員だった謝長廷を指名した。彭明敏が七二歳と高齢だったのに比べ、謝長廷は四九歳の若さである。原則論を曲げない彭明敏に対し、謝長廷は現実主義的な柔軟性を持ち合わせていた。

台湾総統選挙の民進党内第２次予備選挙の政見発表会に臨む彭明敏（右）と許信良。この後の住民による投票で彭明敏の勝利が決まった。（1995年9月24日、邱萬興氏提供）

初の総統直接選挙は、国民党が総統現職の李登輝、最大野党・民進党が彭明敏を擁立したのに加え、国民党を離党して第二野党・新党の支援を受ける林洋港《りんようこう》・前司法院長、やはり国民党とたもとを分かった陳履安《ちんりあん》・前監察院長の四人で争われた。監察院は公務員の違法行為の摘発や弾劾を行う政府の機関である。

国民党が分裂し、同党系が三人も出馬する乱立選挙となったが、現職で絶頂期にあった李登輝の勝利は確実視されており、李登輝がどれだけ得票率を伸ばすかに関心が集まっていた。民進党にとっては負け戦ではあったが、次につながる「負けっぷり」を見せられるかどうかが問われていた。

一九九六年二月二五日に開かれた四候補による初の政見放送発表会で、いきなり彭明敏は台湾の地上波テレビ局三局に対して「選挙報道では国民党の代弁者と化し、国民党の宣伝の道具となっている[37]」と抗議の意を表明した。

当時、台湾の地上波テレビ局三局はいずれも国民党の統制下にあり、選挙では国民党の候補者の活動を他党の候補者より長く放映するなど、平然と国民党寄りの報道が行われていた。彭明敏はこうした国民党一党独裁体制の名残に、批判の矢を放ったのだった。

このような彭明敏の姿勢について、謝長廷は「自らの理念や思想を堅持するタイプで、妥協を許さない。原則を大切にし、自分にも厳しい。そばで見ていて、学ぶべき点が多い先輩だと感じた(38)」と評する。

(三) 総統選挙で二位につける

中国のミサイル発射が李登輝の得票を押し上げ

選挙戦は二月二四日から正式にスタートしたが、中国が軍事演習を予定しているとの観測が流れていた。中国からすれば、台湾だけで自らのリーダーを決めるのは「台湾独立への道」であり、李登輝をその黒幕と見なしていた。軍事的な圧力をかけることで、「隠れ独立派」の李登輝と「公然独立派」の彭明敏の得票を減らそうというねらいだった。

実際に、中国は三月八日から一五日にかけ、台湾北東部の基隆と南部の高雄の沖合海域に計四発のミサイルを発射する演習を実施した。台湾対岸の福建省沖合で陸海空三軍合同軍事演習も行ったが、米国が台湾海峡近海に空母二隻を中心とする艦隊を派遣したため、台湾総統選挙が国際的な注目を集めた。

だが、軍事演習は中国の思惑とは裏腹に、李登輝を利する結果になった。「毅然として中国と戦うリーダー」とのイメージが際立ったことで、李登輝を支援しようというムードが広がったのである。これは、反独立派の林洋港と陳履安に不利に働いただけでなく、独立派の民進党支持者の間でも「棄彭保李」（彭明敏を捨てて李登輝を守る）と言われる乗り換え現象が起き、李登輝の支持率が上がった[39]。

投票は三月二三日に行われ、李登輝が五四・〇〇パーセントの得票率で圧勝した。彭明敏は二一・一三パーセントと大差をつけられたものの二位となり、林洋港（一四・九〇パーセント）、陳履安（九・九八パーセント）を上回った。

李登輝の得票率は事前の予想を超えており、中国の軍事演習で上積みされたとみられている。中国

台湾総統選挙で民進党の公認候補となった彭明敏（左）と副総統候補の謝長廷（財団法人彭明敏文教基金会提供）

1996年台湾総統選挙の選挙公報（2017年8月10日、台北市の総統副総統文物館で）

がともに「独立派」と非難する李登輝と彭明敏の得票率を合わせると四分の三にのぼり、台湾では「七五パーセントが少なくとも現時点での統一を拒否した」[40]との論評もあった。彭明敏の得票は民進党の基礎票を下回る大敗には違いなかったが、台湾全体で見ると、彭明敏の「負けっぷり」はそれほど悪くなかったのである。

民進党との不協和音

総統選挙で「民進党の顔」として戦った彭明敏だったが、民進党との関係はしっくりいっていなかった。党内では、長らく台湾を離れていた彭明敏を公認候補にすることに反対も強かった。彭明敏は「いちばん反対したのは新潮流［派］だった[41]」と証言する。

新潮流派は民進党の派閥の一つで、知識人や工場労働者らを中心として、街頭デモなど大衆運動に重点を置く過激な主張が特徴だった。商工業関係者や中産階級の支持者が多く、議会活動を通じての民主化を呼びかける穏健派の美麗島派とライバル関係にあった。

彭明敏は「［一九八六年に］民進党が設立された時、海外の台湾人も非常に興奮して、アメリカに支部を作ろうと［いう動きがあった］。そうすれば、多くの資金が入って来る。しかし、新潮流は、それができれば自分たちの勢力がなくなると反対した[42]」と説明する。彭明敏と新潮流派の不協和音は、彭明敏が米国滞在中からあったようだ。

選挙運動についても、彭明敏は「民進党はほとんど手伝ってくれてないですよ。僕の宣伝ビラを会場で配ってくれといっても配らない。倉庫に投げ込んだままでね。民進党は全然助けてくれなかった[43]」と不満をあらわにした。

台湾総統選挙の運動で支持者に手を振る彭明敏（財団法人彭明敏文教基金会提供）

台湾総統選挙の集会で支持者に手を振る李登輝。右は副総統候補の連戦（1996 年、桃園県で。李培徽氏撮影、台湾行政院新聞局提供）

民進党の選挙支援に関しては、「彭明敏の独立路線には党内で異論が絶えなかったし、党の幹部にしても地方支部にしても、彭明敏との人的関わりが薄く、選挙活動はやるにはやったが、4年後の陳水扁の選挙キャンペーンのような爆発的なエネルギーが投射されることはなかった[44]」というのが実情だった。

では、なぜ、民進党から立候補したのか？ 彭明敏は「総統の選挙に出るためには、民進党に入らなければ、無党派としてはとても選挙できないと思い、はっきり申し上げますと、総統の選挙のために民進党に入りました[45]」と告白している。

彭明敏は総統選挙直後の一九九六年四月、台湾独立の啓蒙運動を進める団体、建国会を設立し、会長になった。だが、同年一〇月に政党として結成された建国党の名誉主席就任は断っている。翌一九九七年には民進党を離党し、政治には距離を置くようになった。

三、李登輝との友情と生き方の違い

(一)台湾大学時代からの親友

事件の前夜に会食

第一章で述べたように、彭明敏が李登輝と知り合ったのは、終戦で日本から台湾に戻り、台湾大学に編入した一九四六年である。彭明敏は法学部、李登輝は農学部と学部は違ったが、日本の帝大帰りは全部で三〇人ほどだったので、すぐに顔見知りになった。

その付き合いは、二人がともに台湾大学で研究者となった後も続いた。彭明敏は「僕と李登輝ともう一人、前台北市長の娘婿だった楊鴻游《ようこうゆう》の三人はいい友達で、毎週一回ぐらいは一緒に食事をしていた[46]」と振り返る。台湾のごく一握りのエリートだった三人は、若者特有の思い入れと使命感で、熱く語り合ったことだろう。

実は、彭明敏が「自救宣言」を印刷したところを密告によって逮捕された一九六四年九月二〇日の前夜にも、楊鴻游の自宅で三人で食事をしている。だが、彭明敏はその場で「自救宣言」については話していない。

長年の親友である李登輝と楊鴻游に、なぜ、あれほど重要な計画を打ち明けなかったのだろうか。当時は、犯罪を知っていながら通報しなかった者は「知情不報」で罪に問われたため、友人でもしゃべらなかったというのが最大の理由だろう。

ただ、彭明敏は私のインタビューで、李登輝について「彼は農業経済が専門だから、穀物と肥料の不公平な交換制度によって農民は搾取されていると、よく国民党の農業政策は批判していた。でも、政治のことはあまり言わなかった[47]」と話している。

その制度は一九四八年に導入され、農民は重量比一対一で、強制的に米と化学肥料を交換させられた。キロ当たりの市場価格は米が化学肥料を大幅に上回っており、農民は大きな損失を強いられた。

それを除くと、その頃の李登輝は「自救宣言」が提起したような国家や政治についての問題にはあまり関心がなかった、と彭明敏は感じていたようだ。

国民党に入党

彭明敏が指摘するように、李登輝は政治の世界に入る前、農業専門家として地歩を固めていた。台湾大学農学部を卒業後、米国のアイオワ大学で修士号、コーネル大学で博士号を取得し、台湾大学教授と中央省庁である農村復興連合委員会（現行政院農業委員会）の技師長を兼任していた。

その李登輝が政治家になり、総統に上り詰めるきっかけとなったのが、蔣経国との出会いだった。農村復興連合委員会で上司だった経済学者の王作栄《おうさくえい》を通じて、李登輝は、蔣経国の最側近で彭明敏の「再教育会議」にも出席した王昇や国民党台湾省党部主任委員だった李煥と知り合った。彼らの紹介で一九七〇年、行政院副院長だった蔣経国に農業問題の報告を行い、米と化学肥料の交換制度の問題点を指摘した。(48) 蔣経国は李登輝の報告を高く評価し、その後、交換制度を廃止している。李登輝は一九七一年一〇月、王作栄の推薦を受け、国民党に入党した。

ただし、その前年の一九七〇年六月に警備総司令部から呼び出され、一週間ぶっ続けで厳しい取り調べを受けている。若い頃、マルクス主義に傾倒して読書会に参加していたり、米国留学時代にはニューヨークで蔣経国を狙撃しようとした黄文雄が自宅に出入りしたりしていたので、蔣経国が思想調査をさせたのだった。李登輝は自著で、取調官が「蔣経国以外はお前のような人間を使わない(49)」と言ったと明かしている。

国民党に入党してからは、とんとん拍子で出世の階段を駆け上がっていく。一九七二年には、行政院長に昇格した蔣経国から農業問題担当の政務委員（無任所閣僚）に抜擢され、いきなり入閣を果たした。蔣経国は一九七八年に総統に就任すると、李登輝を台北市長に引き上げ、一九八一年には台湾省主席に起用する。そして、一九八四年、他の有力者を退けて、副総統に指名するのである。

蔣経国は国民党政権の生き残り策として、有望な本省人を重要ポストに登用したが、そのトップランナーの一人が李登輝だった。それに先立つ一九六〇年代にも、国民党政権は本省人エリート養成策として彭明敏を重用したが、彭明敏は反旗を翻した。蔣経国の庇護《ひご》の下、国民党政権の中で頭角を現していった李登輝は「私は『蔣経国学校』で政治というものを学ぶ学生にほかならなかった[50]」と公言している。

「自救宣言事件」に驚く

彭明敏らが起こした「自救宣言事件」を、李登輝はどう見ていたのだろうか。この事件では、彭明敏は一九六四年九月二〇日に逮捕され、警備総司令部は一〇月二三日になってようやくその事実を発表している。

友人からすれば、彭明敏と約一カ月間も連絡がとれない状態が続いたことになる。彭明敏と週に一回のペースで食事をともにしていた李登輝は、さぞかし心配したことだろう。

蔣経国との会話のメモをまとめた著書で、李登輝は「自救宣言事件」に関して、「私は当時、彭明敏はなぜこんなことをしてしまったのかと思った。彼はいろんな面で恵まれており、台湾の知識人の中で最も早く出世した学者だった。（中略）私が台湾大学でまだ講師だった一九六一年、彭明敏はすでに国連の国民党政権代表団の顧問をしていた［李登輝は一九五七年に台湾大学講師から副教授に昇格している］。彼が突然、態度を変えて、『台湾人民自救宣言』を作成して逮捕されるなど、誰が予想しただろうか[51]」と驚きを語っている。

一方で、李登輝は「私はこの事件にはまったく関わっていなかった。私は自分がブラックリストに乗っているのか、いつ捕まるのかわからなかったので、そのようなことはできるだけ避けるようにしていた」[52]とも述べている。

李登輝は自著で、一九四七年の「二・二八事件」の際、「私は、実は弾圧される側にいたのである」[53]と告白している。彭明敏が「自救宣言事件」を起こす前は、李登輝の方が特務からマークされる立場だったのだ。

後に、蔣経国が命じた身辺調査だったとはいえ、警備総司令部の取り調べも受けている。彭明敏との会話でも、意識的に政治の話を避けていたのかもしれない。

そんな李登輝にとって、彭明敏の事件は到底、人ごととは思えなかったはずだ。彭明敏との関係について、自著で「面識はあったが、親密な関係ではなく、あまり付き合いはなかった」[54]と突き放したような言い方をしているのも、事件後は彭明敏とはできるだけ距離を置きたかったからではないだろうか。

(二)米国から支援

李登輝支持を表明

一九八八年一月一三日に蔣経国が死去し、憲法の規定に従って、副総統の李登輝が後を継いで総統となった。本省人初の総統誕生という歴史的な出来事ではあったが、蔣経国の残りの任期二年四カ月を代行するものでしかなかった。

現職総統の死去に伴う副総統の昇格としては、厳家淦《げんかかん》の前例があった。一九七五年の蔣介石の死去で、厳家淦は蔣介石の残り任期の三年余り総統を務めた後、蔣経国に引き継いでいる。

李登輝は総統に就任したものの、国民党内にはまったく権力基盤がなく、自らの派閥もなかった。当時、統治の要となる党、政府、軍、特務機関はそれぞれ外省人の実力者が押さえており、互いに牽制《けんせい》し合っていた。国民党内では、李登輝は厳家淦のように、リリーフ役で終わるだろうと見る者が少なくなかった。

一方で、初めての本省人の総統として、人口の約八五パーセントを占める本省人の住民からは熱い期待が寄せられた。ただし、民進党や独立運動家の間では、本省人の総統就任を歓迎しながらも、外省人に操られるお飾りの指導者にすぎないとの見方が強かった。

宗像隆幸は李登輝との対談で、「失礼ながら、我々は李総統のことをロボット総統と呼んでいました」[55]と打ち明け、李登輝も「本当にロボット総統だった」[56]と応じている。

蔣経国から引き継いだ李登輝の総統任期は一九九〇年五月一九日までで、三月二一日に国民大会代表による総統選挙が行われることになっていた。ここで李登輝が勝利すれば、真の意味での総統になることができる。だが、国民党内では、外省人の実力者らが対抗馬擁立を画策していた。総統候補には本省人である林洋港を担ぐものの、実態は外省人の傀儡だった。

李登輝の基盤は、世論の後押ししかない。だが、前述したように、反国民党勢力の間でも、李登輝の力量には懐疑的な見方が広がっていた。

そうした情勢の中、総統選挙を一カ月後に控えた一九九〇年二月、彭明敏はニューヨークで記者会見を開き、「今の台湾には、李登輝以外に選択の余地はない。李登輝の強みは、住民に受け入れられていることだ。彼に代わる総統はいない」[57]と李登輝支持の姿勢を明確にした。

独立派の中には、これまで国民党と戦ってきた彭明敏が、なぜ国民党の李登輝を応援するのかといぶかる者もいた。だが、独立運動の支柱となっていた彭明敏の態度表明が、台湾の本省人に与えた影響は小さくなかった。

国民党内で李登輝は抵抗勢力を巧みに切り崩し、林洋港を出馬断念に追い込んだ。その力になったのが、李登輝を支持する世論の盛り上がりだった。外省人の実力者といえども、世論を無視してまで対抗馬擁立を強行するわけにはいかなかったのである。

立候補者一人の信任投票となった選挙で、李登輝は投票者のうち九五・九六パーセントという圧倒的な得票率を勝ち取り、真の総統としての一歩を踏み出した。彭明敏は海外にいながら、李登輝の権力掌握を支援したのである。

心のこもったアドバイス

五月二〇日の総統就任式を前に、彭明敏は李登輝宛に手紙をしたためた。その中で、彭明敏は本省人である李登輝の総統就任を「台湾史上初めて訪れた社会改革の運命の転換期[58]」と位置づけ、「海外の同胞も含め、台湾人民のあなたに対する期待は大きい[59]」と激励している。

そのうえで、「あなたに対する住民の評価と支持は、あなたの最大の（そして、ほとんど唯一の）政治的資産だ[60]」と指摘し、国会全面改革や総統直接選挙、台湾省長と行政院直轄市（台北市、高雄市）の市長の直接選挙、政治犯の釈放や復権など民主化に向けた課題を具体的に挙げ、達成までのタイムスケジュールを示すよう提案している。

さらに、政権や党内の抵抗が大きい場合は、米国の大統領のように、テレビ演説を通して住民に直接メッセージを送るよう勧めている。就任演説では、歴代総統のような古臭い言い回しをせず、わかりやすい言葉で一般の人々に語りかけるよう助言している。

就任に当たっては、新しい時代の始まりを印象づけるために、総統は率先して個人資産を公開し、閣僚や高官にも自主的な公開を求めてはどうかと呼びかけている。また、月に一、二度、総統府に音楽家や芸術家を招いて公演や展覧会を行い、一般の人たちを招待するというアイデアも提供している。

李登輝に近い新聞記者の鄒景雯《すうけいぶん》が書いた『李登輝執政告白實録』には、この手紙の写しが掲載されている。便箋四枚に及ぶ手書きの手紙には、もうすぐ晴れ舞台に立つ親友に、あれも言っておきたい、これも言っておかなければ、といった感じの心のこもったアドバイスが綿々とつづられており、心を打たれる。

彭明敏はこの手紙を、米国を訪れた知人に託した。李登輝は知人から受け取った手紙が彭明敏からのものだとわかると、慌ててポケットにしまい込んだ。彭明敏は「あんまり人に見られたくなかったんだな[61]」と笑ったが、その時はまだ、トップとして「国家反逆者」の取り締まりを指揮する立場にある者が、海外の政治犯からの手紙を人前で泰然と受け取れる状況ではなかったのである。

この手紙について、彭明敏は「威圧的な総統府というイメージを変えるため、開放して街の人を呼んできて、音楽会をやったらどうかと提案したんですよ。そしたら、音楽会はやったんだけど、出席したのは選ばれた人たちばかりだった。安全の問題があったらしくてね[62]」と説明した。

手紙で示した彭明敏の提案やアドバイスは、すぐには実行できないものも多かったが、鄒景雯は「李登輝の総統就任演説は、知恵を絞って過去の紋切り型を打ち破り、台湾の民衆に希望を与えるものだった。彭明敏の手紙が、大きな励みとヒントになったに違いない[63]」と分析している。

総統がテレビ演説によって民衆に語りかける手法はさまざまな制約があって採用されなかったが、鄒景雯は「李登輝は重要な政策決定の際には、必ず地方などを視察し、その問題についての見方を［同行の］メディアに向かって述べた。それは直接住民に訴えかけることで、民意を後ろ盾にしようとするやり方だった(64)」と指摘し、やはり彭明敏の手紙の影響があったとみている。

(三) 二人が歩んだ対照的な人生

外と内から一党独裁体制を改革

李登輝は日本の作家、司馬遼太郎との対談で「かつてわれわれ七十代の人間は夜にろくろく寝たことがなかった。子孫をそういう目には遭わせたくない(65)」と打ち明けている。「二・二八事件」や「白色テロ」の時代、多くの人が夜中や早朝に突然、自宅を急襲した特務に連行された過去を指している。警備総司令部の取り調べを受けた李登輝自身が体験したことでもある。早朝、自宅にやって来た白いヘルメットをかぶって銃を持った憲兵に、同行を求められた。李登輝は処刑も覚悟したが、何とか帰宅できた。だが、同じように連れ去られ、そのまま二度と帰って来なかった人も多い。

特務機関による恐怖政治に支えられた国民党一党独裁体制を改革しなければならないという思いは、彭明敏と李登輝は共通していたのである。だが、そのために取った方法は正反対だった。

彭明敏は国民党に正面から戦いを挑んだ。「自救宣言」を各界の指導者層に送って議論を巻き起こすという計画は成功しなかったが、その後、海の向こうから一党独裁体制を激しく揺さぶった。

それに対し、李登輝は国民党の内部に入り込んで、一党独裁体制に大なたを振るった。国民党に入党した理由について、李登輝は「最も危険なところが、最も安全だと考えたから」[66]と述べている。そして、こうも言っている。

「体制の外からアウトサイダーとして渾身《こんしん》の力をかけて変革を狙う人もあろう。それはそれで敬服に値するが、私は体制をはなれず、体制の中に身を置いて変革を狙う道を選んだ。これが私のやり方なのだ」[67]

この言葉がすべてを言い尽くしているのではないか。独裁体制という分厚い殻を、彭明敏は卵の外から、李登輝は内からつつき、最終的に殻は破れた。それは、外と内の両方から攻めたからこそ実現したのであり、彭明敏と李登輝やその他民主化達成に尽力した一人ひとりにとって、「これが私のやり方」だったのだ。

ただ、彭明敏は「海外での民主化運動は、［台湾の］政府は相手にしないし、台湾にも入れない。国内に与える影響は大きくない。結局、民主化は台湾にいる人たちがやったんです」[68]とも語っている。海外での運動の限界を体験したからこその思いなのだろう。

二重人格者

本省人でありながら国民党のトップになり、内部から改革するという役回りを演じた李登輝について、彭明敏は「国民党に入党したと聞いた時は、ちょっと驚いた」[69]と前置きしたうえで、「彼は台湾人と国民党主席の『二重人格者』を強いられてきた。ときどき、ぽっと台湾人の人格が出て、国民党主席の人格とは言うことが矛盾する」[70]と、「二重人格者」という比喩を持ち出した。

李登輝を「二重人格者」と呼ぶ時、彭明敏自身も一時は似通った状態に置かれたことがあるだけに、その難しい立ち位置を気遣う思いやりが感じられる。だが、同時に、自分はあえて李登輝のような生き方を選ばなかったという自負も伝わってくる。

それでも、李登輝の総統としての仕事ぶりについては「各地を訪れては研究・考察することを怠らず、それぞれの地質や農産品さえも熟知していた。決して才気煥発なタイプではないが、黙々と努力し、粘り強く堅実に物事をやり遂げる立派な総統だった[71]」とたたえる。

そして、李登輝が民主化に果たした役割については、「国民党の中で民主化をしようとしたら、かなりの抵抗があった。国民党主席の立場とも矛盾する。［それでも進めたのだから］その点、功績がありますよ[72]」と評価した。

一方、李登輝も、先に見たように、「自救宣言事件」についてはあまり肯定的に受け止めていないようだったが、彭明敏がまだ米国に滞在中、公の場で李登輝が「彭明敏は本当の愛国者だ」と言ったことを、彭明敏は伝え聞いている[73]。最高指導者と海外亡命者という対照的な人生を歩んだ二人は、立場の違いはあっても、根本のところでは互いに認め合っていたのである。

(四)しがらみを乗り越えて

総統選挙で個人攻撃はせず

彭明敏が一九九二年一一月に台湾に帰った後、一度、李登輝との面会がセットされたことがあった。彭明敏は二〇二〇年七月三〇日に死去した李登輝への追悼文で、面会のため李登輝のもとに行くのに、黒いカーテンで外から車内を見えなくした車が差し向けられたので、「このようにこそこそと会いに行くなんて、尊厳も何もあったものではないので、拒否した[74]」と明かしている。

親友といえども、総統の座にある李登輝が公然と反対勢力の中心人物に接するわけにはいかなかったのだろう。彭明敏も総統に会ったことを誇示して自分の存在感を高めるというタイプではなく、李登輝と会うなら正々堂々とした形でという思いが強かった。

結局、彭明敏が初めて李登輝と対面したのは、一九九六年二月二五日に行われた総統選挙の第一回政見放送発表会だった。その時のことについて、彭明敏は「選挙の時に初めて会ったけど、舞台で握手しただけ[75]」と振り返る。

その選挙戦で、彭明敏は「国民党は批判したが、彼自身の批判はしなかった[76]」と言い、李登輝も彭明敏の個人攻撃は控えた。政見放送で彭明敏が李登輝に触れた部分は、こんな内容である。

「多くの人が李登輝さんは民主発展に貢献したと言いますが、それは間違いありません！ 李さんは民主化の実現に努力しました。しかし、もし国民党主席が台湾の民主化に最大の貢献をしたと言うなら、それはまったく筋違いの話です。（中略）国民党も民主化の流れには逆らえず、我々の先輩や私や民進党の要求を受け入れざるを得なくなったのです。ですから、［国民党主席である］李登輝さんは非常に苦労されました。民主化に力を尽くしてこられましたが、大変な重荷を背負うことになりました。その歴史的、過渡的任務はすでに終えておられます。我々は彼に感謝し、そろそろ休んでもらうべきです。もし、私が当選して総統になったら、李さんの知恵と経験、学識をお借りして、一緒に頑張っていきます[77]」（一九九六年三月一七日の第三回政見放送発表会）。

民進党の副総統候補として、彭明敏と行動をともにした謝長廷も「確かに、彭明敏さんは李登輝総統の個人攻撃はしなかった。ただし、民進党としては、李登輝総統個人を批判した[78]」と証言する。二

インタビューに答える謝長廷（2018 年 10 月 26 日、東京都港区の台北駐日経済文化代表処で）

人が互いに個人攻撃を抑制したこの選挙戦は、今でも「君子の争い」として語り継がれている。

総統府資政への就任要請を断る

鄒景雯の『李登輝執政告白實録』は、総統選挙後、李登輝がひそかに彭明敏に使者を送り、何度か総統府資政への就任を要請したエピソードを紹介している(79)。

国政に対して意見を提出できる総統府資政は、功績のある長老が任命されるのが通例になっていた。李登輝の打診は個人的な友情もあったが、総統選挙が終われば各党は和解し、超党派の政権をつくりたいと考えたのが主な理由だった。彭明敏は熟慮したが、「やはり国民党政権で『官』として働くことはできない」として断ったという(80)。

ただし、彭明敏は「李登輝からは総統府資政の招聘状はもらわなかった(81)」と話す。一九九六年五月二二日付で総統府が発表した資政名簿にも名前は載っていないので、彭明敏への総統府資政就任要請があったとすれば、水面下の微妙なやり取りだったのかもしれない。彭明敏はそれから四年後に発足した民進党の陳水扁政権で、総統府資政を引き受けることになる。

二〇〇〇年五月に李登輝が総統を退いた後は、二人は政治的な立場にとらわれずに付き合うことが

対談会で民主化に対する思いを語り合った李登輝（左）と彭明敏（2001 年 10 月 14 日、台北市で）

できるようになった。二〇〇一年一〇月一四日には、台北市内で二人の対談会が開かれた。当時、台湾で勤務していた私も聴きに行ったが、会場は両巨頭の一言一句も聞き漏らすまいとする張り詰めた空気に覆われていたのを覚えている。

二人は、民主化に対する思いを存分に語り合った。李登輝は「これまで自分がやってきたことは、すべて政治改革と民主化を進めるためだった。その過程で一滴の血も流さず、社会を混乱させたり、経済を衰退させたりすることもなかった[82]」と、台湾が達成した民主化を誇った。

彭明敏も選挙によって国民党から民進党への政権交代が実現したことについて、「旧ソ連やインドネシアなどで政権崩壊や政権交代に伴って暴動が発生したのに比べると、台湾の平和的な政権移行は評価していい。民主の道を歩むのは困難でとても苦しいが、一歩一歩進んでいくしかない[83]」と述べ、台湾の民主化の進展を肯定している。

さまざまなしがらみを乗り越え、二人はようやく、台湾の過去や現在、将来について遠慮なく語り合うことができるようになったのである。

四．見果てぬ夢

(一)初の政権交代

李登輝に送った手紙

二〇〇〇年三月一八日に行われた総統選挙には五人が出馬したが、そのうち民進党の陳水扁と国民党公認候補の連戦、国民党を離れて無所属で出馬した宋楚瑜が三つどもえの激戦を演じた。

投票一週間前になって、台湾人として唯一のノーベル賞受賞者である李遠哲《りえんてつ》・中央研究院院長や、李登輝の盟友で世界的な化学メーカー・奇美実業の許文龍《きょぶんりゅう》会長らが陳水扁支持を打ち出し、陳水扁の勢いが増した。彭明敏には、選挙は事実上、陳水扁と宋楚瑜の一騎打ちになったとの情報が入っていた。

しかし、李登輝には最後まで「連戦優勢」との報告しか上がっていなかった。彭明敏はすでに陳水扁支持の立場を明らかにしていたが、投票日直前になって、人を介して李登輝から「連戦が当選する可能性が非常に高くなり、陳水扁は脱落した。だから、公開の場で、連戦支持を表明してほしい」との依頼を受けた(84)。李登輝は、連戦の台湾大学での恩師である彭明敏の加勢で、勝利に向け弾みをつけたいという思いがあったのだろう。

彭明敏は断ったが、李登輝の情勢判断の甘さに驚き、「心理的にも実務的にも、最悪の結果に備え

総統選挙の勝利宣言を行う陳水扁（中央）。車椅子に座っているのは呉淑珍夫人。舞台では彭明敏（右端）が見守っていた。（2000 年 3 月 18 日、台北市で。張進源氏撮影、台湾行政院新聞局提供）

ておいた方がいい[85]」と記した手紙を李登輝に送った。もう連戦には勝ち目はないので、敗北宣言を準備するなどしておいた方がいいというアドバイスだった。

選挙は、得票率で陳水扁三九・三〇パーセント、宋楚瑜三六・八四パーセント、連戦二三・一〇パーセントという結果となり、台湾史上初の政権交代が決まった。彭明敏は李登輝への手紙で、「陳水扁はあなたを尊重するだろう。（中略）国民党主席は辞任しないで、台湾社会の安定に尽くしてほしい[86]」とも述べている。

だが、選挙大敗を受け、李登輝の責任を追及する国民党員の抗議活動が激化していた。李登輝は九月に党大会を開いて主席を辞任する予定だったが、前倒しして三月二四日に辞め、連戦が代理主席となった。

二〇〇〇年五月二〇日に発足した新政権で、彭明敏は陳水扁の要請を受け入れ、総統府資政に就任した。初めて政権を担当する民進党を少しでも支援したいとの思いからだった。資政には無給職もあるが、彭明敏は有給職で、総統府で執務室も与えられた。

陳水扁は彭明敏以外にも、資政と国策顧問の二種類の総統府顧問職に、彭明敏とともに「自救宣言事件」を起こした謝聡敏、ニューヨークで蔣経国を狙撃した黄文雄、台湾独立建国聯盟主席の黄昭堂ら独立派の長老を多数任命した。

だが、そうした人事は、長老に敬意を表して名誉職をあてがうという側面が強く、意見は聞いても、実際の政策に反映することはなかった。

総統府資政は任期一年で、毎年新たに任命される形をとり、彭明敏は陳水扁政権二期目の途中まで計六年間務めた。総統府資政時代について、彭明敏は「国民党にコントロールされているメディアの対策や改革」を重視するようにとか、いろいろと提言はしたが、「陳水扁は」『わかった、わかった』と言うだけで、ほとんど影響力はなかった」(87)と振り返った。

就任時四九歳だった陳水扁の側近はさらに若い三〇代が多く、陳水扁のキャラクターグッズを売り出したり、写真集を発刊したりするなどパフォーマンス好きの傾向が強かった。陳水扁は国民党政権との違いを示したがり、若いスタッフのアイデアを積極的に取り入れた。

一方、彭明敏は総統府資政時代、米国、カナダ、スウェーデン、フィンランド、チェコなど欧米を中心に多くの国々を訪れている。二〇〇四年一二月に訪日した際は、二年後に首相となる安倍晋三・自民党幹事長代理や石原慎太郎・東京都知事ら有力政治家とも会談している。それらの外遊には、国交がないため訪問できない総統に代わって、「トップ外交」を推進するという意味合いがあった。

期待が失望へ

二〇〇四年三月二〇日に行われた総統選挙は陳水扁と連戦の二人の対決となり、陳水扁が得票率五〇・一一パーセント、連戦が四九・八九パーセントで、その差〇・二二ポイントという大接戦の末、陳水扁が再選を果たした。だが、陳水扁政権は二期目も立法院で野党に過半数を押さえられた少数与党から脱することができず、思うような政権運営ができなかった。

二期目に入り、陳水扁は国民党政権時代に設定されていた国家統一綱領と国家統一委員会を事実上廃止したり、「台湾」名義での国連加盟の是非を問う住民投票を実施したりするなど、一期目に比べて独立色の濃い政策を進めた。

しかし、こうした姿勢は対中関係だけでなく、テロとの戦いや北朝鮮の核問題で中国の協力を必要とする米国との関係も悪化させた。陳水扁の家族や側近の金銭疑惑も相次ぎ、支持率は低迷したままだった。

二〇〇六年五月、彭明敏は日本の新聞のインタビューを受け、陳水扁を「独立宣言をしないなどと訴えた［二〇〇〇年の］就任演説は、多くの人に失望を与えた。総統には人に言えぬ苦渋もあるが、結果的に民進党の理想をくじいた」(88)と非難し、民進党についても「世界の民主主義国家において、民進党ほど規律を失った政党はない。個々が自分勝手に言いたい放題。与党にもかかわらず、立法委員（国会議員）がまるで野党のように自らの政党を批判する」(89)とこき下ろしている。

彭明敏からすれば、長年、国民党と戦ってきて、ようやく政権交代が実現したのに、そのチャンスをうまく生かせない民進党や陳水扁政権があまりにもふがいなかったのだろう。期待が大きかっただけに、その分、失望も大きかったようだ。

二〇〇八年の総統選挙は、陳水扁周辺でスキャンダルが次々と明らかになり、民進党は苦しい戦いを強いられた。三月二二日に行われた選挙は、台北市長などを歴任し、国民党のホープとして人気が高まっていた馬英九と民進党の謝長廷が争った。馬英九は過去最高の得票率となる五八・四四パーセントを獲得し、四一・五五パーセントに終わった謝長廷を一六・九〇ポイントの大差で破り、国民党が八年ぶりに政権を奪還した。

彭明敏は新聞に寄稿し、「四四年前の［「自救宣言」での］我々の主張は、徐々に台湾人の政治思考の主流になってきた。とくに、二〇〇〇年に台湾で生まれ育った野党が政権を獲得し、台湾主体意識が強まり、台湾民主化は台湾社会の基本的価値観になった。台湾政治の発展はこの路線に沿って発展していく――。と思っていたが、それは大きな間違いだった[90]」と嘆いている。

台湾にとっては二度目の政権交代で、国民党と民進党の二大政党制が定着していく過程だったが、国民党の復権は、彭明敏には時代が逆行したと感じられたようだ。

同じ文章で、彭明敏は「我々は民主化以前に戻ってしまうのか？ 国民党の党国体制は、形を変えて復活するのではないか？[91]」と警戒感を隠していない。一党独裁時代の国民党とは異なるとはいえ、彭明敏の国民党に対する不信感は消えてはいないのである。

(二) 蔡英文政権との距離

民進党が政権を奪還

二〇一六年一月一六日夕方、私は台北市内の事務所で、彭明敏とともにテレビの総統選挙開票速報を見守っていた。投票は午後四時に締め切られ、直後から開票が始まったが、民進党の蔡英文が国民党の朱立倫《しゅりつりん》をぐんぐん引き離していく。蔡英文の破竹の勢いに、彭明敏は思わず顔をほころばせた。

選挙は蔡英文が得票率五六・一二パーセントで、朱立倫（三一・〇四パーセント）と親民党の宋楚瑜（一二・八四パーセント）に圧勝し、政権を奪還した。彭明敏にとっては、時代が後退した八年間が過ぎ、ようやく民主の軌道に戻ったという感覚だっただろう。彭明敏は「台湾のために幸福を祈らなければならない(92)」と安堵《あんど》の思いを語っている。

しかし、蔡英文からの総統府資政就任の要請は断っている。その理由について、彭明敏は「資政は何も権力はないけれども、同じ政府［の一員］と見られるからね(93)」と話している。やはり、陳水扁政権での苦い経験が影響しているのだろう。

陳水扁政権での総統府資政について、彭明敏は「政権のやり方に納得できない支持者からは、『お前がついていながら、どうしてあんなことをさせるのか』と言われたりする(94)」とぐちをこぼしている。権限がないのに政権のお目付け役のように見られるのは、もうこりごりという心境だったようだ。

同じ民進党政権でも、蔡英文政権が陳水扁政権と異なるのは、立法院も過半数を制したことである。少数与党だったため、立法院で何度も重要法案を否決されて煮え湯を飲まされた陳水扁政権に比べ、はるかに政権運営はやりやすいはずだ。民進党支持者からは「ようやく真の政権交代が実現する」という声を聞かされたものだ。

蔡英文政権も有利な立場を生かして、年金改革や労働法制改革、「移行期の正義」などを看板政策として進めてきたが、彭明敏には改革に本腰を入れていないように映る。

二〇一七年のインタビューで、彭明敏は「改革をしようと思えば、必ず抵抗はありますよ。それを押し切って、やらなければならない。国民の前に立って、必要性をはっきり説明すべきなのに、いつも陰に隠れている。国会は多数なんだから、もっと押していけるのに、その迫力がない(95)」と蔡英文に厳しい評価を下した。

そして、二〇一九年一月には、独立派長老と言われる李遠哲、高俊明《こうしゅんめい》・長老教会牧師、呉澧培《ごれいばい》・総統府資政と四人連名で、蔡英文が二〇二〇年の総統選挙に出馬しないよう求める公開書簡を新聞に発表した。

彭明敏はその理由について、「総統になってから、唯一やったのは年金改革だけ。司法改革や『移行期の正義』など、全然できていない(96)」と酷評した。彭明敏は李登輝以降の総統について、国民党の馬英九はもちろん、民進党の陳水扁と蔡英文にも及第点は与えていない。

その点で言えば、李登輝も陳水扁、馬英九、蔡英文の後任総統に対し、就任当時は期待を表明するものの、しばらくすると否定的な評価に変わるパターンが続いている。戦争や独裁政権を体験した李登輝や彭明敏の世代からすると、下の世代の政治家たちの政治に取り組む姿勢は物足りなく感じるのかもしれない。

再選果たした蔡英文

彭明敏が批判したように、蔡英文の政権運営は住民からも厳しい目で見られていた。二〇一八年一一月二四日に行われた統一地方選挙で民進党は大敗し、蔡英文は責任を取って党主席を辞任した。その頃は、二〇二〇年の総統選挙への出馬も危ぶまれる状況だった。

だが、二〇一九年一月二日に中国の習近平《しゅうきんぺい》・国家主席が行った重要演説で転機が訪れた。習近平が演説で、香港で実施されている資本主義と社会主義の併存を認める「一国二制度」による台湾統一を呼びかけたのに対し、蔡英文は即座に「絶対に受け入れられない」と強い拒絶のコメントを発表した。その毅然とした態度が評判を呼び、低迷していた支持率は上昇に転じたのである。

さらに、六月から香港で本格化した「逃亡犯条例」改正案に反対する大規模なデモが収束せず、「一国二制度」のほころびが明白になってきたことで、「一国二制度」反対を旗幟《きし》鮮明にする蔡英文の人気が高まってきた。蔡英文は六月に実施された民進党の党内予備選挙で前行政院長の頼清徳《らいせいとく》を破り、公認候補に選ばれた。頼清徳はその後、副総統候補として蔡英文とペアを組んだ。

国民党は統一地方選挙でブームを巻き起こした韓国瑜《かんこくゆ》・高雄市長が党内予備選挙を勝ち抜き、総統選挙は事実上、二大政党候補の一騎打ちとなった。

香港のデモは台湾総統選挙戦と並行する形で長期化した。台湾でも香港と共振するかのように反中ムードが高まり、蔡英文を勢いづけた。一方、中国と関係改善して交流を強化し、経済発展につなげようと主張する韓国瑜には不利に働いた。

二〇二〇年一月一一日に行われた総統選挙で、蔡英文は得票率五七・一三パーセントで、韓国瑜(三八・六一パーセント)と宋楚瑜(四・二六パーセント)を突き放し、再選を果たした。蔡英文が獲得した八一七万二三一票は過去最多だった。

蔡英文は統一地方選挙の敗北を教訓としたようだ。それ以来、あまり好まなかったメディアのインタビューを積極的に受け、総統選挙戦でも明快に自分の考えや方針を発信するなど、一段とたくましさを増したように見える。二〇二〇年に入って世界を震撼させた新型コロナウイルスの感染拡大でも、蔡英文は素早い決断で先手先手の対策を行っているとして、国際社会で称賛を集めた。

だが、三月になって、私は彭明敏にメールを送り、蔡英文再選と二期目の政権への感想や意見を聞いたが、厳しい評価は変わらなかった。根底には、現状維持路線を取る蔡英文の姿勢に対する不満があるようだ。

「移行期の正義」で無実の罪を晴らす

彭明敏からは合格点を与えられない蔡英文政権の「移行期の正義」だが、彭明敏と一緒に「自救宣言事件」を起こした謝聡敏と魏廷朝の名誉を回復する役目は果たした。

蔡英文政権は二〇一七年暮れに「移行期の正義促進条例」を制定し、それに基づいて二〇一八年五月、過去の公文書などを調査する独立機関「移行期の正義促進委員会」を設立した。

「移行期の正義促進委員会」は捜査資料や判決文などを精査し、二〇一八年一〇月、戒厳令下（一九四九〜一九八七年）で反乱罪などに問われた一二七〇人の有罪判決を取り消し、事実上の無罪認定を行った。

二カ月後の一二月に発表された第二弾一五〇五人の名簿に、謝聡敏と魏廷朝が含まれている。認定された事件は、二人が一緒に逮捕された「自救宣言事件」（一九六四年）と「米国広報文化交流局爆破事件」（一九七〇年）・「米シティ・バンク銀行爆破事件」（一九七一年）のほか、魏廷朝は「美麗島事件」（一九七九年）も対象となっている。魏廷朝は一九九九年に死去しており、あまりにも遅すぎた正義ではあるが、二人は「自救宣言事件」から半世紀以上たって、ようやくすべての無実の罪が晴らされたことになる。

実は、この「移行期の正義」の種をまいたのは、謝聡敏だった。謝聡敏は二度目の出獄の後、一九七九年に米国に渡り、一九八八年に台湾に戻った。一九九二年から一九九八年まで、二期にわたって立法委員を務め、その間、「白色テロ」被害者の名誉回復や補償を命じる法律を提案し、成立させた。「移行期の正義」はそれが基礎になっているのである。

だが、名簿には彭明敏の名前はない。これについては、名簿が発表される前だったが、二〇一八年八月に台北市内の「移行期の正義促進委員会」事務局でインタビューした黄煌雄《こうこうゆう》主任委員は「『自救宣言事件』で、彭明敏教授は総統の特赦を受けており、有罪は取り消されている。海外逃亡罪も撤回されている。政治的にも、名誉は回復されている(97)」と述べ、彭明敏は対象にはならないとの見解を示した。

「移行期の正義促進委員会」はその後も事実上の無罪認定者を増やしており、二〇二〇年一〇月の第六弾一二人の名簿公表で、名誉回復された元政治犯は計五八七三人にのぼる。最終的に、その数は一万人に達する見込みだ。

(三) 台湾独立への思い

評論活動を続ける

九〇歳を超えても、彭明敏は評論活動を続けている。二〇一七年三月には、過去の講演や論評などを収録した『寫給台灣的備忘錄』を出版し、台北市内で発表会を開いた。「過去の」といっても、最も新しい論評は一カ月前の二月二一日付で『自由時報』に寄稿したものである。

発表会で、彭明敏は「中国の台湾に対する脅威は強まっているが、中国は台湾に武力行使することはできない。もし台湾を攻撃すれば、政権がもたないからだ。台湾人が現在の生活様式と民主自由を守る決意を持ち、それを全世界に知らせれば、中国に譲歩する必要はない[98]」と説いた。彭明敏は参加者の求めに応じ、一人ひとり、本にサインをするなど、現役そのままの振る舞いだった。

新聞への寄稿などはその後も続けており、メディアの取材にも応じている。前述したように、二〇一九年一月には、他の独立派長老三人と連名で、蔡英文が総統選挙に出馬しないよう求める公開書簡を発表し、メディアが大きなニュースとして取り上げるなど、台湾政界でもまだ強い影響力を持っている。

二〇一八年以降、彭明敏が力を入れてきたのが、独立派の政治団体「喜楽島連盟」(二〇一九年七月に政党化)の活動だ。この団体は、テレビ局「民間全民電視(民視)」の郭倍宏《かくばいこう》会長が発起人となり、住民投票を実施して「国名」を台湾に変更したり、「台湾」名義で国連加盟を申請したりすることをめざしている。現在の住民投票法は、領土や国名の変更など「国家主権」に関わるテーマは対象外とされており、目標を達成するには、まず法改正をしなければならない。

連盟は、蔡英文政権が進める現状維持路線に不満な一部の民進党支持者も支援しており、彭明敏の思いと重なる。約三〇〇〇人が参加して、二〇一八年四月七日に高雄市で開かれた創立大会には、彭明敏と李登輝の姿もあった。李登輝は「台湾のことは台湾人が決めるというのは最大の願望だが、いまだに実現していない。今こそ、台湾の名前で世界に打って出る好機だ[99]」とあいさつした。

半年後の一〇月二〇日、「喜楽島連盟」は台北市内の民進党本部前で集会を開くことにしたが、民進党執行部は翌月に控えた統一地方選挙に悪影響が及ぶのを懸念し、所属議員や候補者に参加しないよう呼びかけた。

これについて、彭明敏は新聞に寄稿し、「民進党結党以来、このような禁止令が発令されたことはない。『喜楽島連盟』が掲げる『中国の台湾併呑《へいどん》に反対し、住民投票によって独立建国し、国連に加盟する』という目標は、一九六四年の『自救宣言』と民進党の最大の目標であるはずだ[100]」と党執行部を批判した。

そして、約六〇〇〇人が参加した集会で、彭明敏は演壇に立って演説し、「住民投票は自由民主社会では最も基本的な権利だ。住民投票によって独立建国をめざそう[101]」と訴えた。李登輝と彭明敏がタッグを組んだインパクトは大きく、民進党の統一地方選挙大敗の一因となった。

終わらぬ闘い

「多くの台湾人は国民党に洗脳され、自分は台湾人なのか中国人なのか、よくわからなくなっている。もし台湾アイデンティティーが失われてしまえば、台湾にとって大きな危機だ」

二〇一九年八月一八日、台北市内で開かれた一辺一国行動党の設立大会で、来賓に招かれた彭明敏はあいさつに立ち、こう切り出した。陳水扁を精神的指導者に頂くこの政党は、独立志向が強い。党名の「一辺一国」は陳水扁が総統時代の二〇〇二年から使い出した言葉で、中国と台湾はそれぞれ別の国であることを意味する。

彭明敏も出席すると聞き、ちょうど台湾に出張中だった私は会場に駆けつけた。真夏の盛りというのに、彭明敏はスーツにネクタイ姿で、背筋を伸ばして最前列に座っている。

祝辞の順番が来ると、九六歳の老人は介添えもなしにすっくと立って、熱弁を振るった。その姿に接して、私は身震いがするような凄みを感じた。彭明敏の闘いは、まだ終わっていないのだ。

一辺一国行動党の設立大会であいさつする彭明敏（2019年8月18日、台北市で）

もっとも、その二日後にインタビューで設立大会参加について尋ねると、彭明敏は「陳水扁さんに言われて出ただけで、党とは関係ありません。党員ではないし、彼らが何をするのかも知らない[102]」と素っ気なかった。

どんな人物や組織からの要請でも、台湾の民主化や独立に少しでも役立つのなら、力の続く限り引き受け、与えられた役割を果たしていく。そういう決意なのだろう。

半世紀以上前に、「自救宣言」で描き出した台湾の将来像は、総統直接選挙や野党結成などすでに実現したテーマもあるが、新憲法制定や国連加盟など、まだ果たしていない課題もある。それらすべてが現実のものとなる日が来るかどうかはわからないが、彭明敏は自ら設定したゴールに向かって、命が燃え尽きるその一瞬まで歩みを止めることはないだろう。見果てぬ夢を追い求める彭明敏の挑戦は続く。

あとがき

台湾東部・台東市の沖合三三キロに浮かぶ離島・緑島は、一九五〇年代から一九九〇年代初めまで、島北東部に設置された監獄や強制労働キャンプに政治犯が収容され、「監獄島」と恐れられた。最も多い時は二〇〇〇人を超えたが、その多くは冤罪だった。

国民党政権が、いったん役割を終えて閉鎖された緑島の監獄を改修して再利用しようとしていたところ、入獄経験のある施明徳《しめいとく》・元民進党主席らが史跡として保存するよう求める運動を起こした。私は新聞記者だった一九九九年七月、工事がストップして放置されていた監獄や強制労働キャンプを見学させてもらったことがある。

それから五カ月後の一二月、監獄の隣接地に人権記念公園が開設された。この島で八年間獄につながれた作家の柏楊《はくよう》氏（二〇〇八年に八八歳で死去）が提唱したもので、中心に据えられた人権記念碑には、「在那個時代　有多少母親　為她們　囚禁在這個島上的孩子　長夜哭泣（あの時代　どれだけ多くの母親が　この島にとらわれた　子のために　長き夜を泣き明かしたことだろう）」との碑文が刻まれている。

柏楊氏は、日本でもベストセラーとなった『醜い中国人――なぜ、アメリカ人・日本人に学ばないのか』（張良澤《ちょうりょうたく》・宗像隆幸共訳、光文社カッパ・ブックス、一九八八年）の著者として知られる。編集する新聞に、蔣介石・蔣経国親子の総統世襲を風刺する漫画を掲載したことで、元首侮辱罪などに問われた。柏楊氏は私のインタビューに「歴史を忘れないことによって、同じ過ちを防ぐことができる」と思いを語っていた。

施明徳氏らの運動が実って、監獄も二〇〇二年から一般公開されるようになった。緑島は、たとえ「暗黒の歴史」であっても、「白色テロ」を史実として後世に語り継いでいく「人権の聖地」となった。「移行期の正義」を進める蔡英文政権は、緑島が発信するメッセージを強化するため、監獄や強制労働キャンプ跡、人権記念公園など一帯を人権博物館「白色テロ緑島記念園区」として再整備し、二〇一八年五月にオープンさせた。施設はテーマパーク化され、四人用の監房に十数人も詰め込まれていた様子をパネル展示したり、ろう人形で過酷な獄中生活を再現したりしている。

私は二〇一八年八月、一九年ぶりに緑島を再訪した。人権記念公園は地下に設置されており、地上の入り口から公園に至る通路の石壁には、緑島に閉じ込められた者に限らず、政治犯にされた人々の氏名が彫り込まれている。その中に、彭明敏、謝聡敏、魏廷朝三氏の名前もある。

現場に立つと、その数の多さに圧倒される。九四三人分がびっしり並んでいるのだ。しかし、ここに記されているのは、本人や家族と連絡がとれて同意を得ることができた人たちだけである。地下の公園の壁には、三人を含め資料で判明した八二九六人の受難者名簿も掲示されている。

本書で取り上げたのは、その一人である彭明敏氏の闘いであるが、それは政治犯一人ひとりの数だけある苦難の物語の一つにすぎない。台湾の民主化は、数え切れない人たちが、命を懸けて勝ち取っ

4 人用の監房に十数人が詰め込まれていた様子を再現するパネル展示。監房は当時のまま保存されている。(2018 年8 月18 日、「白色テロ緑島記念園区」で)

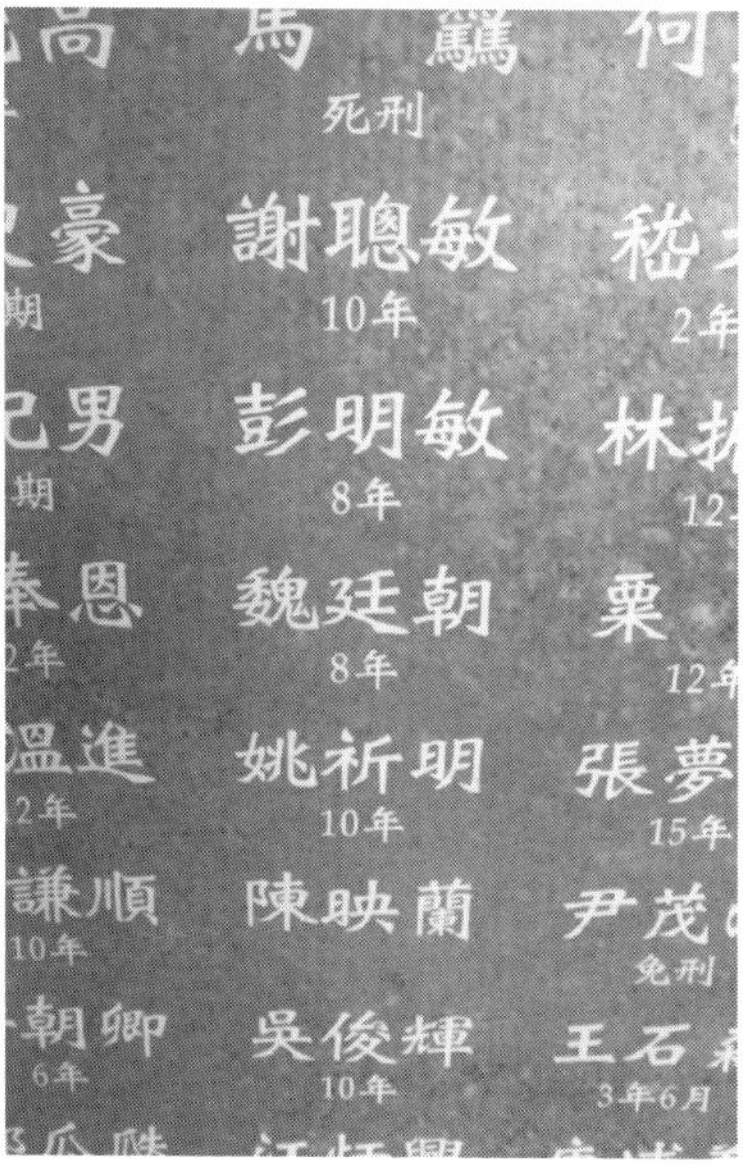

緑島の人権記念公園の受難者名簿には謝聡敏、彭明敏、魏廷朝3 氏の名前と刑期が記されている。(2018 年8 月18 日)

たものなのだ。

一冊の本を書き終えると、いつもほっとするものだが、今回ほどずっしりと重い荷物を下ろすことができたという感慨で、脱力感に襲われたことはない。それには、二つの理由がある。

第一の理由は、彭明敏氏の生きざまが、あまりにも激しく、劇的であることだ。権力に逆らわなければ、約束された将来が待っていたのに、それをなげうって、自分の信念のために無謀な挑戦をする。そんな激流のような人生を、私のような者が描けるだろうか。取材を重ねれば重ねるほど、プレッシャーは強まった。

幸い、彭明敏氏は三年続けて長時間のインタビューに応じてくれた。補聴器をつければ聞き取りは問題なく、その内容を資料と突き合わせるといつも一致しており、記憶の確かさに驚嘆させられたものだ。記憶が曖昧なところは「はっきりしません」「よく覚えていません」と断り、研究者らしく事実と未確認情報を明確に切り分ける姿勢は一貫していた。

そうした彭明敏氏の全面的な協力によって、本書を書き上げることができた。心から感謝したい。正直に言えば、彭明敏氏から生々しい歴史の証言を聞くこと自体が、私にはかけがえのない至福の時だった。

もう一つの理由は、今回の取材が、いわば時間との闘いだったことである。インタビューした相手は、九〇代の彭明敏氏だけでなく、謝聡敏氏、許世楷氏、宗像隆幸氏、横堀洋一氏、阿部賢一氏、小林正成氏、吉田重信氏らはいずれも八〇代に達し、体調がすぐれない人も多かった。時期が遅れると、本格的なインタビューは難しくなっていたかもしれない。それぞれ決して体調が万全ではない中、資料を準備し、懸命に記憶を手繰り寄せ、貴重な証言を残してくれた。宗像氏のインタビューは瑞江夫人がサポートしてくれた。結果的に、新型コロナウイルス感染が拡大する二〇二〇年以前にインタビューを終えていたことは幸運だった。

私にとって、このような当事者から話を聞くことは、片隅に埋もれようとする歴史の断片を拾い集めて回るような感覚だった。そして、一人ひとりから、「ぜひ記録として残してほしい」という思いを託された。本書は、こうした方々に背中を押され、ようやく完成することができた。深くお礼を申し上げたい。

ここに挙げたみなさんには、本が出来上がったら真っ先に読んでもらいたかったが、かなわなかった人もいる。

謝聡敏氏は、二〇一九年九月八日、八五歳の天寿を全うした。台北市内の教会で行われた告別式には蔡英文総統も姿を見せ、「一生、台湾の民主化に貢献した人だった。『自救宣言』は台湾の人民を目覚めさせた」と追悼の辞を述べた（『自由時報』電子版二〇一九年九月二一日）。

宗像氏は、彭明敏氏の海外脱出からちょうど半世紀となる二〇二〇年の七月六日、日本人ながら台湾独立運動にささげた八三年の生涯を閉じた。宗像氏は二〇一九年一二月に外交部の招きで台湾を訪れ、「美麗島事件」四〇周年の記念イベントに参加し、彭明敏氏とも対面している。二人は固く抱き合い、宗像氏は海外脱出前後に交わした手紙をまとめて出版したいとの意向を伝え、彭明敏氏も承諾した。出版作業は瑞江夫人が引き継ぐ。台北市内の台湾独立建国聯盟本部では、宗像氏の追悼会と特別展示も行われた。

二人が健在だったら、本書を読んで、どんなコメントを寄せてくれただろうか。間に合わなかったことが、残念でならない。

駐大阪総領事館に当たる駐大阪台北経済文化弁事処の黄水益《こうすいえき》部長には、日本側の取材の起点となった宗像氏の連絡先を教えてもらった。私が本を仕上げるのを心待ちにしてくれ、台湾関連の会合で顔を合わせるたびに、いつも「出版を楽しみにしていますよ」と励ましてくれた。

その黄水益氏が二〇一九年八月三日、脳内出血で突然、帰らぬ人となった。まだ五九歳で、日台をつなぐ外交官として、ますますの活躍が期待されていた。私は八月六日に大阪市内で営まれた葬儀に参列し、遺影に向かって、これまでのお礼を言うとともに、「何としても本を執筆しますので、見守ってください」と手を合わせた。黄水益氏にも、ぜひ本書の感想を聞かせてもらいたかった。

その他、多忙の中をインタビューに応じてくれた謝長廷・台北駐日経済文化代表処代表、葉菊蘭・総統府資政にも感謝の言葉を申し述べたい。

二〇二〇年七月三〇日の李登輝元総統の死去は、独裁体制から民主社会への移行という台湾の一つの時代に幕が引かれたことを告げた。超一級の知識人である彭明敏氏からは合格点はもらえないだろうが、この区切りの時期に、台湾の民主化に尽くした巨人を紹介する本を世に送り出すことができ、安堵の思いでいる。

彭明敏氏のようなエリートだけでなく、同じ時代を台湾で生きたすべての人々は、日本の支配に続く国民党一党独裁政権による統治という運命に翻弄されてきた。その中で、台湾の人たちがいかにして民主化を成し遂げたのかを、本書を通して一人でも多くの日本人に知ってもらうことができれば本望である。

本書は、原則として文中の登場人物は敬称を略し、肩書や年齢は当時のものを記している。初出の台湾と中国の人名には平仮名で日本語読みのルビを、韓国の人名には片仮名で韓国語読みのルビを付けた。

最後に、何より、野口一・大阪日台交流協会会長に謝辞を述べなければならない。野口氏は彭明敏氏と長年交流を続け、私にインタビューを勧めてくれた。私を彭明敏氏の世界に誘《いざな》ってくれたのが、野口氏なのである。

三年間にわたる彭明敏氏のインタビューには、いつも野口氏が同席してくれた。彭明敏氏は信頼している野口氏がいると、自然体で話をしてくれた。その意味で、本書は野口氏との共同作品と言っていい。野口氏の友人で、最初に彭明敏氏の取材をアレンジしてくれた台湾の陳子堅《ちんしけん》氏にも、大変お世話になった。

台湾の劉汝眞《りゅうじょしん》氏には、今はまったく姿を変えている国民党一党独裁時代の弾圧施設の現場特定や、当局への公文書閲覧申請・資料入手など、手間のかかる作業をこなしてもらった。その手助けなしには、本書が日の目を見ることはなかった。台湾の民主化のシーンを追い続けてきた写真家の邱萬興《きゅうまんこう》氏は、自身で撮影した貴重な写真の使用を許可してくれた。ともに心より謝意を表したい。

また、本書は、日本学術振興会の科学研究費・基盤研究Cの助成を受けた成果である。この助成によって、幅広く調査・研究、取材を進めることができた。改めてお礼を述べる。

中国・台湾関係に詳しいフリー編集者の朝浩之氏には、本書の初稿を読んでいただき、出版への道筋を付けていただいた。白水社編集部の阿部唯史氏は、丁寧かつ鋭いご指摘をいただき、取材結果をすべて反映させるようにアドバイスしていただいた。思い残すことなく書き切ることができたのは、阿部氏のお陰である。それぞれ深く感謝したい。

近藤伸二

二〇二一年三月

出典・注

第一章　独裁政権に挑んだ闘い

(1)彭明敏『自由的滋味　彭明敏回憶録　二〇〇九年増訂版』（玉山社出版事業、二〇〇九年）八頁
(2)岡田充『中国と台湾』（講談社現代新書、二〇〇三年）一一二頁
(3)著者のインタビュー（二〇一八年八月二〇日）
(4)彭明敏『自由的滋味』一七頁
(5)片倉佳史『台湾に生きている「日本」』（祥伝社、二〇〇九年）六五頁
(6)彭明敏『自由的滋味』二〇頁
(7)彭明敏『自由的滋味』二三頁
(8)彭明敏『自由的滋味』二四頁
(9)関西学院大学ホームページ https://www.kwansei.ac.jp/jh/news/before2011/topics/2006/20061124ho.html（二〇一九年三月一三日アクセス）
(10)彭明敏『自由的滋味』二九頁
(11)『毎日新聞』一九九五年七月六日朝刊
(12)彭明敏『自由的滋味』三三頁
(13)著者のインタビュー（二〇一八年八月二〇日）
(14)著者のインタビュー（二〇一九年八月二〇日）
(15)彭明敏『自由的滋味』三七頁
(16)彭明敏『自由的滋味』三七頁
(17)彭明敏『自由的滋味』三八頁
(18)彭明敏『自由的滋味』三八頁
(19)著者のインタビュー（二〇一九年八月二〇日）
(20)著者のインタビュー（二〇一九年八月二〇日）
(21)著者のインタビュー（二〇一九年八月二〇日）
(22)彭明敏『自由的滋味』四三頁
(23)著者のインタビュー（二〇一八年八月二〇日）
(24)彭明敏『自由的滋味』四八頁
(25)彭明敏『自由的滋味』五一頁
(26)彭明敏『自由的滋味』六八頁
(27)彭明敏『自由的滋味』七六頁
(28)彭明敏『自由的滋味』七七頁
(29)著者のインタビュー（二〇一八年八月二〇日）
(30)彭明敏文教基金会編『一中一台――台湾自救宣言44周年紀念文集』（玉山社出版事業、二〇〇八年）三九頁
(31)著者のインタビュー（二〇一八年八月六日）
(32)毛里和子・増田弘監訳『周恩来キッシンジャー機密会談録』（岩波書店、二〇〇四年）一六頁
(33)彭明敏『自由的滋味』九五－九六頁
(34)彭明敏『自由的滋味』九六頁
(35)彭明敏『自由的滋味』九六頁

(36)彭明敏『自由的滋味』一一四頁
(37)彭明敏『自由的滋味』一一五頁
(38)著者のインタビュー（二〇一八年八月二〇日）
(39)著者のインタビュー（二〇一八年八月二〇日）
(40)著者のインタビュー（二〇一八年八月二〇日）
(41)著者のインタビュー（二〇一八年八月二〇日）
(42)彭明敏『自由的滋味』一〇一頁
(43)著者のインタビュー（二〇一八年八月二〇日）
(44)若林正丈『台湾の政治』（東京大学出版会、二〇〇八年）一九七頁
(45)著者のインタビュー（二〇一八年九月八日）
(46)著者のインタビュー（二〇一七年八月八日）
(47)彭明敏『自由的滋味』九一－九二頁
(48)陳美蓉執行編集『台灣自救宣言　謝聰敏先生訪談録』（國史館、二〇〇八年）七三頁
(49)陳美蓉執行編集『台灣自救宣言　謝聰敏先生訪談録』七七頁
(50)著者のインタビュー（二〇一七年八月八日）
(51)彭明敏『自由的滋味』一四七頁
(52)彭明敏『自由的滋味』一四〇頁
(53)著者のインタビュー（二〇一七年八月八日）
(54)張慶恵総企画『賭鬼的後代　魏廷朝回憶録』（前衛出版社、二〇一七年）一〇二頁
(55)著者のインタビュー（二〇一八年八月二〇日）
(56)著者のインタビュー（二〇一八年八月一七日）
(57)著者のインタビュー（二〇一八年八月二〇日）
(58)若菜正義『明日の台湾』（新国民出版社、一九七三年）一七四頁、一七五頁
(59)若菜正義『明日の台湾』一七三頁
(60)著者のインタビュー（二〇一八年八月二〇日）
(61)台湾行政院内政部統計処ホームページ https://web.moi.gov.tw/stat_chart/chart_full.aspx （二〇一九年二月一二日アクセス）
(62)内閣府ホームページ https://www8.cao.go.jp/shoushi/shoushika/data/sekai-shusshou.html （二〇一九年二月一二日アクセス）
(63)陳美蓉執行編集『台灣自救宣言　謝聰敏先生訪談録』八三頁
(64)著者のインタビュー（二〇一七年八月八日）
(65)池田維『激動のアジア外交とともに』（中央公論新社、二〇一六年）八六頁
(66)著者のインタビュー（二〇一八年九月八日）
(67)谷野作太郎『中国・アジア外交秘話』（東洋経済新報社、二〇一七年）二七八頁
(68)陳美蓉執行編集『台灣自救宣言　謝聰敏先生訪談録』九二頁
(69)陳美蓉執行編集『台灣自救宣言　謝聰敏先生訪談録』九三頁

(70)吉田重信『中国への長い旅（現代アジア叢書39）』（田畑書店、二〇一〇年）五二頁
(71)吉田重信『中国への長い旅（現代アジア叢書39）』五五頁
(72)著者のインタビュー（二〇一八年九月八日）
(73)彭明敏『自由的滋味』一二六頁
(74)彭明敏『自由的滋味』一二七頁
(75)著者のインタビュー（二〇一八年八月二〇日）
(76)著者のインタビュー（二〇一七年八月八日）
(77)彭明敏『自由的滋味』一三一頁
(78)張慶恵総企画『賭鬼的後代　魏廷朝回憶録』九七頁
(79)陳美蓉執行編集『台轡自救宣言　謝聰敏先生訪談録』八九頁
(80)維基文庫『戡乱時期検粛匪諜条例』
(81)維基文庫『戡乱時期検粛匪諜条例』
(82)松田康博『台湾における一党独裁体制の成立』（慶應義塾出版、二〇〇六年）三五六頁
(83)維基文庫『戡乱時期検粛匪諜条例』
(84)維基文庫『戡乱時期検粛匪諜条例』
(85)維基文庫『戡乱時期検粛匪諜条例』
(86)松田康博『台湾における一党独裁体制の成立』三五八頁
(87)若林正丈『台湾の政治』八二頁
(88)若林正丈『台湾の政治』八二頁
(89)若菜正義『明日の台湾』一三九－一四〇頁
(90)著者のインタビュー（二〇一八年八月二〇日）
(91)丸山勝『陳水扁の時代』（藤原書店、二〇〇〇年）六五頁
(92)彭明敏『自由的滋味』一三一頁
(93)彭明敏『自由的滋味』一二八頁
(94)彭明敏『自由的滋味』一三一頁

第二章　抑圧と絶望に耐えて

(1)彭明敏『自由的滋味』一三四頁
(2)彭明敏『自由的滋味』一三四頁
(3)彭明敏『自由的滋味』一三五頁
(4)彭明敏『自由的滋味』一三七－一三八頁
(5)彭明敏『自由的滋味』一三八頁
(6)彭明敏『自由的滋味』一三九頁
(7)彭明敏『自由的滋味』一三九－一四〇頁
(8)蔡英文のフェイスブック（二〇一八年三月一八日）
(9)彭明敏『自由的滋味』一四〇頁
(10)張慶恵総企画『賭鬼的後代　魏廷朝回憶録』九九頁
(11)著者のインタビュー（二〇一七年八月八日）
(12)彭明敏『自由的滋味』一四一頁
(13)彭明敏『自由的滋味』一四一頁
(14)彭明敏『自由的滋味』一四三頁
(15)彭明敏『自由的滋味』一四四頁
(16)彭明敏『自由的滋味』一四四－一四五頁
(17)台湾青年独立連盟機関誌『台湾青年第57号』（一九六五年八月二五日号）二九頁

(18)國史館蔵「彭明敏等在美活動」011-100400-0019
(19)彭明敏『自由的滋味』一五一頁
(20)彭明敏『自由的滋味』一五一頁
(21)緑島人権記念公園の白色テロ時期受難者名簿、「移行期の正義促進委員会」の刑事有罪判決撤回者名簿(二〇一九年五月三〇日発表分)
(22)彭明敏『自由的滋味』一五三頁
(23)彭明敏『自由的滋味』一五四頁
(24)彭明敏『自由的滋味』一五四頁
(25)彭明敏『自由的滋味』一五六頁
(26)彭明敏『自由的滋味』一五五頁
(27)彭明敏『自由的滋味』一五七頁
(28)彭明敏『自由的滋味』一五九頁
(29)著者のインタビュー(二〇〇一年七月一〇日)
(30)著者のインタビュー(二〇一七年八月八日)
(31)彭明敏『逃亡』(玉山社出版事業、二〇〇九年)四五―四六頁
(32)著者のインタビュー(二〇一八年八月二〇日)
(33)著者のインタビュー(二〇一八年八月二〇日)
(34)著者のインタビュー(二〇一八年八月二〇日)
(35)彭明敏『自由的滋味』一七七頁
(36)彭明敏『自由的滋味』一七七頁
(37)彭明敏『自由的滋味』一七七―一七八頁
(38)彭明敏『自由的滋味』一七八頁
(39)彭明敏『自由的滋味』一七七頁
(40)張羣與彭孟緝上呈蔣介石的原件暨彭明敏悔過書呈(一九六五年一〇月二九日)、張慶恵総企画『賭鬼的後代　魏廷朝回憶録』一一二頁
(41)張羣與彭孟緝上呈蔣介石的原件暨彭明敏悔過書呈(一九六五年一〇月二九日)、張慶恵総企画『賭鬼的後代　魏廷朝回憶録』一一三頁
(42)水瓶子『台北漫步』(玉山社出版事業、二〇一八年)五三頁
(43)水瓶子『台北漫步』五三頁
(44)台湾中央銀行「我國與主要貿易對手通貨之匯率年資料」
(45)彭明敏『自由的滋味』一八三頁
(46)彭明敏『自由的滋味』一八六頁
(47)彭明敏『自由的滋味』一八六頁
(48)彭明敏『自由的滋味』一八六頁
(49)彭明敏『自由的滋味』一八六頁
(50)著者のインタビュー(二〇一八年八月二〇日)
(51)彭明敏『自由的滋味』一九〇―一九一頁
(52)彭明敏『自由的滋味』一九〇頁
(53)謝聡敏『談景美軍法看守所』(前衛出版社、二〇〇七年)二七九頁
(54)彭明敏『自由的滋味』一九一頁
(55)彭明敏『自由的滋味』一九二頁
(56)彭明敏『自由的滋味』一九三頁

（57）彭明敏『自由的滋味』一九三頁
（58）彭明敏『自由的滋味』一九三頁
（59）彭明敏『自由的滋味』一九五頁
（60）彭明敏『自由的滋味』一九六頁
（61）彭明敏『自由的滋味』一九六頁
（62）彭明敏『自由的滋味』一九六頁
（63）著者のインタビュー（二〇一八年八月二〇日）
（64）彭明敏『自由的滋味』一九六―一九七頁
（65）彭明敏『自由的滋味』一九七頁
（66）彭明敏『自由的滋味』一九七頁
（67）彭明敏『自由的滋味』一九八頁
（68）彭明敏『自由的滋味』一九九頁

第三章　自由への逃避

（1）著者のインタビュー（二〇一七年八月八日）
（2）宗像隆幸『台湾独立運動私記』（文藝春秋、一九九六年）一五九頁、一六八頁
（3）著者のインタビュー（二〇一八年八月七日）
（4）著者のインタビュー（二〇一八年八月七日）
（5）著者のインタビュー（二〇一八年八月七日）
（6）著者のインタビュー（二〇一八年八月七日）
（7）宗像隆幸『台湾独立運動私記』一九八頁
（8）宗像隆幸『台湾建国』（まどか出版、二〇〇八年）五三頁
（9）著者のインタビュー（二〇一八年八月七日）
（10）宗像隆幸『台湾独立運動私記』一八六頁
（11）宗像隆幸『台湾独立運動私記』一九二頁
（12）宗像隆幸『台湾独立運動私記』三二一頁
（13）宗像隆幸『台湾独立運動私記』三二二頁
（14）著者のインタビュー（二〇一八年三月一三日）
（15）宗像隆幸『台湾独立運動私記』二一六頁
（16）宗像隆幸『台湾独立運動私記』二一六頁
（17）ＪＴＢ総合研究所「アウトバウンド日本人海外旅行動向」https://www.tourism.jp/tourism-database/stats/outbound/（二〇一九年六月一日アクセス）
（18）著者のインタビュー（二〇一九年三月八日）
（19）著者のインタビュー（二〇一九年三月八日）
（20）著者のインタビュー（二〇一九年三月八日）
（21）著者のインタビュー（二〇一九年三月八日）
（22）宗像隆幸『台湾独立運動私記』二二〇―二二一頁
（23）著者のインタビュー（二〇一九年八月二〇日）
（24）宗像隆幸『台湾独立運動私記』二〇六頁
（25）宗像隆幸『台湾独立運動私記』二一〇頁
（26）宗像隆幸『台湾独立運動私記』二〇五頁
（27）著者のインタビュー（二〇一七年八月八日）
（28）彭明敏『逃亡』五七頁
（29）著者のインタビュー（二〇一八年八月二〇日）
（30）彭明敏『逃亡』六六―六七頁
（31）著者のインタビュー（二〇一八年八月二〇日）

（32）彭明敏『逃亡』七〇頁
（33）著者のインタビュー（二〇一八年八月二〇日）
（34）彭明敏『逃亡』七〇頁
（35）彭明敏『逃亡』七〇頁
（36）阿部賢一の記録では、日本交通公社台北支店前となっている。
（37）著者のインタビュー（二〇一九年三月八日）
（38）著者のインタビュー（二〇一九年三月八日）
（39）著者のインタビュー（二〇一八年八月二〇日）
（40）彭明敏『逃亡』七二頁
（41）彭明敏『逃亡』七三頁
（42）著者のインタビュー（二〇一八年八月二〇日）
（43）彭明敏『逃亡』七五頁
（44）彭明敏『逃亡』七五頁
（45）著者のインタビュー（二〇一八年八月二〇日）
（46）彭明敏『逃亡』七六頁
（47）彭明敏『逃亡』七六頁
（48）宗像隆幸『台湾独立運動私記』二二〇頁
（49）宗像隆幸『台湾独立運動私記』二一九頁
（50）宗像隆幸『台湾独立運動私記』二二二頁
（51）著者のインタビュー（二〇一九年三月八日）
（52）著者のインタビュー（二〇一九年三月八日）
（53）国軍檔案「一二二四専案」（国家発展委員会檔案管理局所蔵）1227
（54）国軍檔案「一二二四専案」（国家発展委員会檔案管理局所蔵）1293
（55）「本部一二二四専案船舶清査総結報告」（国家発展委員会檔案管理局所蔵）0039
（56）毛里和子　増田弘監訳『周恩来キッシンジャー機密会談録』一六頁
（57）毛里和子　増田弘監訳『周恩来キッシンジャー機密会談録』一六頁
（58）著者のインタビュー（二〇一八年三月一三日）
（59）宗像隆幸『台湾独立運動私記』二三一頁
（60）著者のインタビュー（二〇一九年三月八日）
（61）台湾警備総司令部判決書（一九六五年四月一五日、国家発展委員会檔案管理局所蔵）
（62）台湾警備総司令部判決書（一九六五年四月一五日、国家発展委員会檔案管理局所蔵）
（63）台湾警備総司令部判決書（一九六五年四月一五日、国家発展委員会檔案管理局所蔵）
（64）宗像隆幸『台湾独立運動私記』一三二頁
（65）著者のインタビュー（二〇一八年八月六日）
（66）著者のインタビュー（二〇一八年八月六日）
（67）江昺崙『《想想論壇》謝聰敏先生簡傳與臺灣人的民主之路』（芋傳媒、二〇一九年九月二三日）
（68）国家安全局「防制特殊份子偸渡案簡要資料表」（国家発展委員会檔案管理局所蔵）

(69)彭明敏『自由的滋味』一四七頁
(70)著者のインタビュー（二〇一八年八月六日）
(71)彭明敏『自由的滋味』一七〇頁
(72)彭明敏『自由的滋味』一四六頁
(73)台湾警備総司令部判決書（一九六五年四月一五日、国家発展委員会檔案管理局所蔵）
(74)著者のインタビュー（二〇一八年八月二〇日）
(75)著者のインタビュー（二〇一八年一〇月二六日）
(76)許世楷・盧千恵『台湾は台湾人の国』（はまの出版、二〇〇五年）二〇八頁
(77)内海愛子・越田稜・田中宏・飛田雄一監修、〈ハンドブック戦後補償〉編集委員会編『ハンドブック戦後補償（シリーズ・問われる戦後補償 別冊）』（梨の木舎、一九九二年）一三〇頁
(78)小林正成『台湾よ、ありがとう（多謝！台湾）』（展転社、二〇一三年）八六頁
(79)小林正成『台湾よ、ありがとう（多謝！台湾）』八七頁
(80)小林正成『台湾よ、ありがとう（多謝！台湾）』一三一－一三三頁
(81)小林正成『台湾よ、ありがとう（多謝！台湾）』一六三頁
(82)小林正成『台湾よ、ありがとう（多謝！台湾）』一七九頁
(83)著者のインタビュー（二〇一八年四月五日）
(84)小林正成『台湾よ、ありがとう（多謝！台湾）』一七七頁
(85)著者のインタビュー（二〇一七年八月八日）
(86)小林正成『台湾よ、ありがとう（多謝！台湾）』一九八頁
(87)小林正成『台湾よ、ありがとう（多謝！台湾）』一九四頁
(88)小林正成『台湾よ、ありがとう（多謝！台湾）』一九八頁
(89)著者のインタビュー（二〇一八年四月五日）
(90)小林正成『台湾よ、ありがとう（多謝！台湾）』二一三頁
(91)著者のインタビュー（二〇一八年四月五日）

第四章 再び台湾の地で

(1)彭明敏『自由的滋味』二三三頁
(2)彭明敏『自由的滋味』二三三頁
(3)国史館蔵「彭明敏等在美活動」011-100400-0019
(4)国史館蔵「彭明敏等在美活動」011-100400-0019
(5)宗像隆幸『台湾独立運動私記』二五七頁
(6)彭明敏『自由的滋味』二三六頁
(7)著者のインタビュー（二〇一九年八月二〇日）
(8)彭明敏『逃亡』四頁
(9)彭明敏『逃亡』四頁
(10)著者のインタビュー（二〇一九年八月二〇日）
(11)陳儀深『彭明敏與海外臺獨運動(1964-1972)——從外交部檔案看到的面向』國史館學術集刊（第十期）（國史館學術集刊編輯委員會編著、二〇〇六年）二一〇頁
(12)宗像隆幸・趙天徳編訳『台湾独立建国運動の指導者 黄昭堂』（自由社、二〇一三年）二三五頁
(13)宗像隆幸・趙天徳編訳『台湾独立建国運動の指導者 黄昭

堂』二三五頁

(14)陳儀深『彭明敏與海外臺獨運動(1964-1972)——從外交部檔案看到的面向』國史館學術集刊(第十期)二一三頁

(15)著者のインタビュー(二〇一九年八月二〇日)

(16)財團法人彭明敏文教基金會ホームページ『鯨魚網站』二〇〇九年八月二八日
彭明敏『寫給台灣的備忘錄——彭明敏教授文集』(允晨文化實業、二〇一七年)二二四頁

(17)『中華週報第1042号』(一九八一年四月二〇日号)六頁

(18)著者のインタビュー(二〇一八年八月二〇日)

(19)著者のインタビュー(二〇一九年八月二〇日)

(20)著者のインタビュー(二〇一八年八月二〇日、二〇一九年八月二〇日)

(21)伊藤潔『台湾』(中公新書、一九九三年)二一二-二一三頁

(22)宗像隆幸『台湾独立運動私記』二八〇頁

(23)宗像隆幸『台湾独立運動私記』二八三頁

(24)宗像隆幸『台湾独立運動私記』二八四頁

(25)著者のインタビュー(二〇一八年八月二〇日)

(26)著者のインタビュー(二〇一八年八月二〇日)

(27)上坂冬子『虎口の総統　李登輝とその妻』(講談社、二〇〇一年)二一一頁

(28)財團法人彭明敏文教基金會ホームページ『鯨魚網站』の彭明敏紹介『返鄉感言』http://video-blog.hi-on.org.tw/about_foundation/peng/backhome(二〇一九年一一月二七日アクセス)

(29)著者のインタビュー(二〇一八年八月二〇日)

(30)『毎日新聞』一九九二年一一月二日朝刊

(31)彭明敏『寫給台灣的備忘錄』二八頁

(32)彭明敏『寫給台灣的備忘錄』二九頁

(33)『朝日新聞』一九九二年一一月二七日朝刊

(34)著者のインタビュー(二〇一八年八月二〇日)

(35)台湾中央銀行「我國與主要貿易對手通貨之匯率年資料」

(36)『自由時報』二〇二〇年七月三一日

(37)彭明敏『寫給台灣的備忘錄』三九頁

(38)著者のインタビュー(二〇一八年一〇月二六日)

(39)『毎日新聞』一九九六年三月一四日朝刊

(40)『毎日新聞』一九九六年四月二一日朝刊「日曜論争」林文程・中山大学大陸研究所副教授の発言

(41)著者のインタビュー(二〇一九年八月二〇日)

(42)著者のインタビュー(二〇一九年八月二〇日)

(43)著者のインタビュー(二〇一八年八月二〇日、二〇一九年八月二〇日)

(44)小笠原欣幸『台湾総統選挙』(晃洋書房、二〇一九年)九六頁

(45)田上智宜・松田康博編『台湾政党政治黎明期関係者インタビュー集(上)』(東京大学東洋文化研究所附属東洋学研究情報センター、二〇一九年)一三八頁

(46)著者のインタビュー（二〇一八年八月二〇日）
(47)著者のインタビュー（二〇一七年八月八日、二〇一八年八月二〇日）
(48)一九七〇年は鄒景雯『李登輝執政告白實録』（印刻出版、二〇〇一年）五五頁に基づく。伊藤潔『李登輝伝』（文藝春秋、一九九六年）六六頁では一九七一年八月となっている。
(49)李登輝『新・台湾の主張』（PHP新書、二〇一五年）七八頁
(50)李登輝『新・台湾の主張』八一頁
(51)李登輝原著及口述、國史館李登輝口述歴史小組編輯『見證台灣——蒋経國總統與我』（允晨文化實業、二〇〇四年）五四頁
(52)李登輝原著及口述、國史館李登輝口述歴史小組編輯『見證台灣』五四頁
(53)李登輝『台湾の主張』（PHP研究所、一九九九年）三三頁
(54)李登輝原著及口述、國史館李登輝口述歴史小組編輯『見證台灣』五四頁
(55)宗像隆幸『存亡の危機に瀕した台湾』（自由社、二〇〇六年）一七頁
(56)宗像隆幸『存亡の危機に瀕した台湾』一七頁
(57)鄒景雯『李登輝執政告白實録』八一頁
(58)鄒景雯『李登輝執政告白實録』八二頁
(59)鄒景雯『李登輝執政告白實録』八二頁
(60)鄒景雯『李登輝執政告白實録』八三頁
(61)著者のインタビュー（二〇一七年八月八日）
(62)著者のインタビュー（二〇一七年八月八日）
(63)鄒景雯『李登輝執政告白實録』八八頁
(64)鄒景雯『李登輝執政告白實録』八八頁
(65)司馬遼太郎『台湾紀行（街道をゆく40）』（朝日新聞社、一九九七年）三八六頁
(66)上坂冬子『虎口の総統　李登輝とその妻』一一〇頁
(67)上坂冬子『虎口の総統　李登輝とその妻』一一一頁
(68)著者のインタビュー（二〇一九年八月二〇日）
(69)著者のインタビュー（二〇一九年八月二〇日）
(70)著者のインタビュー（二〇一七年八月八日、二〇一九年八月二〇日）
(71)『自由時報』二〇二〇年七月三一日
(72)著者のインタビュー（二〇一九年八月二〇日）
(73)著者のインタビュー（二〇一九年八月二〇日）
(74)『自由時報』二〇二〇年七月三一日
(75)著者のインタビュー（二〇一七年八月八日）
(76)著者のインタビュー（二〇一七年八月八日）
(77)彭明敏『寫給台灣的備忘錄』六二－六三頁
(78)著者のインタビュー（二〇一八年一〇月二六日）
(79)鄒景雯『李登輝執政告白實録』八九頁
(80)鄒景雯『李登輝執政告白實録』八九頁
(81)著者のインタビュー（二〇一九年八月二〇日）

(82)『自由時報』二〇〇一年一〇月一五日
(83)『自由時報』二〇〇一年一〇月一五日
(84)『新台灣新聞週刊』第二一八期(二〇〇〇年五月二七日)、彭明敏『寫給台灣的備忘錄』三五二頁
(85)『新台灣新聞週刊』第二一八期(二〇〇〇年五月二七日)、彭明敏『寫給台灣的備忘錄』三六一-三六二頁
(86)『新台灣新聞週刊』第二一八期(二〇〇〇年五月二七日)、彭明敏『寫給台灣的備忘錄』三六二頁
(87)著者のインタビュー(二〇一七年八月八日、二〇一九年八月二〇日)
(88)『産経新聞』二〇〇六年五月二〇日朝刊
(89)『産経新聞』二〇〇六年五月二〇日朝刊
(90)『自由時報』二〇〇八年九月二一日、彭明敏『寫給台灣的備忘錄』二一三頁
(91)『自由時報』二〇〇八年九月二一日、彭明敏『寫給台灣的備忘錄』二一四頁
(92)『自由時報』二〇一六年一月一七日、彭明敏『寫給台灣的備忘錄』三二一頁
(93)著者のインタビュー(二〇一九年八月二〇日)
(94)著者のインタビュー(二〇一七年八月八日)
(95)著者のインタビュー(二〇一七年八月八日)
(96)著者のインタビュー(二〇一九年八月二〇日)
(97)著者のインタビュー(二〇一八年八月二一日)
(98)『自由時報』電子版二〇一七年三月一二日
(99)『自由時報』電子版二〇一八年四月七日
(100)『自由時報』電子版二〇一八年一〇月一五日
(101)『自由時報』電子版二〇一八年一〇月二〇日
(102)著者のインタビュー(二〇一九年八月二〇日)

参考文献

【中国語】

胡慧玲『百年追求――臺灣民主運動的故事　巻三　民主的浪潮』衛城出版、二〇一三年

謝聰敏『談景美軍法看守所』前衛出版社、二〇〇七年

水瓶子『台北漫歩』玉山社出版事業、二〇一八年

鄒景雯『李登輝執政告白實録』印刻出版、二〇〇一年

張慶惠総策劃『賭鬼的後代　魏廷朝回憶録』前衛出版社、二〇一七年

陳儀深、許文堂主編『傳承與超越　台灣人民自救運動宣言五十周年紀念論文集』財團法人彭明敏文教基金会・前衛出版社、二〇一六年

陳美蓉執行編集『台灣自救宣言　謝聰敏先生訪談録』國史館、二〇〇八年

唐培禮（タンベリー）『撲火飛蛾　一個美國傳教士親歴的台灣白色恐怖』頼秀如譯、允晨文化實業

柏楊総策劃『二十世紀台灣民主大事寫眞』財團法人人權教育基金会・遠流出版事業、二〇〇五年

彭明敏文教基金会編『一中一台――台湾自救宣言44周年紀念文集』玉山社出版事業、二〇〇八年

彭明敏『自由的滋味　彭明敏回憶録　二〇〇九年増訂版』玉山社出版事業、二〇〇九年

彭明敏『逃亡』玉山社出版事業、二〇〇九年

彭明敏『寫給台灣的備忘錄――彭明敏教授文集』允晨文化實業、二〇一七年

李登輝原著及口述　國史館李登輝口述歴史小組編輯『見證台灣――蔣経國總統與我』允晨文化實業、二〇〇四年

【英語】

Thornberry, Milo. *Fireproof Moth: A Missionary in Taiwan's White Terror.* Sunbury Press, 2011.

【日本語】

池田維『激動のアジア外交とともに――外交官の証言』中央公論新社、二〇一六年

伊藤潔『台湾』中公新書、一九九三年

伊藤潔『李登輝伝』文藝春秋、一九九六年

内海愛子・越田稜・田中宏・飛田雄一監修、〈ハンドブック戦後補償〉編集委員会編『ハンドブック戦後補償（シリーズ・問われる戦後補償 別冊）』梨の木舎、一九九二年

王育徳『「昭和」を生きた台湾青年』草思社、二〇一一年

小笠原欣幸『台湾総統選挙』晃洋書房、二〇一九年

岡田充『中国と台湾――対立と共存の両岸関係』講談社現代新書、二〇〇三年

片倉佳史『台湾に生きている「日本」』祥伝社新書、二〇〇九年
上坂冬子『虎口の総統　李登輝とその妻』講談社、二〇〇一年
河崎眞澄『李登輝秘録』産経新聞出版、二〇二〇年
許世楷・盧千恵『台湾は台湾人の国――天になるごとく 地にもなさせたまえ』はまの出版、二〇〇五年
小林正成『台湾よ、ありがとう（多謝！台湾）――白色テロ見聞体験記』展転社、二〇一三年
清水麗『台湾外交の形成』名古屋大学出版会、二〇一九年
史明、田中淳［構成］『100歳の台湾人革命家・史明自伝　理想はいつだって煌めいて、敗北はどこか懐かしい』講談社、二〇一八年
司馬遼太郎『台湾紀行（街道をゆく40）』朝日新聞社、一九九七年
鄒景雯『李登輝闘争実録　台湾よ』金美齢訳、産経新聞ニュースサービス、二〇〇二年
田上智宜・松田康博編『台湾政党政治黎明期関係者インタビュー集（上）（東洋学研究情報センター叢刊　第28輯）』東京大学東洋文化研究所附属東洋学研究情報センター、二〇一九年
谷野作太郎『中国・アジア外交秘話――あるチャイナハンドの回想』東洋経済新報社、二〇一七年
張紹鐸『国連中国代表権問題をめぐる国際関係（1961－1971）』国際書院、二〇〇七年
彭明敏『自由台湾への道』鈴木武生・桃井健司訳、社会思想社、一九九六年
彭明敏・黄昭堂『台湾の法的地位』東京大学出版会、一九七六年
松田康博『台湾における一党独裁体制の成立』慶應義塾大学出版会、二〇〇六年
丸山勝『陳水扁の時代――台湾・民進党、誕生から政権獲得まで』藤原書店、二〇〇〇年
宗像隆幸『台湾独立運動私記――三十五年の夢』文藝春秋、一九九六年
宗像隆幸『存亡の危機に瀕した台湾――中国は台湾を併合すれば、日本を属国にする』自由社、二〇〇六年
宗像隆幸『台湾建国――台湾人と共に歩いた四十七年』まどか出版、二〇〇八年
宗像隆幸・趙天徳編訳『台湾独立建国運動の指導者　黄昭堂』自由社、二〇一三年
毛里和子・増田弘監訳『周恩来　キッシンジャー機密会談録』岩波書店、二〇〇四年
横堀洋一『アジア太平洋特派員――取材ノート』五月書房、一九九五年
吉田重信『中国への長い旅――元外交官《チャイナウォッチャー》の備忘録（現代アジア叢書39）』田畑書店、二〇一〇年
李登輝『台湾の主張』PHP研究所、一九九九年
李登輝『李登輝実録――台湾民主化への蔣経国との対話』中嶋

嶺雄監訳、産経新聞出版、二〇〇六年
李登輝『新・台湾の主張』ＰＨＰ新書、二〇一五年
若菜正義『明日の台湾』新国民出版社、一九七三年
若林正丈『台湾の政治――中華民国台湾化の戦後史』東京大学出版会、二〇〇八年

台湾人民自救運動宣言（日本語訳）

一つの強固な運動が、今、台湾で急速に展開されつつある。それは、共産党の統治を望まず、蔣介石によって破滅へと導かれることも拒否する台湾島の住民一二〇〇万人による自救運動である。我々は、人民が目覚め始めた世界的潮流の中にあって、蔣介石の不法政権を倒し、民主的で自由な、合理的で繁栄した社会を建設するために、団結して闘わなければならない。この強固な運動に参加して、崇高な理想を早期に実現させることは、我々一人ひとりの権利であり、一人ひとりの責任でもあると信じている。

一

「一つの中国、一つの台湾」はすでに確固たる事実となっている。

欧州、米州、アフリカ、アジアを問わず、また中共を承認しているかどうかに関わりなく、世界はすでに「一つの中国、一つの台湾」の存在を受け入れている。

アジア政策で孤立している米国でさえ、少数の保守反動派の政治家が、冷め切った「不承認主義」を温め直そうとしているだけだ。主流の世論、特に知識人は「一つの中国、一つの台湾」を法的に承認することで、中国問題の最終的な解決を図るよう求めている。米国の外交政策もこの方向に向かって進んでいる。なのに、なぜ、米国はいまだに口先では蔣政権が中国の唯一の合法政権だと言うのか？　それは、米国が中共との駆け引きで自国に有利な妥協を引き出すために、利用しようとしているからである。米国は中共とワルシャワで百数十回協議を行い(1)、一貫して、中共が「台湾解放」を放棄しさえすれば、中共に門戸を開くと強調してきた。

蔣政権は米国の第七艦隊に頼って、何とか命脈を保っているだけだ。我々は絶対に、「大陸反攻」という神話にだまされて、破滅への道を突き進むべきではない。もし第七艦隊が撤退すれば、蔣政権は数時間の内に崩壊する。「大陸反攻」などというものは、蔣政権が不法政権を維持して、我々を搾取するための口実にすぎない。

二

「大陸反攻」は絶対に不可能である！　およそ最低限の常識を有する人は、躊躇《ちゅうちょ》することなく、そう判断を下せるはずだ。蔣介石が支配している軍隊は、せいぜい一定の防衛力があるだけで、攻撃力は持っていない。完全に米国の援助に依存しているが、米国が支援しているのは、太平洋の防御ラインを維持するためである。従って、蔣介石の軍隊は、防衛に必要な範囲を超えた攻撃的な武器は保有することができない。海軍は単独で作戦を遂行することはできない。なぜなら、主力艦を擁せず、一隻の軍艦をメンテナンスする施設さえ有していないからである。空軍はほとんど短距離戦闘機のみで構成されている。遠距離攻撃に不可欠な輸送機と長距離戦闘機は絶対的に少ない。陸軍は依然として軽装備の歩兵が主力で、機械化部隊と重砲兵は飾りのように配置されているにすぎない。

台湾には「大陸反攻」を実行できるだけの経済力はない。蔣介石は軍隊に全精力を投入し、国家予算の八〇パーセント以上を軍事費に費やしている。だが、弾丸のように小さな土地で、平時に数十万の軍隊を養うのは簡単なことではない。戦時になれば、膨大な戦費を賄うことができるだろうか？　また、いかにして人的な消耗を補うことができるのだろうか？

戦争の目的は、とっくに消滅している。蔣介石は自由民主を唱えているが、人権を蹂躙《じゅうりん》し、一手に政権を掌握し、特務組織を駆使して暴政を行っている。中国大陸から台湾に来た人々は、心から帰郷を願っているので、蔣介石にこき使われても従うだろうと言う人もいる。だが、実際には、中共の国力が強大になったことで、この百年来、外国の侵略と圧迫を受け、辛酸をなめ尽くしてきた民族主義者たちは、今は意気揚々としている。彼らは、腐敗して無能な蔣介石政権がそれに取って代わることはできないと確信している。我々は一体、誰のために戦うのか？　何のために戦うのか？　もう蔣介石は人々を納得させるだけの戦争の目的を示すことができないでいるのに、誰が望んでこの独裁者のために命を投げ出すであろうか？

蔣介石の将兵たちは、一生をこの独裁者のためにささげたが、その代償として一体何を得ただろうか？　年老いて力が衰えても、世間に放り出されて路頭に迷わなければならず、余生を楽しむことなどできないのである。このようなひどい仕打ちを受け、彼らが心底恨まないということがあるだろうか？　だから、退役軍人はよくこんなことを言う。「中国大陸を失わさせたのは退役軍人だが、蔣介石を滅ぼすのもまた退役軍人である」と。

現役軍人の生活も、言いようのないほど悲惨である。彼らはよく「毛沢東は我らの祖先を断ち、蔣介石は我らの子孫を絶った」と言う。ある者は向こう見ずな行為に走り、ある者は鬱々《うつうつ》とした日々を送っている。規則を破って禁を犯す兵士が後を絶たない。指揮官はいろいろと兵士のご機嫌を取らなければならず、その結果、兵卒は士官よりも傲慢になり、軍紀などすっかり廃れてしまった。

退役軍人と入れ替わりに入隊した台湾籍の青年たちには、今でも、蔣介石が「二・二八事件」で二万人もの台湾の指導者を虐殺した記憶とそれに対する憎しみがある。彼らは口を固く閉ざしているが、恒常的に蔣介石の「沈黙の敵」である。軍服をまとった鉄のような表情からは、彼らの思いを読み取ることはできないものの、間違っても蔣介石に奴隷のように酷使されることなどあるはずがない。政治工作員制度が軍事行動を牽制し、軍事的な効率を低減させている。軍事行動の優れた点は、人や物を迅速に動員し、任務を完遂することにある。政治工作員は教条的に軍事行動を監視し、軍事目的より政治目的に重きを置くので、政治的な思惑が軍事的な効率を相殺するのである。かつて孫立人のような軍内で道理をわかった人が異議を申し立てたことがあったが、でっち上げの罪名を着せられ、今に至るまで冤罪は晴らされていない。軍人たちはよく言う。「いったん動員されたら、真っ先に銃殺するのは政治指導員だ」と。

攻撃能力のない軍隊が十分な戦費もなく、意気消沈し、効率が低下した状況の下、強大な中共と何の意味もない戦争をするのが「大陸反攻」と呼ばれるものの正体である。頑迷な五つ星の上将・蒋介石がドン・キホーテのように、ボロボロの箒《ほうき》を高くかざして風車に立ち向かう姿を想像するがいい。

三

なぜ蒋介石は依然として、大声で「大陸反攻」を叫び続けるのか。それは、このスローガンは政権を延命するためのものであり、人民を酷使するための唯一の手段であるからだ。一五年来、(2)彼は一貫してこの空小切手を利用して戒厳令を宣告し、軍法によって一〇〇〇万余りの人民を支配してきた。彼が言う「大陸反攻」というたくらみは、実のところ、二〇世紀最大のトリックである。

国民党の官員たちが、このトリックが長続きしないことを知らないはずはない。彼らは自分たちの子供と収奪した財産を国外に送り、いつでも逃げられるよう準備している。一方で、田舎の医者役を演じ、「大陸反攻」という延命薬を、死を目前にしてもなお誤った考えに固執する蒋介石に与えているのである。

このスローガンがどんな魔力を持っているのか見てみよう。

第一に、人民の目をくらましたうえで、人民の心理的弱点を突き、ほとんど存在意義を失っている蒋政権の命脈を保つのに利用されている。大陸から来た人々の中には、故郷に帰りたいとの思いから、「大陸反攻」の幻想にかられて蒋介石を支持する者もいるだろう。台湾人の中にも、もしこれが実現して、現在の政治的圧力と経済的負担を減らすことができるのであれば、とりあえず支持してもいいと考える者がいるかもしれない。

第二に、非常時期という名目を利用して、憲法と法令を正当に運用せず、愛国的で正義感あふれる人たちを罪に陥れている。さらに、言論を制限し、新聞を廃止し、思想を統制し、愚民化政策を進めている。

第三に、米国に自らを高く売りつけ、米国から援助をふんだくる道具として利用されている。米国との交渉がうまくいかなかったり、米国が蔣介石に圧力をかけてきたりすると、すぐに香港で国共和解のニュースを流し、中共恐怖症の米国を動揺させるのである。

つまり、「大陸反攻」のスローガンは、対外的には中共という米国の弱みにつけ込んで脅す手段となるし、国内的には恐怖政治を行い、政権を延命する手段となるのである。

四

蔣介石政権は誰を代表しているのか？

国民党政権は「中国の唯一の合法政府」と自称している。そして、国民大会代表、立法委員、監察委員[3]は中国大陸及び台湾の代表を含め、いずれも人民による選挙によって選出されたと言っている。周知の通り、これらの選挙は一九四七年に行われたものであり[4]、その後二年足らずして（一九四九年）、蔣介石は数百万の大軍を擁していたにもかかわらず、蔣政権の腐敗と無能を嫌悪した人民によって中国大陸から追い出されたのである。明らかに、中国大陸の人民はもう一つの政府を自分たちの政府に選んだのだ。その時点で、国民党政権は中国大陸の人民を代表することができなくなったのであり、まして新しい世代が成長した今日、蔣政権が中国大陸の人民を代表できないことは明白である。

それでは、蔣政権は台湾人民を代表することができるだろうか？三〇〇〇余人の国民大会代表のうち、台湾の代表は一〇議席余りしかなく、四七三人の立法委員のうち、台湾の代表は六人にすぎない。彼らの任期はそれぞれ一二年前と一五年前に満了しており、当然、現在の台湾人を代表してはいない。「二・二八事件」で蔣介石は二万人の台湾人指導者を虐殺した（当時の台湾の人口は六〇〇万である）。台湾人はそれからずっと怒りをこらえて黙して語らないが、台湾人は常に蔣介石の「沈黙の敵」となっている。

台湾人と中国人について語る時、指摘しなければならないことがある。それは、蔣介石政権は、口先では「台湾人と中国人は手を携えて協力しなければならない」と叫んでいるが、実際は、台湾人と中国人が本当に協力することを忌み嫌っているということである。だから、台湾人と中国人を引き離そうと、できる限りの挑発を行っている。このような策略は、選挙になると突出して現れる。蔣政権は台湾人と中国人を分け、お互いに猜疑《さいぎ》させ合い、双方が交わらないようにして、統治と管理に都合がよいようにするのである。蔣政権は台湾人と中国人が誠実に協力し、蔣介石の専制を打ち破って民主政治を実現させることを警戒している。雷震が台湾人と中国人が協力する道を探るよう求めた途端、蔣介石はそれまでの友好的な態度から一転して、国内外の世論の批判を顧みず、牙をむき、爪を研いで、雷震に赤帽子をかぶせたのだ(5)。蔣介石は、台湾人と中国人の協力が実現する日は、政権が滅亡する時であることをよく知っていたからである。

蔣介石政権は国民党を代表しているので、伝統的な「党国合一(6)」論に従えば、中国を代表することになるという人もいる。だが、実際には、蔣政権は国民党さえ代表していないのである。国民党は独裁体制であり、党内に民主はない。ほとんどの党員には意見を述べる権利はない。彼らの代表は党大会で、親分の訓辞を恭しく聞き、拍手をし、最敬礼するだけである。彼らは、親分の提案を一致して可決する「イエスマン」の集まりにすぎない。親分が提案した内容について質問することはできないし、勇気を奮って質問しようともしない。党内では派閥が乱立している。蔣介石が権力を奪取する過程で闘争に敗れた胡漢民《こかんみん》、張発奎《ちょうはっけい》、李宗仁《りそうじん》らのような両広勢力(7)は言うに及ばず、その他の蔣介石に目をかけてもらえない派閥も、権力中枢に入り込むことはできない。これらの排斥された党員の多くは、もちろん憤慨し、不満を持つ。党内の賢明な人々は口をつぐみ、政治を論じないことによって、無言の抵抗を試みる。はなはだしい場合は、蔣政権を積極的に攻撃し、反主流派となることもある。

このように蔣政権は国民党内の少数派である器量が小さい者たちの集団を代表しているにすぎず、中国ばかりでなく、台湾も、また国民党すら代表してはいないと言えるのである。

五

台湾の経済発展は二つの大きな問題に直面している。一つは巨大な軍隊組織であり、もう一つは激増する人口である。これは「大陸反攻」という虚偽に満ちたスローガンの下、無責任な蔣政権が掘った墓穴である。

蔣政権の今年の統計によると、軍事支出は国家総予算の八〇パーセント以上を占めているが、この数字は全ての軍事費用を含んでいるわけではない。台湾省糧食局が毎年軍隊に供出する米二〇万トンの価格は、市価よりはるかに安く、糧食局が定めた最低価格よりも安い。軍隊が使用する交通費や電気料金、その他の公共料金は支払われたことがない。軍需工場の収入や米国の援助物資の払い下げによって得た代金は軍隊のものになっているが、軍事支出は軍隊の総資産を上回っている。

激増する人口は、経済成長の効果を弱め、影響はさまざまな所に及んでいる。失業問題は日増しに深刻になっており、特に農村の状況は最悪だ。台湾の労働人口約四〇〇万人のうち、失業者は少なくとも一〇〇万人以上に達しており、労働人口の四分の一を占めている。一平方キロメートルの耕地に、一二三〇人がひしめいている。大学や専門学校で教育を受けた優秀な青年は、やむなく国外に出て行っている。その数は毎年一〇〇〇人以上に上る。蔣政権は現実に向き合わず、問題の解決を欺瞞《ぎまん》に満ちた「大陸反攻」というスローガンに委ねるだけで、一部の知識人が強い警告を発しても、何の手も打とうとしない。彼らは産児制限を主張する者は敗北主義者であるとけなし、生まれてくる赤ん坊に希望を託している。二〇年後には、この世代が武器を手に取って、「大陸反攻」を実現してくれると期待しているのだろう。

多くの人は、台湾で行なわれた土地改革(8)は蔣政権の徳政であると思っている。実は、蔣政権が土地改革を行なった動機は、潜在的な反対勢力の力を弱めることだったのである。清朝統治時代以来、台湾の伝統的な政治指導者は地主階級から出ている。蔣介石は、政治的人材が力を持てば、独裁体制にとって脅威となることをよく知っている。だから、まず一九四七年の「二・二八事件」で二万人もの台湾人指導者を虐殺した。一九五〇年には、土地改革を断行して、伝統的に政治指導者を輩出してきた階級に打撃を与えたのである。中国人は台湾では土地を所有していなかったので、土地改革を実施できたのだ。蔣政権は地主階級を消滅することに力を注ぎ、地方勢力を再起不能にさせた。農民は農産物の価格を抑制され、重税から逃れられず、肥料と穀物を交換させられるなど何重にも搾取され、毎日必死に働いて何とか暮らしていくので精いっぱいである。

経済政策には、一貫した長期発展計画がなければならない。しかし、蔣政権は経済原則を無視した無計画な投資と、表面的で場当たり的な応急対策を行っているだけだ。彼らは軍隊の食糧を確保するために、鶏を殺して卵を採取することをいとわず、農民を搾取している。彼らは軍事費が一時的に中断されることを恐れ、あえて現実を直視せず、政権の命運がかかる税制改革に取り組まないで、腐敗するがままに任せている。政権基盤を固めるために、財閥と結託して貧しい大衆を抑え込み、貧富の差が大きい不安定な社会をつくり上げた。

窮地に陥った蔣政権の崩壊寸前の実態を見てみよう。蔣介石は自分の腹心を重要なポストに就け、暴力的な統治を強めている。また、公債や都市の地権、公共事業などを売却しては、番頭格の徐柏園《じょはくえん》を度々中南米諸国に派遣し、人民の血と汗の結晶であるそれらの代金を散財して、大量に土地を買っているのである。

六

台湾は一つの国家を構成できるだろうか?

国家というものは、人民の福祉を図る道具にすぎない。同じ境遇にあり、利害が一致する人々なら誰であっても、一つの国家を組織することができる。すでにこの十数年来、台湾は事実上、一つの国家として存在してきた。人口、面積、生産力及び文化水準などの条件から見ても、台湾は国連の一一〇余りの加盟国の中でも、三〇位程度にランクすることができる。実際、小国の人民はかえって多くの福祉と文化の恩恵に浴することができるものである。北欧各国、スイス、南米のウルグアイなどはよい例だ。我々は「大国」という幻想と重荷を捨て去り、現実に即して、民主的で繁栄した社会を建設すべきである。

蔣介石はすでに裸の王様なので、彼が死去するのを待てばよいという人もいる。だが、我々は、行き詰まった蔣政権が、台湾を中共に売り渡す危険性があることを危惧しないわけにはいかない。さらに、憂慮せざるを得ないのは、台湾が国際的なパワー・ポリティックスの犠牲になる恐れがあることだ。だから、我々は絶対に待つべきではない。

多くの知識人は依然として、「政権の平和的移譲」と「漸進的な改革」の可能性を盲信している。我々は指摘したい。悪事に彩られた国民党の歴史を顧みれば、はなはだ傲慢な蔣介石の目が黒いうちは、いかなる妥協も夢でしかなく、さもなければ知識人を陥れるための罠にすぎないことがわかるだろう。だから、我々は絶対に「政権の平和的移譲」という妥協を妄想してはならない。

我々は、いまだに蔣政権に協力している人たちに、率直に警告する。「あなた方は今すぐ心から悔悟し、蔣政権の虎の威を借りたり、その手先や耳目になったりしてはならない。さもなければ、歴史と人民はあなた方に、最も厳しい制裁を下すであろう」。

七

台湾のような開発途上地域では、経済発展は文化、社会、経済、政治の各分野に大革命をもたらす。そして、政治はそれら一切を推進する原動力である。台湾は近代化に向けた良好な基盤を備えているが、腐敗無能の蔣政権が存在する限り、近代化実現までの道のりは遠い。だから、我々は絶対に「漸進的な改革」を期待すべきではない。

このような認識に基づき、我々は以下の主張を掲げ、たとえ最後の血の一滴まで流れ尽くしても、その実現をめざす。

甲、我々の目標

（一）「大陸反攻」が絶対に不可能であることを確認し、蔣政権を倒し、一二〇〇万人の力を結集して、省籍を問わず、誠意をもって協力し、新しい国家を建設し、新しい政府を成立させる。

（二）新憲法を制定し、基本的人権を保障し、国会に対して責任を持つ効率のよい政府を成立させ、真の民主政治を実現する。

（三）自由世界の一員として、新たに国連に加盟し、平和を愛する国々と外交関係を結び、共同で世界平和のために努力する。

乙、我々の原則

（一）民主の常道に従って、普通選挙によって国家元首を選出する。元首は万人が崇拝する偶像ではなく、万能の領袖でもない。元首は一切の批判を許さない教条主義者であってはならず、国会の監督と統制を受け、熱心に民衆に奉仕する公僕でなければならない。

（二）集会、結社、言論の自由を保障し、野党は合法的な地位を与えられ、政党政治を実施する。

（三）特権を廃除し、汚職を一掃し、綱紀を粛清し、軍人、公務員、教員の待遇を改善する。

（四）健全な文官制度を樹立し、科学的管理を実行して行政の効率を上げ、清廉潔白で公正な政治を確立する。

（五）司法の独立を保障し、人権を侵害する法規を廃棄し、違法な逮捕や尋問、刑罰を厳禁する。

（六）特務制度を廃止し、民主国家の常道に従い、警察の地位と職務を法で定め、人民の順法精神を養う。

（七）人民の国内外の通信、移動と旅行の自由を確保し、開かれた社会にする。

（八）自衛を原則として軍隊を縮小し、退役軍人の地位と生活を保障する。経済面では、国防費負担を大幅に低減し、長期的な見通しに基づいた目標と計画を立て、人的・物的資源を効果的に用いて、経済成長を加速させる。民主的な方式によって経済的権利を分配し、個人または特定階級の経済的特権を廃除し、機会均等を保障する。直接税方式を確立し、累進所得税と相続税を強化し、激しい貧富の格差を是正する。国家の生産力を拡大して失業をなくし、国民の生活水準を引き上げ、人間の尊厳と個人の自由が実質的意味を持つようにする。農村の伝統的な生産方式を改革し、衣食が満ち足りた生活を維持し、科学的で機械化された近代的な農村社会を建設する。過去に蔣政権は無計画な投資を行い、企業に無理やり干渉し、低賃金政策によって資本家を支援し、肥料と穀物を交換する制度によって農民を搾取し、消費税と戸税(9)によって一般大衆の負担を高めてきた。これらによって発生した各種の問題は、徹底的に解決されなければならない。

我々は、社会の目的は個人の尊厳を守り、人民の福祉を増進することであると確信している。だから、蔣政権統治下における恐怖政治や貪欲な搾取、人民の団結と社会の発展を妨げる各種の措置に反対する。相互信頼と相互扶助、友愛にあふれた社会を建設し、一人ひとりが幸福に満ちた生活を送れるようにしなければならない。

これまで、中国には二つの価値基準しかなかった。一つは国民党の極右的な価値基準であり、もう一つは共産党の極左的な価値基準で、真の知識は力を発揮することができなかった。我々はこの二つの価値基準のくびきから解き放たれるべきであり、この二つの政権に対する依頼心を捨て去らなければならない。国民党でも共産党でもなく、台湾から第三の道――自救の道を見つけ出さなければならない。

この暗黒の日々を終わらせようではないか！　共産党の支配を望まず、また蔣介石によって破滅へと導かれることも拒否する人たちに呼びかけ、団結して闘い、蔣介石の暴政を排除し、我々の自由な国土を建設しようではないか！

民主と自由を愛する同胞たちよ、絶対にこの暗澹《あんたん》とした現実に気落ちし、絶望してはならない。国内外の情勢は、ますます我々に有利になりつつある。我々の自救の力は、急速に増しつつある。政府機関、地方団体、軍隊、会社、新聞社、学校、工場、農村などあらゆる所に我々の同志がいる。我々の組織は、すでに米国、日本、カナダ、フランス、ドイツにいる同志たちと密切に連絡をとっており、熱烈な支持を得ている。時期が来れば、我々の同志は、台湾の津々浦々に現れ、あなたと手を取って共に闘うだろう。

同胞たちよ、勝利は目の前に迫っている。団結しようではないか！

この宣言は我々の闘いの印である。今日から、この宣言がいつでもどこでも、あなた方の目の前に現われるだろう。どうか忘れないでほしい！あなた方がこの宣言を目にする時、我々の組織は急速に拡大し、運動が力強く展開されているということを。

（近藤伸二訳）

【訳注】

（1）米中は一九五五年から一九七三年まで、ポーランドの首都ワルシャワを中心に大使級会談を計一三六回行った。国交のない米中間の唯一のパイプとしての役割を果たした。

（2）国民党政権が台湾に移った一九四九年から、「自救宣言」が作成された一九六四年までの一五年間を指している。

（3）国民大会代表と立法委員、監察委員を合わせて「中央民意代表」と呼ばれた。監察委員のみが省議会議員による間接選挙で選ばれた。

（4）立法委員の選挙は一九四八年一月に実施された。

（5）共産党の協力者というレッテルを貼ること。
（6）政権党と国家が一体の体制のこと。「党国体制」とも言う。
（7）広西派（李宗仁ら）と広東派（胡漢民や張発奎ら）の総称。
（8）地主は小作人が収穫した農産物の約五〇パーセントの小作料を取っていたが、国民党政権は一九四八年、これを三七・五パーセント以下に引き下げさせた（三七五減租）。一九五一年には、公有地及び公営企業の所有する土地で、現に耕作している農民にその土地を払い下げた（公地放領）。さらに、一九五三年には、地主から土地を取り上げて、小作人に払い下げた（耕者有其田）。これら一連の土地改革によって、台湾では大地主はいなくなった。
（9）世帯内の各人が所有する不動産の価値が一定の金額を超えた場合に徴収する税。一九六八年に廃止された。

台湾人民自救運動宣言（中国語）

一個堅強的運動、正在台灣急速地展開著。這是台灣島上一千二百萬人民不願受共產黨統治、不甘心被蔣介石毀滅的自救運動。我們要迎上人民覺醒的世界潮流、摧毀蔣介石的非法政權、為建設民主自由、合理繁榮的社会而團結奮鬥。我們深信、参加這個堅強運動、使這個崇高的理想早日實現、是我們每一個人的權利、也是我們每一個人的責任。

一

「一個中國、一個台灣」早已是鐵一般的事實！

不論歐洲、美洲、非洲、亞洲、不論承認中共與否、這個世界已經接受了「一個中國、一個台灣」的存在。即使在亞洲政策上陷於孤立的美國、也只有少數保守反動的政客、在炒「不承認主義」的冷飯、輿論主流、尤其是知識份子、都要求在法律上承認「一個中國、一個台灣」、以謀中國問題的最後解決。美國的外交政策也正在往這個方面發展。為什麼美國還在口頭上把蔣政權當做唯一合法的中國政府？因為美國要藉此與中共討價還價、以達成有利的妥協。美國跟中共在華沙談了一百幾十次、美國一直強調了只要中共放棄「解放台灣」的要求、美國對中共的門將永遠開放著。

蔣政權只靠美第七艦隊苟延殘喘、我們絶對不要被「反攻大陸」這一廂情願的神話矇住眼睛、走向毀滅的路上去。第七艦隊一旦撤退、蔣政權在數小時内就會崩潰。「反攻大陸」云云、只是蔣介石用來維持非法政權和壓榨我們的口實罷了。

二

「反攻大陸」是絶對不可能的！凡是具有起碼常識的人們、都會毫不遲疑地下這樣的判斷。蔣介石控制下的軍隊、頂多是一個防禦力量、而絶不是一個攻擊力量。它的存在完全依頼美國的軍援、而米援的目標、又僅在保持美國太平洋的防衛線、因此它不可能獲得超過防衛需要的攻擊武器。它的海軍無法在海上單獨作戰、因為它不但没有主力艦、連保養一隻軍艦的設備也没有。它的空軍由短程戦鬥機組織、攻撃所不可欠缺的運輸機和長程戦鬥機卻少得可憐。它的陸軍、仍然以輕裝備步兵為主力、機械化部隊和重炮兵只不過是裝飾品而已。

台灣没有支持反攻經濟的能力、蔣介石儘管全力支持軍隊、不惜以百分之八十以上的預算做為軍費、但憑這彈丸之地、維持數十萬軍隊平時已苦於奔命、戰時怎能夠供給龐大的戰費？又怎麼能夠補人力的毀滅？

戰爭的目的已不存在、蔣介石雖然在號召自由民主、但處處蹂躪人權、一手把持政權、以特務組織、厲行暴政。有人說、大陸來台人士返鄉心切、容易受蔣介石的驅使。其實、中共國勢的強大、已使百年來飽嚐外侮的民族主義者揚眉吐氣、他們相信、這絶不是貪汚無能的蔣介石政權所能望其項背的。我們究竟為誰而戰？為何而戰？蔣介石已失去了使人信服的戰爭目標、誰願為這個獨夫賣命？

蔣介石的官兵、把一生奉獻這個獨夫、請問他們得到什麼代價？一旦年老力衰、不僅不能享其餘生、且被擯去民間、流浪街頭。這種騙局怎麼不令他們痛恨？因此、退伍軍人常說「亡大陸的固然是退伍軍人、亡蔣介石也將是退伍軍人」。現役官兵的生活、更是慘不堪言、他們常常說：「毛澤東斷了我們的祖宗、蔣介石絶了我們的子孫。」狂者鋌而走險、猖者鬱鬱終日、官兵越規犯禁層出不窮、指揮官能多方攏絡、結果兵比官驕、軍紀掃地。

至於代退伍軍人而入伍的台籍青年在他們的記憶中仍然留著蔣介石在二二八事變中屠殺二萬台灣領導人物的仇恨、他們雖然三緘其口、始終還是蔣介石的「沉默的敵人」、在軍裝的鐵面孔下、固然看不出他們的思想、他們無論如何不致認賊作父、受蔣介石的奴役。政工制度牽制軍事行動、減低軍事効能。軍事行動的優點、在於能迅速動員人力物力、完成任務。政工制度則循教條監視軍事行動、政治目的重於軍事目的、政治責任抵銷了軍事効能。雖然軍中明理之士、如孫立人等、曾提出異議、但卻被戴上莫須有的罪名、迄今含冤莫白。官兵常說：「一旦動員、先槍斃政治指導員。」

想一想、一支欠乏攻擊能力的軍隊、在沒有戰費、士氣消沉、効率低落的情況下、和強大的中共做毫無目的的戰爭——這個戰爭叫做「反攻大陸」、而頑強的五星上將蔣介石、卻効法唐・吉訶德高舉一枝破爛不堪的掃把、向風車挑戰。

三

為什麼蔣介石仍然高喊「反攻大陸」？因為這個口號正是他延續政權、驅使人民的唯一手段。十五年來、他一直藉這一張空頭支票、宣佈戒嚴、以軍法控制了一千餘萬的人民、他所要的「反攻大陸」的把戲、實在是二十世紀的一大騙局。国民黨官員何嘗不知道這個騙局不能持久、他們一面將自己的子女和搜刮而來的財富送往國外、準備隨時逃亡、一面扮做江湖郎中、把「反攻大陸」的延命丹餵給死在眼前執迷不悟的將介石。

讓我們看看這個口號有什麼魔力：

第一、矇蔽人民、利用人民心理的弱點、以苟延早已喪失存在的蔣政權。部分大陸來台人士、思鄉心切、可因「反攻大陸」的幻想而支持蔣介石、部分台灣人則因盼望政治壓力和經濟負擔減少、而姑且信其有。

第二、可利用非常時期的名義、排除憲法和法令的正當行使、陷害愛國而富於正義感的人們、進一步限制言論、封銷新聞、控制思想、實行愚行化政策。

第三、挾中共以自重、向美國討價還價、做為勒索美援的工具、當中美交涉不順利、或美國向蔣介石施以壓力時、立即在香港放出國共和談的消息、使有恐懼中共病的美國不知所措。

總之、「反攻大陸」的口號、對外可以要挾中共以自重、對內可以厲行恐怖政治、延續政權。

四

蔣介石政權代表誰？

國民政府自稱是：「中國唯一的合法政府」。他認為現在的國民大會、立法委員、監察委員都是經過人民選舉而產生的、包括中國大陸和台灣代表在內。我們知道、這些選舉都是十八年以前（一九四七年）舉行的、我們也知道不到兩年（一九四九年）中國大陸的人民已痛恨蔣政權的腐化無能、蔣介石雖然擁有數百萬軍隊卻很快地被趕出了中國大陸。顯然、大陸人民已選擇了另外一個政府。當時的國民政府已不能代表當時的大陸人民、何況在十八年後的今天、新的一代已經成長、蔣政權顯然不能代表現在的大陸人民了。

那麼、蔣政權能否代表台灣的人民？三千餘人的國大代表中、台灣的代表只有十餘席、四百七十三人的立法院中、台灣的代表也不過六名、他們的任期已分別於十二年前和十五年前屆滿、當然不能代表現在的台灣人民、何況二二八事變時、蔣介石屠殺了二萬的台灣領導人物（當時台灣人口只有六百萬）、雖然台灣人一直忍氣吞聲、但他們一直是蔣介石「沉默的敵人」。

談到台灣人和大陸人、我們必須指出、蔣介石政權雖然在口頭上高喊「台灣人與大陸人必須攜手合作」、其實卻最忌諱台灣人和大陸人真正合作、所以極力挑撥離間、無所不為。這種政策、在選舉中表現得最為突出。蔣政權分化台灣人和大陸人、使他們互相猜忌、彼此獨立、以便操縱與統治。因此蔣政權一直防範台灣人和大陸人的竭誠合作、協力消除蔣介石的專制、實現民主政治。當雷震要求台灣人和大陸人合作的途徑時、蔣介石終於撕破了臉皮、不顧國內外輿論的指責、張牙舞爪地將雷震戴上赤帽子。蔣介石深知台灣人和大陸人合作實現之日、也正是他的政權瓦解之時。

或者說、蔣介石政權是國民黨的代表、並且根據他們的傳統的「黨國合一」論也就是代表中國。其實、蔣政甚至於不能真正代表國民黨。國民黨本身只有獨裁、而沒有民主、絕大多數的黨員、沒有說話的權利、他們的代表、在大會中、只能恭聽頭目的訓詞、鼓掌鞠躬而已。他們只是一群「點頭人」、只能一致通過頭目的提案、至於提案的內容、是不能也不敢過問的。黨內又是派系分立、在蔣介石的權力鬥爭中、如兩廣勢力、胡漢民、張發奎、李宗仁等被清算的派系固不必說、其他不得寵的派系也不能進入權力的核心。這些被排擠的多數黨員、當然是憤慨而不滿的。當內明智之士或避口不談政治以做無言的抗議、甚至於積極抨擊、成為反對蔣政權的主流。

我們可以說、蔣政權只是國民黨內少數小人集團的代表。它既不能代表中國、又不能代表台灣、甚至不能代表國民黨。

五

台彎經濟的發展面臨兩大問題、一是龐大的軍隊組織、一是激增的人口。這是不負責任的蔣政權在「反攻大陸」的虛僞號召下自我毀滅的陷阱。

根據蔣政權本年的統計、軍費支出佔預算百分之八十以上、這個數目、並不能概括所有的軍事費用。每年由糧食局供給軍隊二十萬噸米的價格遠低於市價、而且遠低於局定的價格‥軍隊的運費、電費以及其他應付公營事業的費用、從未結帳‥軍需工廠所得與美援物資拋售所得也歸軍隊所有‥軍隊的消費、已超過資本的形成。

激增的人口、也減低了經濟成長的効果、影響所及、失業問題日趨嚴重、尤以農村的情形最為惡劣。台灣的勞動人口約有四百萬人、而失業人口至少在一百萬人以上、約佔勞動人口的四分之一、每平方公里的耕地、要擠一千二百三十人、受大專教育的優秀青年迫不得已、紛紛出國、每年都在千人以上。蔣政權不敢面對現實、將問題的解決訴諸自欺欺人的「反攻大陸」上面、雖然有些知識份子正直呼喊著、但仍然無濟於事。他們說、主張節育的人是失敗主義者、而把希望寄託在剛出生的嬰兒、認為二十年後、這批後代將為他們執干戈而「反攻大陸」。

許多人以為台灣的土地政策是蔣政權的德政。其實、蔣政權實行土地改革的動機、卻是為了削弱潛在的反對力量。從清朝以來、台灣傳統的政治領導人物、都來自地主階級。蔣介石深知政治人材的興衰對他的專制的影響、因此、先在一九四七年二二八事變時屠殺了二萬台灣領導人物、又在一九五〇年實施土地改革、打倒傳統的政治領導階級。當然大陸人不屬於台灣地主階級、也是土地改革能實施的主要原因。由於蔣政權傾心消滅地主階級、地方力量終一蹶不振、而農民卻在農產品價格的抑制、無從逃避的重稅、以及肥料換穀政策的重重剝削下、每日為餬口掙扎而無餘力。

經濟政策應該有一套長期發展計畫、但蔣政權所做的、只是不顧經濟原則的盲目的投資、以及表面而臨時性的應急措施。他們爲了維持軍糧、不惜殺雞取卵、榨取農民。他們深怕軍費一時中斷、所以不敢面對現實、改革它命脈所在的税収制度、而任它腐化。他們為了鞏固政權、更與財閥勾結、抑制貧苦大眾、造成貧富懸殊的不安定社會。

讓我們看看到了山窮水盡的蔣政權的最後面目、一方面將它們的劊子手們放在重要的位置加緊暴力統治、他方面以所得「十二億公債」都市平均地權及變賣公共事業等、來榨取人民、屢次派遣他的掌櫃徐柏園到中南美疏散民脂民膏、大買地產。

六

台灣足以構成一個國家嗎?

國家只是為民謀福利的工具、任何處境相同、利害一致的人們都可以組成一個國家。十餘年來、台灣實際上已成為一個國家、就人口面積、生產力、文化水準條件來看、在聯合國一百十餘國中、台灣可排在第三十餘位。其實許多小國的人民反而能享受更多的福利和文化的貢獻。如北歐各國、瑞士、南美的烏拉圭、都是很好的例子。我們應抛棄「大國」的幻想和包袱、面對現實、建設民主而繁榮的社會。

有人説、蔣介石已成了裸體的皇帝、我們可以坐待他的末日。但是我們不能不想、走到窮途末日的蔣政權、將台灣交給中共。我們更不能不憂慮、台灣將被國際上的權力政治所宰割、所以説我們絶對不能等待。

許多知識份子們仍然在迷信「和平轉移政權」與「漸進的改革」。我們必須指出、如果回顧劣跡昭昭的國民黨史、我們立刻就可以發現、只要剛愎狂傲的蔣介石睁著眼睛、任何方式的妥協不是夢想、便是圈套——專門用來陷害知識份子的圈套。所以我們絶不能妄想「和平轉移政權」而妥協。

我們還要坦誠地告誡與蔣政權合作的人們：「你們應立即衷心悔悟不再為蔣政權作威作福、不再做蔣政權的爪牙耳目、否則、歴史和人民將給你們最嚴厲的制裁!」

七

在台灣這種正在開發中的地區、經濟發展實際上是文化、社會、經濟、政治的大革命、而政治則為一切推動的源泉。台灣儘管具有現代化的良好基礎、可是只要腐化無能的蔣政權存在一天、我們距離現代化仍然非常遙遠、所以我們絕不能期待「漸進的改革」。

其於這種認識、我們提出下列主張、即使流盡最後的一滴血、我們也要堅持到底使它實現。

甲、我們的目標

（一）確認「反攻大陸」為絶不可能、推翻蔣政權、團結一千二百萬人的力量、不分省籍、竭誠合作、建設新的國家、成立新的政府。

（二）重新制定憲法、保障基本人權、成立向國會負責且具有効能的政府、實行真正的民主政治。

（三）以自由世界的一份子、重新加入聯合國與所有愛好和平的國家建立邦交、共同為世界和平而努力。

乙、我們的原則

（一）遵循民主常軌、由普選產生國家元首。他不是被萬人崇拜的偶像、也不是無所不能的領袖。更沒有不容批評的教條。他只是受國會監督與控制、熱心為民眾服務的公僕。

（二）保障集會、結社和發表的自由、使反對黨獲得合法的地位、實行政黨政治。

（三）消滅特權、革除貪污、整肅政風、改善軍公教人員的待遇。

（四）樹立健全的文官制度、實行科學管理、提高行政的効能、確立廉潔公正的政治。

（五）保障司法獨立、廢除侵犯人權的法規、嚴禁非法的逮捕、審訊與刑罰。

（六）廢止特務制度、依民主國家常軌、規定警察的地位和職務、並樹立人民的守法精神。

（七）確保人民對國内外通信、遷徙與旅行的自由、維護開放的社會。

（八）以自衛為原則、裁減軍隊、並保障退伍軍人的地位和生活。在經濟方面、由於國防負擔大減、我們可以根據長遠的目標和計畫、充分利用人力物力、加速經濟的成長。我們將以民主方式分配經濟權利、廢除個人和階級經濟特權、保障機會均等。我們將建立直接税制、加強累進所得税與遺産税、消除貧富懸殊的現象。我們計畫擴大國家的生産力、消滅失業、普遍提高國民生活水準、使人類的尊嚴和個人的自由具有實質意義。我們將改造農村傳統的生産方式與維護温飽的觀念、建設科學化、機械化、現代化的農村社會。過去蔣政權盲目投資、無理干涉企業、以低工資支持資本家、以肥料換穀辦法剝削農民、以消費税和戸税增加一般大衆負擔所造成的各種問題、我們將予以徹底解決。

我們確信社會的目的在維護個人的尊嚴、增進人民的福利、因此我們反對蔣政權統治下的恐怖、貪婪與妨礙團結發展的多種措施、而要建立一個互信互助、友愛的社會、使每一個人都能過完美積極幸福的生活。

多少年來、中國只有兩個是非、一個是極右的国民黨的是非、一個是極左的共産黨的是非、真正的知識反而不能發揮力量。我們要擺脱這兩個是非的枷鎖、我們更要放棄對這兩個政權的依頼心理、在国民黨與共産黨之外、從台彎選擇第三條路—自救的途徑。

讓我們結束這個黑暗的日子吧！讓我們來號召不願受共産黨統治、又不甘心被蔣介石毀滅的人們、團結奮鬥、摧毀蔣介石的暴政、建設我們的自由國土。

愛好民主自由的同胞們、千萬不要因看到黯淡的現實而灰心、而絶望。讓我們告訴你們、國内外的情勢對我們愈來愈有利、而我們的自救力量正在急速地擴大中。在政府機關、地方團體、軍隊、公司、報社、學校、工廠、農村到處都有我們的同志。我們這個組織、已經與在美國、日本、加拿大、法國、德國的同志們取得密切的聯繫、並且得到熱烈的支持、一旦時機來到、我們的同志將會出現在台彎的每一角落、跟你攜手合作共同奮鬥。

同胞們！勝利就在眼前、團結起來！

這就是我們的標誌。從今天起、它就隨時隨地出現在你們的面前、記住！當你們看到它的時候、這個組織正在迅速地擴大著、這個運動也正在有力地展開著。

（『自由的滋味』二五〇—二六一頁）

彭明敏略年表

一九二三年　八月　大甲で生まれる
一九三一年　父の仕事の関係で、日本の小学校に入学（一九三五年帰国）
一九三六年　高雄中学入学
一九三九年　関西学院中学部入学
一九四〇年　京都・三高入学
一九四二年　東京帝大法学部入学
一九四五年　四月　長崎で敵機襲撃に遭い、左腕を失う
　　　　　　八月　長崎で原爆投下に遭遇
一九四六年　一月　七年ぶりに台湾に帰国
　　　　　　夏　台湾大学法学部に編入
一九四八年　夏　台湾大学法学部を卒業し、同学部助教に就任
一九四九年　二月　李純と結婚
一九五〇年　三月　長男 旼 誕生
一九五一年　カナダ・マックギル大学に留学（一九五三年に法学修士号取得）
一九五二年　七月　フランス・パリ大学に留学（一九五四年に法学博士号取得）
一九五四年　台湾大学法学部副教授に就任
一九五六年　キッシンジャーの招待で、米ハーヴァード大学での国際問題研究セミナーに参加
一九五七年　台湾大学法学部教授に就任
　　　　　　長女 曄 誕生
一九六〇年　キッシンジャーの招待で、東京での国際問題研究セミナーに参加
一九六一年　八月　台湾大学法学部政治学科主任に就任
　　　　　　九月　国民党政権代表団顧問として国連総会に出席するため米ニューヨークに出張（一二月まで）
一九六二年　一月　蔣介石と面会
一九六三年　一二月　「十大傑出青年」に選ばれるが、蔣経国主催のティーパーティーを欠席

一九六四年　九月　謝聡敏、魏廷朝とともに「自救宣言」を作成・印刷したところで逮捕
一九六五年　四月　懲役八年の判決
　　　　　一一月　上告棄却、特赦で釈放。以後、特務の監視を受ける
一九六六年　一月　蔣経国と面会
一九七〇年　一月　スウェーデンに脱出
　　　　　九月　米国に移り、ミシガン大学客員教授に就任
一九七二年　二月　台湾独立聯盟主席に就任（一年後に辞任）
一九七三年　オハイオ州のライト州立大学客員教授に就任
一九七九年　二月　米国議会公聴会で「台湾関係法」について証言
一九八三年　二月　米国議会公聴会で戒厳令解除など台湾民主化について証言
一九八六年　台湾人公共事務会（ＦＡＰＡ）会長に就任（一九八九年まで）
一九九〇年　李登輝から「国是会議」の招待を受けるが辞退
一九九二年　一一月　二二年ぶりに台湾に帰国
一九九四年　彭明敏文教基金会を設立し、理事長に就任（二〇一五年まで）
一九九五年　二月　民進党に入党
　　　　　九月　民進党の総統選公認候補に選出される
一九九六年　三月　初の総統直接選で李登輝に敗れるが、四候補中第二位に
　　　　　四月　建国会会長に就任
一九九七年　民進党を離党
二〇〇〇年　五月　民進党・陳水扁政権の総統府資政に就任（二〇〇六年まで）
二〇〇六年　関西学院大学から名誉博士号を授与される
二〇二〇年　九月　李登輝の告別式の葬儀委員を務める
　　　　　一〇月　李登輝の埋葬式の葬儀委員を務める

（注）財團法人彭明敏文教基金會ホームページ『鯨魚網站』の彭明敏紹介『彭明敏簡歴』
http://video-blog.hi-on.org.tw/about_foundation/peng/resume（二〇一九年一月二七日アクセス）などを参考に作成。

著者

近藤 伸二（こんどう しんじ）

1956年神戸市生まれ。1979年神戸大学経済学部卒業、毎日新聞社入社。香港支局長、台北支局長、大阪本社経済部長、論説副委員長などを歴任。1994～1995年、香港中文大学に留学。2014年追手門学院大学経済学部教授、2017年4月～2021年3月同大学オーストラリア・アジア研究所長兼任。著書に『米中台　現代三国志』（勉誠出版、2017年）、『交錯する台湾認識――見え隠れする「国家」と「人々」』（共著、勉誠出版、2016年）、『アジア実力派企業のカリスマ創業者』（中公新書ラクレ、2012年）、『反中vs.親中の台湾』（光文社新書、2008年）、『続・台湾新世代――現実主義と楽観主義』（凱風社、2005年）、『台湾新世代――脱中国化の行方』（凱風社、2003年）など。2014年から一般財団法人台湾協会機関紙『台湾協会報』（月刊）に「最近の台湾情勢」を連載中。

彭明敏《ほうめいびん》
蒋介石《しょうかいせき》と闘った台湾人

二〇二一年五月一〇日 印刷
二〇二一年五月三〇日 発行

著者 © 近藤伸二
装幀 谷中英之
組版 閏月社
発行者 及川直志
印刷所 株式会社理想社
発行所 株式会社白水社

東京都千代田区神田小川町三の二四
電話 営業部〇三（三二九一）七八一一
編集部〇三（三二九一）七八二一
振替 〇〇一九〇-五-三三二二八
郵便番号 一〇一-〇〇五二
www.hakusuisha.co.jp

株式会社松岳社

ISBN978-4-560-09824-0

Printed in Japan

台湾海峡一九四九

龍應台 著／天野健太郎 訳

時代に翻弄され、痛みを抱えながらこの小さな島に暮らしてきた「外省人」と台湾人。〝敗北者たち〟の声に真摯に耳を傾け、彼らの原点である一九四九年を見つめ直す歴史ノンフィクション。